书香草原
——图书馆与文化传承

柴美丽 陈春燕 主编

远方出版社

图书在版编目（CIP）数据

书香草原：图书馆与文化传承 / 柴美丽, 陈春燕主编. -- 呼和浩特：远方出版社, 2018.2
ISBN 978-7-5555-1012-3

Ⅰ.①书… Ⅱ.①柴… ②陈… Ⅲ.①民族地区—图书馆事业—研究—中国 Ⅳ.①G259.2

中国版本图书馆CIP数据核字（2018）第028619号

书香草原——图书馆与文化传承
SHUXIANG CAOYUAN——TUSHUGUAN YU WENHUA CHUANCHENG

主　　编	柴美丽　陈春燕
策　　划	蔺　洁
责任编辑	蔺　洁
责任校对	蔺　洁
封面设计	默　宇
出版发行	远方出版社
社　　址	呼和浩特市乌兰察布东路666号　邮编 010010
电　　话	（0471）2236470 总编室　2236460 发行部
经　　销	新华书店
印　　刷	内蒙古爱信达教育印务有限责任公司
开　　本	170mm×240mm　1/16
字　　数	315千
印　　张	22
版　　次	2018年2月第1版
印　　次	2018年2月第1次印刷
印　　数	1—1 000册
标准书号	ISBN 978-7-5555-1012-3
定　　价	69.80元

如发现印装质量问题，请与出版社联系调换

目录

- 1/ 第一章 草原文化的概述
  - 3/ 第一节 草原文化的特征
  - 8/ 第二节 草原文化的核心价值
  - 14/ 第三节 草原文化的历史贡献
  - 26/ 第四节 气候对草原文化的影响
  - 30/ 第五节 草原文化的变迁与现代化
  - 38/ 第六节 草原文化的保护与传承
  - 42/ 第七节 草原文化研究的价值与意义

- 47/ 第二章 草原文化的历史
  - 49/ 第一节 草原文化史简述
  - 53/ 第二节 诗歌中的草原文化史
  - 60/ 第三节 草原祖先匈奴文化
  - 69/ 第四节 草原岩画文化
  - 73/ 第五节 草原石窟文化

- 83/ 第三章 草原民族的文化
  - 85/ 第一节 蒙古族的文化
  - 105/ 第二节 藏族的文化
  - 121/ 第三节 柯尔克孜族的文化

- 131/ 第四章 草原民族的经典文化
  - 133/ 第一节 蒙古族的搏克文化

136/ 第二节 蒙古族的罟罟冠文化

142/ 第三节 蒙古族的酒文化

147/ 第四节 蒙古族的那达慕文化

155/ 第五节 蒙古族的说唱文化

160/ 第六节 蒙古族的图腾文化

166/ 第七节 藏族的抱石文化

170/ 第八节 柯尔克孜族的毡房文化

181/ 第九节 哈萨克族的马鞍文化

186/ 第十节 哈萨克族的舞蹈文化

198/ 第十一节 满族的猎鹰文化

205/ 第五章 草原民族的经典文献

207/ 第一节 《格萨尔王传》

238/ 第二节 《江格尔》

252/ 第三节 《玛纳斯》

268/ 第四节 《蒙古秘史》

280/ 第五节 《蒙古源流》

293/ 第六章 草原图书馆

295/ 第一节 草原图书馆对传承草原文化的作用

305/ 第二节 古代草原图书馆的贡献

314/ 第三节 草原图书馆的馆藏政策

322/ 第四节 草原图书馆的多元化服务

330/ 第五节 草原图书馆的发展

336/ 第六节 草原图书馆的创新

342/ 第七节 草原图书馆的现代化服务

第一章
草原文化的概述

第一节 草原文化的特征

草原文化是中华文化的主源之一。考古资料证明，我国北方广大地区是草原文化的发祥地，不但分布有许多早期人类活动的遗迹，如大窑文化、萨拉乌苏文化、扎赉诺尔文化等，而且拥有很多可以认证中华文明起源的文化遗存，如兴隆洼文化、赵宝沟文化、红山文化等。这些被称为红山诸文化，表明在中华文明的起始阶段，我国北方广大草原地区文化，是中华五千年文明的曙光。草原文化与黄河文化、长江文化一样具有重要战略地位，是灿烂的中华文化的源头之一，使中华文化既有丰富性和多样性，又充满生机与活力。

草原文化是中华文化的重要组成部分，主要分布在我国的北方地区，是中华各区域文化中分布最广的区域文化。历史上，在中原地区建立统一农业区政权的同时，北方草原上的匈奴、鲜卑、柔然、突厥、契丹、蒙古等游牧民族也相继建立了统一游牧区的政权。自战国时代到秦汉时期，匈奴族在北方草原崛起，建立了统一北方草原的强大政权。西晋以后，北方草原民族向中原内地迁移并建立政权，中国进入了五胡十六国时期。在东晋时期，鲜卑族逐渐壮大，入主中原，建立了北魏政权。五代之际，契丹族统一北方，建立了辽政权。此后女真人在北方崛起，推翻了辽、北宋政权，建立了金朝。在元、清两朝，蒙古族、满族不仅统一了北方草原地区，而且建立了包括长城内外的疆域空前广阔的统一政权，巩固了统一的多民族国家。在此期间，草原文化通过与中原文化长期碰撞、交流、吸收与融合，现今已经演变成为以内蒙古为主要集聚地、蒙古族文化为典型代表、历史悠久、特色鲜明、内涵丰富的文化体系。在文化类型上，这个以北方游牧文化为支撑的草原文化体系，与中原的农耕文化和南方山地游耕文化一起构成我国三大类型经济文化区。草原文化不断参与中华文化的构建与发展，积极地融入博大精深的中华文化体系之中，三大文化相互交融辉映，使中华文化成为一个多元一体、丰富耀眼的文化体系。

草原文化是中华文化发展的重要动力源泉之一。中华文化源远流长、长盛不衰，在世界各文明古国中极为罕见。造就这种独特而伟大的文化发展现象的原因之一，就在于它多元一体、和而不同的内在建构。在这个内在建构中，草原游牧民族一次又一次地推进新的历史变革与发展。中国历史上北方草原民族总有一种向南融合发展的倾向，中原王朝到末期广泛弥漫的腐败萎靡和不堪一击，也促使草原民族一次次戎装南下，为中华民族和中华文化的发展一次次注入新鲜血液。诚如中国的史学家陈寅恪所说，北方胡人文化"注入中原文化颓废之躯，旧染既除，新机重启，扩大恢张，遂能别创空前之局"。从文化发展的角度看，伴随着北方草原民族对中原武力征服而来的是草原民族与中原民族的融合，也是草原文化同中原内地文化的汇聚与创新。这种大规模的融合汇聚每进行一次，中华民族、中华文化的多元性、包容性就得到一次加强，中华文化所产生的向心力、凝聚力也就进一步增强。正是这样一次次的大规模融合、汇聚、创新，加速推动着中华民族、中华文化多元一体格局的形成。

草原文化是指世代生息在草原地区的先民、部落、民族共同创造的一种与草原生态环境相适应的文化，这种文化包括草原人们的生产方式、生活方式以及与之相适应的风俗习惯、社会制度、思想观念、宗教信仰、文学艺术等，其中价值体系是其核心内容。从目前的文化定位特征来看，草原文化是具有浓厚地域特色和民族特征的一种复合性文化。

关于草原文化的特质，至少可以概括为如下四点。

一是历史传承的悠久性。从远古开始，在中国北方辽阔的草原上就有人类的祖先繁衍生息，远在旧石器时代，人类的祖先就在这里留下原始生产和生活的足迹。这里有大量丰富的考古遗存，是探索中国早期人类活动的最有价值的核心地区之一。最早的有呼和浩特市郊区大窑村南山的石器制造场，其年代可追溯到旧石器时代的早期。从旧石器晚期到新石器时代，这里相继产生多种开文明先河的文化成果，特别是游牧文明形成后，将草原文化推向一个新的发展阶段，使草原文化成为具有历史统一性和连续性并充满活力和发展潜力的文化。

二是区域分布的广阔性。作为地域文化，草原文化是在我国北方草原这一特定历史地理范围内形成和发展的文化，大致分布于包括从大兴安岭东麓到帕米尔高原以东，阿尔泰以南至昆仑山南北的广大区域，涉及黑龙江、吉林、辽宁、河北、内蒙古、山西、陕西、宁夏、甘肃、青海、新疆、四川、西藏等省区。在这一广大的区域范围内，虽然不同民族在不同时期所创造的文化不尽相同，但都是以草原这一地理环境为载体，并以此为基础建立起内在的联系，形成具有复合特征的草原文化。草原，既是一个历史地理概念，又是重要的文化地理概念。

三是创造主体的多元性。草原文化是草原地区多民族共同创造的文化。由于这些民族分别活跃在不同历史时期，此起彼伏，使草原文化在不同历史时期呈现出不同的民族文化形态，诸如匈奴文化形态、鲜卑文化形态、突厥文化形态、契丹文化形态，等等。这是草原文化创造主体多元性的集中体现，也是草原文化区别于中原文化的重要标志之一。虽然草原文化的创造主体是多元的，但由于这些民族相互间具有很深的历史渊源和族际传承关系，因此这种连续性和统一性体现在草原文化发展的整个历史进程之中。

四是构建形态的复合性。草原文化是一种内涵丰富、形态多样、特色鲜明的复合型文化。草原文化在早期经历新石器文化之后,前后演绎为以西辽河流域为代表的早期农耕文化和聚落文化,以朱开沟文化为肇始的游牧文化以及中古时期逐步兴起的游牧和农耕文化交错发展的现象。因此,草原文化不仅是地域文化与民族文化的统一,也是游牧文化与其他经济文化的统一。不同的文化形态在不同历史时期从不同角度为草原文化注入了新的文化元素和活力。草原文化还是传统文化与现代文化的统一。草原文化作为中华文化中最具古老传统的地域文化之一,在吸纳现代文明因素,走向现代化的历史过程中,传统文化和现代文化在相互激荡、碰撞、冲突和吸纳的过程中形成新的统一,使草原文化成为传统文化与现代文化有机统一的整体。草原文化随之呈现出传统与现代、地域与民族相统一、多种经济类型并存的复合型文化形态。

草原游牧民族由于生存的需要,崇尚自然,顺应自然的选择,珍爱草原生命,重视对草原、森林、山川、河流和生灵的保护,对生态保护积累了丰富而宝贵的经验。这种特殊的生产生活方式,使草原文化成为以崇尚自然为根本特质的生态型文化。这种长生天文化理念从观念领域到实践过程都同自然生态息息相关,将人与自然和谐相处当作一种重要行为准则和价值尺度。草原游牧民族对自然生态的良好观念和做法,对现代生态文明建设有着深刻启示。近些年来,我国北方草原、森林的生态正在逐渐恢复,越来越成为我国北方的一道绿色天然生态屏障。在这里生活的各族人民创造了围封转移、轮牧休牧、生态移民等做法,使草原民族固有的先进生态理念,更彰显出新的生命力和价值。

草原民族是特别热爱家园、热爱母亲的民族。草原文化在经历匈奴、鲜卑、突厥、契丹、蒙元、清朝、近现代几个时期的发展后,与中原文化长期碰撞、交流、吸收、融合,为中国统一的多民族国家的形成、巩固和中华文化的传承发展做出了突出贡献。

草原民族是中华民族大家庭不可分割的成员,与国家的发展息息相关,把祖国视为母亲。特别是在中华人民共和国成立后，草原少数民族与祖国命运相连，与各兄弟民族亲如一家。这种血脉情感流淌的草原文化，在认同和促进中华民族形成和发展过程中发挥的伟大历史作用，迄今仍然是我们增强民族凝聚力，促进民族大团结，构建各民族共同繁荣发展的和谐社会根基之一。历史和现实都证明，草原文化对于维护祖国统一、构建和谐社会的积极影响是广泛而深远的。

草原文化有着自己独特的基本精神和价值取向，如英雄乐观精神、自由开放精神和崇信重义精神等，从本质上看，都与当今的时代精神是一致的。在改革开放和社会主义现代化建设的历史条件下，这种传统的优秀民族精神，必然表现为开拓进取、创新发展的时代精神而大放异彩。在现实生活中，草原文化中的节庆、祭祀、娱乐、餐饮、服饰、工艺、歌舞、文学艺术等都在实现与现代文明之间双向互需的有机结合。草原文化以特有的方式吸纳现代文明的成果，实现发掘、更新、重构以增强自我发展的能力，现代文明也在与草原文化的结合中获得新的实现领域和形式。事实上，草原文化已寓于草原地区文化旅游业、文博会展业、图书影视业、城镇建筑业等产业之中，成为草原地区经济社会发展新的亮点，表现出巨大的魅力、潜力和优势。

草原文化在中华文化走出去的战略中彰显出特殊的魅力和影响。近年来，草原文化走出国门参与国际文化的重大交流活动，产生了越来越广泛的影响。蒙古族的长调、马头琴已列入世界非物质文化遗产。蒙古族等草原民族的文化艺术，如歌舞、杂技、文物、服饰等，都以独有的艺术特色和魅力在世界各大洲留下了美好的足迹，极大地增强了中华文化的影响力和感染力。另一方面，广袤的大草原和独具风格的草原民族风情，也越来越吸引世人的眼光。草原文化为开辟大草原旅游市场和与世界交流，提供了广阔的舞台。随着深化改革、扩大开放、科学发展的新的历史进程，草原文化必将以更加崭新的姿态越来越深刻、越来越广泛地呈现在世人面前。

第二节　草原文化的核心价值

草原文化研究，从广义上讲，兴起时间较早、历史悠久。科学意义上的草原文化研究，始于20世纪中期的游牧文化研究。当时，世界各国的学者关注游牧民族的生产方式和生活习俗，以极大的热情投身于游牧文化的保护、挖掘与研究工作。联合国教科文组织非常关注游牧文化的历史传统、现状与未来发展。1992年组织的"丝绸之路"科学考察项目的部分考察是在游牧文化保留比较典型的蒙古国境内进行的。并且"丝绸之路"科学考察项目的组织者提出了成立由多个国家参与的国际游牧文明研究院的设想。1993年，在联合国教科文组织第27届大会上，正式通过了成立国际游牧文明研究院的决定。1998年，在蒙古国成立了国际游牧文明研究院，总会设在蒙古国首都乌兰巴托。国际游牧文明研究院成立后，先后多次组织科学考察和学术活动。1999年，召开了当代游牧文明与草木场利用国际学术研讨会，来自世界各国的学者提交了100多篇论文，广泛讨论了游牧经济的现状与保护及利用草牧场的问题。2000年和2001年，组织了游牧文化的变迁科学考察工作，有蒙古国、中国、俄罗斯等3个国家的20余名学者参加考察工作，对蒙古国、中国、俄罗斯境内游牧文化历史与现状进行了田野调查，收集了大量的第一手资料，撰写了调查报告，发表了不少学术论文。

　　进入21世纪后，中国学者提出"草原文化"概念，将草原文化作为整体的研究对象，进行系统的研究，取得了可喜的成就。2004年，中国内蒙古草原文化研究工程被列为国家哲学社会科学基金特别委托项目，标志着这一系列研究工程的正式启动。2007年，由内蒙古社会科学院院长吴团英主编，110多位学者参与编写的多卷本《草原文化研究丛书》出版。该丛书共11卷，包括《草原文化概论》《草原文化史论》《草原物质文化研究》《草原精神文化研究》《草原文化区域研究》《草原考古学文化研究》《中华文化大系比较研究（上、下）》《草原文化与现代文明研究》《北方游牧民族历史文化研究》《蒙古族文化研究》《达斡尔族、鄂温克族、鄂伦春族文化研究》，共计400余万字，是国内外对草原文化进行系统研究的最完整的著述。为了配合草原文化研究工程，2006年出版了由吴团英、马永真与包双龙等主编的3卷本《文化内蒙古》。2005—2008年，编辑出版了由牛森等主编的《草原文化研究资料选编》4卷，收录了国内外有关草原文化的研究论文213篇。在草原文化研究过程中，学者们对草原文化的概念、内涵、类型、特征、基本精神、价值取向、历史地位和区域分布等方面提出了较为系统的观点。在前一段工作的基础上，为进一步深化草原文化研究，内蒙古自治区草原文化研究工程领导小组组织实施草原文化研究工程二三期工程，该工程亦被批准为2008年全国哲学社会科学基金特别委托项目。这对保证草原文化研究的纵深发展起到了有效的推动作用。

　　对于理念，《中国大百科全书》是这样阐述的："一种理想的、永恒的、精神性的普遍范型。该词源于古希腊文，原意为形象，或指思想的理念，或指客观的理念。柏拉图认为，理念是一种离开具体事物而独立存在的精神实体。中世纪经院哲学称理念为共相。康德将一些超经验的概念称为理性的理念，必须设定的理念。黑格尔称之为一种"客观的理性或精神"。而新修订的《新华词典》中，则把理念定义为观念、概念、想法或思想。由此可见，理念作为哲学范畴,是指人们对客观事物的理性认识,是客观现实在意识中的反映。所谓核心理念,是人们的思想意识、理想信念、价值取向等组成的完整的体系,是人理性思维的最集中、最高层次的体现。草原文化的核心理念,是草原文化的基本内涵、基本精神和价值取向的高度概括和集中体现。因此,讨论草原文化的核心理念,就应该从草原文化的内涵、特征、基本精神和价值取向入手,正确认识和深刻理解草原文化核心理念的精神实质。

草原文化作为一种文化类型,包含了生活在草原上的各民族物质文化和精神文化的方方面面,因而涉猎范围广、文化内涵丰富,在产生、发展的历史进程中形成了独有的特色。因此,要从草原文化的基本内涵的角度探讨其核心理念,就应具体分析草原文化形成的特定的自然环境、社会历史背景及演变、发展的规律等外部条件和内部因素。从草原文化的产生来看,是生活在草原地带的先民在生产、生活的实践中,根据特定的自然条件,创造了以狩猎、畜牧业为主要内容的,逐水草而游动的独特的生产方式和生活习俗,即游牧文化。游牧民族在依靠大自然恩赐的猎物和畜牧产品满足日常的生活需求的过程中,依据气候、季节的变化选择猎地和牧场,采取不断游动的方式,并在这一生产活动中,不断认识自然规律,积累了丰富的实践经验,为游牧文化的形成与类型定位打下了坚实的基础。如:在狩猎活动中,春不合围,夏不狩猎,不杀怀孕和带幼子的动物等,都是以保证野生动物的繁殖为目的。在畜牧业生产中,既要保证畜群的膘情,发展畜牧业,又要保护草场,保持生态平衡。在日常生活中,既要利用自然资源满足生活需求,又要注意资源的保护和可持续利用等。这些实践活动是游牧文化能够形成善待自然,和谐共生的生态型文化的物质基础。在此基础上,游牧文化的内涵不断扩展,逐步形成了人与自然、人与动物、人与人之间和谐相处的基本理念。在游牧文化产生、发展的整个过程中,始终贯穿着这种和谐理念,成为今天我们所讨论的草原文化基本精神和价值取向的核心内容。

近几年，在草原文化研究过程中，学者们从不同的角度对草原文化的基本精神进行了广泛的讨论和深入的研究，将草原文化的基本精神概括为"开拓进取精神、自由开放精神、英雄乐观精神和崇信重义精神"。草原文化的这种基本精神是在游牧经济的基础上形成，并受自然环境、生产活动的影响，真实地反映了草原人民的思想意识和性格特征。这种以开拓进取的精神开创事业，不断前进；以自由开放的精神认识客观世界，善于抓住机遇；以英雄乐观精神克服各种困难，对未来充满信心；以崇信重义的精神对待他人，和谐交际等，充分体现了草原游牧民族豁达的胸怀和豪迈的内心世界，成为草原文化的精髓。

全面认识和正确评价草原文化的价值，是草原文化研究中的重要课题之一。草原民族在长期的社会实践和文化交流中，对自身的价值取向进行不断的选择和建构，形成了独特的价值观。价值是指事物的用途或积极作用，而价值观是人类社会衡量事物价值意义的标准。价值观体现了人的理想，蕴含着一般的评价标准，展示为一定的价值取向，外化具体的行为规范，并作为稳定的思维定式、倾向、态度，影响着广义的文化演进过程。草原民族在与自然、社会以及与人相互之间的关系发展历程中，逐渐形成了对一切事物的用途、作用与意义进行评价的原则，系列的价值原则构成了草原文化的价值取向。草原文化的价值取向集中体现在和谐共存的自然价值取向，注重实用的经济价值取向，崇拜英雄的人生价值取向，恪守诚信的道德价值取向，自然淳朴的审美价值取向等方面。

自然价值取向，是指人类生存、繁衍的历史进程中与大自然相生相谐、互利共处而衍生的基本观念和价值评价原则。人与自然的关系是人类在自然环境中生存与发展的基本关系。一部草原民族的社会发展史，也是人与自然的关系史。草原民族在对自然环境的不断认识的基础上，形成了具有鲜明的天人和谐的自然价值观。草原民族所传承的善待自然、爱护动植物、保护自然资源观念的文化传统，是人与自然和谐共处的楷模。

经济价值，是指人的经济行为和经济意识中产生出来的体现经济行为或经济意识的文化价值。畜牧业在草原民族的经济生活中占据主导地位。在以畜牧业为主的经济模式中，生产资料与消费品的获取都离不开草原，离不开自然，因此，游牧经济相对其他经济模式而言，能够更直接、更有效、更合理地利用自然界所提供的资源，对自然的依赖性更强。这一切造就了草原民族实用、适度的经济价值取向。

人生价值观，是指表示个体在社会中的地位、作用、意义的观念，是人们对人生目的和实践活动进行认识、评价时所持的看法，人生价值观所表达的是人们的最高社会需要和价值目标，是人们在长期的生活实践中，经过经验总结和社会认同而逐步形成的。草原民族生存的地理环境，所从事的生产劳动以及独特的历史文化传统，决定了相应的人生价值取向。草原民族历来崇尚英雄、赞美英雄，将效仿英雄当作人生的价值追求。草原文化中所崇尚的英雄不仅力量超众，而且是不畏强暴、知难而进、为实现理想而献出生命的勇士。因此，草原民族崇尚英雄的人生价值取向体现了草原文化群体意识中最深刻的文化内涵。

道德价值取向，是指在一定的社会生活中，人的道德观念和道德行为中所体现的道德价值取向与选择。在草原民族的道德价值理念中，具有以诚信为重、推崇诚实守信、以信立行为核心的道德取向。这种道德取向是在草原游牧生产、生活的社会实践中形成的，是草原文化价值系统中具有特色的文化现象。

审美是人类社会文化实践的产物，是人类追求积极向上生活的感受，是客观事物在人们心目中引起的愉悦的情感，是世界观的组成部分。在草原游牧民族审美意识中，对马、牛、骆驼、绵羊、山羊等草原五畜的态度和情感，对白、蓝、红、黄、黑等色泽的感受和认识以及草原民族绚丽多姿的艺术形式等都表现出草原文化自然的独特审美价值取向。

价值取向作为哲学范畴的文化现象，是人们对客观事物和各种社会现象的价值判断、价值态度、价值观的具体表现。草原文化和谐共存的自然价值取向、注重实用的经济价值取向、崇尚英雄的人生价值取向、恪守诚信的道德价值取向、自然的审美价值取向是在草原文化发展进程中逐渐形成和完善，并成为草原文化的灵魂。

根据上述的草原文化基本内涵、基本精神和价值取向的内核，我们可以将草原文化的核心理念归纳为以开拓进取的精神和和睦友善的价值取向，崇尚人、自然、社会的和谐统一；以崇信重义的精神和诚实正直的价值取向，提倡社会交际的广纳包容；以乐观豪迈的精神和崇拜英雄的价值取向，坚持宏伟事业的持续发展等几个方面。草原文化的这种核心理念，在历史的长河中形成，并不断得到丰富和发展，成为草原民族生生不息、勇往向前的精神动力，不仅在历史进程中对草原民族的繁荣发展发挥了强大的动力，而且草原文化以其独特的文化类型与黄河文化、长江文化一道成为中华文明三大主流，三大组成部分之一，为中华文明的形成和丰富起到了极大的作用。

第三节　草原文化的历史贡献

中华民族多元一体格局的形成有其自身的历史发展过程。在中华文明萌生时期，受气候和地理环境的影响，各个区域逐渐形成了相对稳定的生产生活方式，在服饰、饮食、居住以及宗教信仰等方面均产生了显著差异。到了商周时期，中原文化已经有了强烈的族群意识，中原的人们以黄河中游平原为核心，将周边的族群按方位划分为四大群体，即东夷、西戎、北狄、南蛮，而其自称为华夏，形成了中华民族的五个文化之源核心概念，从宏观上反映了商周时期中华文化的原型和文化地理空间的布局。春秋战国时期，随着中原王朝大力开疆拓土，游牧民族从今天的晋、陕和冀北部北移或西迁，以长城为界逐渐形成了农牧分界线。在同一时期，东部的东夷文化被同化，成为黄河文化的区域类型，族群意义上的文化消失了。秦汉之后，长江流域逐渐被中央政权控制，广义的南蛮文化日渐式微，到南宋时期，儒家思想文化已成为长江流域、珠江流域的主导型文化，长江文化也演变成汉族文化的区域类型。

中华民族广泛的、自觉的民族融合运动开始于魏晋南北朝时期。其标志是以匈奴、鲜卑、羯、氐、羌为代表的五胡先后涌入中原，他们在北起阴山两麓、南到关中、西起陇右、东至齐鲁的区域内，前后建立了十六国，使民族大杂居成为一种常态。虽然其间出现过类似江统《徙戎论》反历史走向的舆论，也发生过冉闵屠杀胡人的残暴行为，但融合已成为不可逆转的趋势。各族民众经过相濡以沫的交往，已形成你中有我、我中有你的格局，出现了关中之人百余万口、率其少多、戎狄居半的局面。大杂居的结果显然不仅仅在于民族成分的改变和血缘的融合，更为重要的意义在于通过这一过程，淡化了长期以来形成的民族间的心理隔阂，加深了各民族间的理解和认同，民众的相互排斥心理逐渐被弱化。一些少数民族的上层人士为了淡化民族意识，一方面积极学习中原文化，另一方面提出了胡汉同源的思想，如刘渊援引汉代和亲历史，提出自己与汉朝皇室有亲缘关系，故取汉姓刘为己姓。赫连勃勃和北魏拓跋氏提出自己源出于大禹或黄帝，宇文泰自称是炎帝的后裔，建立后赵的羯族人石勒更是以中国皇帝自居。在草原文化融入中原文化的同时，也有很多中原人被草原文化所同化，其中最典型的代表莫过于北齐君主高欢。史载高欢虽然出身汉族，但生活习性已完全鲜卑化，并取了一个鲜卑名字叫贺六浑，使用鲜卑语发布军令，临终前托孤的两位大臣也是鲜卑族人库狄干和敕勒族人斛律金。

草原文化与中原文化互化的最明显的表现是，不同民族之间的通婚已成为普遍现象。隋朝皇族杨氏、唐朝皇族李氏的数代人都与鲜卑民族保持着姻亲关系，以致历史上普遍认为唐太宗李世民拥有四分之三的鲜卑血统。而在民间，这一现象更为广泛，宇文、尉迟、长孙、元、慕容等鲜卑姓氏后来均演化成汉族姓氏。历史记载："安禄山……解六蕃语，为互市牙郎。"这也从一个侧面反映了唐代民族文化交融的状况。在草原文化与中原文化大融合的环境中，族属观念已淡薄，胡汉一家的思想已经被社会主流所接受。正如元代史家胡三省注《资治通鉴》时所说："呜呼！自隋以后，名称扬于时者，代北之子孙十居六七矣，氏族之辨，果何益哉！"这一观点既是对历史现象的客观认识，也体现了他对中华民族文化融合趋势的正确解读。

隋唐之后，草原文化与中原文化一体化的进程进一步加快。突厥登利可汗在贺正表中称："顶礼天可汗如礼诸天，奴身曾祖以来，向天可汗忠赤，每征发为国出力。今新年献月，伏愿天可汗寿命延长，天下一统。"这表明文化一体化的思想已得到突厥汗国的认可。而出身于十六国和北魏六镇将领后裔的隋唐统治者，其民族文化意识已基本淡化，而且对民族文化融合的重要性有了更为深刻的理解，在处理民族文化差异方面也积累了更为丰富的经验。对于如何认识和对待草原文化的问题，唐太宗说："夷狄亦人耳，其情与中夏不殊。人主患德泽不加，不必猜忌异类。盖德泽洽，则四夷可使如一家；猜忌多，则骨肉不免为雠敌。"唐太宗一改中原王朝传统的夷狄文化观，认为只要以德相交，夷狄亦可亲如一家。他认为之所以突厥草原文化能够尊其为天可汗，原因就在于"自古皆贵中华、贱夷狄，朕独爱之如一，故其种落皆依朕如父母"。在此基础上，唐太宗提出了"王者视四海如一家，封域之内，皆朕赤子，朕一一推心置其腹中"的主张。由此可见，中华文化多元一体化进程已发展到了一个新的阶段。

元朝是中国历史上空前统一的王朝，结束了唐朝之后数百年分裂割据的历史。在中华民族的文化历史上，元朝的历史贡献显然不仅局限于疆域的拓展，更重要的是为中华各民族间进一步加深了解、为中华文化的深度融合创造了良好环境。

元朝统治者在理念上对多民族国家的文化做了全新的解读。在确定国号时，他们提出中原历朝"虽乘时而有国，不以利而制称。为秦为汉者，著从初起之地名；曰隋曰唐者，因即所封之爵邑。是皆徇百姓见闻之狃习，要一时经制之权宜，概以至公，不无少贬"，认为秦汉以来的各朝缺乏至公的胸襟，囿于狃习陈规而忘义，多以起兵之地或封爵之地代替国号，国家的威望因受小国寡民思想的束缚而降低。而元朝政权因"我太祖圣武皇帝，握乾符而起朔土，以神武而膺帝图，四震天声，大恢土宇，舆图之广，历古所无"，所以应当选择体现疆域辽阔、多民族统一盛况的国号，据此，忽必烈汗"取《易经》'乾元'之义"，定国号为大元。元朝既否定了中原王朝数千年来的地域文化至上观，也否定了草原民族沿袭的狭隘民族、部族文化中心论，体现了大一统国家的恢宏气度。其后的明清两朝在国号的选择上也秉承了元朝的理念。

　　长期以来，中原文化沿袭了四夷不得正统的观念，将北方民族入主中原的政权与窃国、篡国者并列，纳入非正统序列，对其他民族文化形成了事实上的排斥。由于元朝亦属入主中原的少数民族政权，统治者为了确立自身地位的合法性，需要努力扭转这一传统的文化观念。在编纂《辽史》《宋史》《金史》时，三史都总裁官、中书右丞相脱脱力排众议，"独断曰：'三国各与正统，各系其年号。'议者遂息"。这一举措结束了自商周以来四夷文化不得入正统的思想，在中国政治制度史上，第一次以中央政府的名义肯定了草原民族文化政权的合法地位。其意义正如学者韩儒林总结的那样："这一决定确定了三史以平等看待的基本原则，它符合中国是一个多民族国家的客观实际，也符合辽、金、宋三朝互不相属的历史状况，因而是正确的，所以脱脱对三史的贡献不能忽视。"

　　元朝的建立打破了此前历史上人为造成的政治、经济、文化上的屏蔽，使中华文化多样性的现实得到普遍认可。在相对宽松的政治文化氛围中，各民族间的文化交融也进入又一个高潮。契丹、女真、党项等民族悄然融入蒙古族、汉族和周边其他民族之中，多元一体格局在大一统的文化环境里变为现实。对于元朝各种文化和谐并存的局面，鄂多利克感慨地称之为世界上最大的奇迹。认同感的提高强化了中华民族的凝聚力，元朝之后中国没有再出现大的分裂割据也足以证明了这一点。

　　明清两朝在民族文化观方面继承了大一统的思想，对多民族文化共存的国家格局给予了肯定。如明朝的开国君主朱元璋多次强调了这一思想。公元1367年，朱元璋在北伐檄文中称："自宋祚倾移，元以北狄入主中国，四海之内,罔不臣服。此岂人力,实乃天授。"公元1389年,朱元璋在总结元明王朝更替原因时说:"覆载之间,生民之众,天必择君以主之。天之道,福善祸淫,始古至今,无有僭差。人君能上奉天道,勤政不二,则福祚无期;若怠政殃民,天必改择焉。昔者二百年前,华夷异统,势分南北,奈何宋君失政,金主不仁,天择元君,起于草野,勘定朔方,抚有中夏,混一南北。""元虽夷狄,入主中国,百年之内,生齿浩繁,家给人足。朕之父祖,亦预享其太平。"话语之间,肯定了统一多民族文化的国家观。清朝统治者在入关前既倡导满蒙汉一视的观点,在统一全国后提出中外一视、天下一家的言论。康熙皇帝对历朝修筑长城的做法提出了否定意见:"秦筑长城以来,汉、唐、宋亦常修理,其时岂无边患?明末我太祖统大兵长驱直入,诸路瓦解,皆莫敢当。可见守国之道,惟在修德安民。民心悦,则邦本得,而边境自固,所谓众志成城也。"

经过长期的政治、经济、文化的交流,草原文化与中原文化之间逐渐产生了强大的凝聚力,超越民族、地区的统一国家文化观已成为各族民众的共识,国家利益已成为各族人民的最高利益。

共同的生存地域是共同文化心理和价值取向生成的基础,中华大文化是中华民族多元一体格局形成的物质根基。今天,中国的960万平方千米国土是在历史的长河中逐步形成并稳固的,草原文化为此也做出了巨大贡献。

尽管从远古时期开始,中华各地域的文化之间就已经形成了千丝万缕的联系。早在新石器时期,中国各区域文化之间就已产生交叉、互动现象。以赤峰地区为中心的夏家店文化的影响力已扩展到今天的唐山地区,而中原仰韶文化对鄂尔多斯朱开沟文化等草原区域产生了影响。但在相当长的历史时期内,农耕与游牧族群文化之间的关系更多体现为对峙。从商周到秦汉时期,受农业经济意识的支配,中原王朝文化的扩张更多的是关注土地资源开发的价值。对于缺乏垦殖条件的地区,泛称为蛮荒之地。如《盐铁论》所载:"匈奴处沙漠之中，生不食之地，天所贱而弃之。"虽然中原王朝文化在西周时期已形成四海之内莫非王土的大一统政治观，但在地理意义上，四海仍是狭小的空间概念。由于缺少经济利益的驱动，中原王朝文化对周边民族地区文化的经略，更多的是以政治文化上的绥服、安边，即以稳定边境为主，或修筑长城抵御异族入侵。在和平环境下，双方的经济、政治、文化往来主要通过封贡贸易的形式体现出来。早在周朝，东北白山黑水间的肃慎人已经和周朝存在贡市的关系。与之相反，北方游牧或狩猎民族由于经济文化的单一性，迫切需要与中原建立稳定的经济交往关系。但是，在正常交换无法得到满足时，战争掠夺便成为一种非常手段，从而激化了民族文化矛盾。正如北魏王朝先祖拓跋力微总结的那样："我历观前世匈奴、蹋顿之徒，苟贪财利，抄掠边民。虽有所得，而其死伤不足相补，更招寇雠，百姓涂炭，非长计也。"战争不仅破坏了双方的生产力，也违背了各族人民对安居乐业文化的根本诉求，与历史发展规律背道而驰。经济文化的互补性需求促成了政治一体化文化的紧迫性，并使其成为草原文化与中原文化交融的原动力，从而使草原文化成为古代中华民族多元一体文化格局形成的现实推进力量之一，发挥着催化剂和黏合剂的作用。这也是草原民族建立的王朝往往成为中国古代版图最大、大一统格局最完整的内在原因。

夏商周至战国时期，中原政权的文化统治区域大致是北到长城、南至长江流域、西至陇。至秦统一，王朝疆域的南部扩展至南海。在此基础上，西汉的疆域拓展至西域。三国至魏晋南北朝时期，或三国鼎立，或群雄争立，或南北分治。唐朝的疆域虽然超越了前代，但缺乏稳定性，北有突厥、回鹘之扰，西有吐蕃对峙，南有南诏国，东北有渤海国分庭抗礼。至五代十国全国又陷入割据状态。辽宋金时期，北宋、南宋衔接，辽金更替，北有西夏、南有大理。金代西域又产生了西辽，青藏高原仍在吐蕃控制之下。元朝的建立，不仅结束了唐末以来数百年的分裂割据，更重要的是在中国历史上第一次实现了中华版图的大统一。史载："自封建变为郡县，有天下者，汉、隋、唐、宋为盛，然幅员之广,咸不逮元。汉梗于北狄,隋不能服东夷,唐患在西戎,宋患常在西北。若元,则起朔漠,并西域,平西夏,灭女真,臣高丽,定南诏,遂下江南,而天下为一,故其地北逾阴山,西极流沙,东尽辽左,南越海表。"西藏地区开始纳入中央政权的管辖范围,朝廷在台湾地区设置了澎湖巡检司,正式行使行政管理权。公元1279年,天文学家郭守敬奉旨进行四海测验,而南海的测量点就设在黄岩岛。当代中国版图由此形成,其间虽然经历了明朝与北元的割据,但公元17世纪初清朝的建立,使中国统一文化格局进一步稳固。

与经济文化的多元一体过程相一致,封建时代中国的政治文化格局同样经历了多元一体的历程,草原文化对此做出了重要贡献。华夏、东夷、西戎、南蛮、北狄的划分,显然不仅仅是古代中华民族分布的地理图,事实上也是早期政治、经济的区划图,每个区域都拥有各自的政治文化中心。因而,中国古代政治文化格局一体化的历史最直观地体现在国家政治文化中心国都地理位置的变化上。夏王朝的活动中心在今河南省偃师、禹城一带,统治地区十分狭小,且缺乏稳定性,因而其大邑或夏邑等都城始终在迁徙变化中。商王朝的势力范围较之夏王朝扩大数倍,但主要治理区域仍在中原一带。政治中心依然不够稳定,始都亳曾多次迁移,后盘庚迁都殷。从西周开始,中原王朝的政治中心转向关中地区。该地区河流纵横,土地肥沃,气候温和,极适合农业发展。据司马迁的统计,西汉时期关中地区生活着全国30%的人口,聚集了国家60%的财富。而且,关中具有战略区位优越,北有黄土高原遮挡,南有秦岭屏障,易守难攻,故有四塞之国的说法,因而自西周起先后有13个王朝在此建都,如西周、秦、西汉、唐。这里在1100多年间都是全国的政治、经济、军事和文化中枢所在。而在分裂割据时期,历代诸国的都城分布可谓满天星斗,北至黑龙江省阿城,南至广州,西至虎思斡耳朵,东至南京、杭州,遍布全国各地。如果说历代割据王朝的都城选择更多地体现了权宜的特点,而选择关中地区作为政治、经济、军事、文化中心,则更多地体现了守成和封闭的取向。北京作为都城，始于辽朝，公元1153年，金朝将北京确定为国都，称中都。公元1267年，忽必烈汗将燕京定为两都之一，公元1271年改称为大都，北京第一次成为统一国家的国都。中国政治文化中心的北移是中华民族文化多元一体国家建设的需要，是多民族文化统一国家历史发展的必然结果。在地缘上，北京地接华北、东北和蒙古高原，忽必烈汗的大将霸突鲁对北京战略地位的评判一语切中要害。霸突鲁指出："幽燕之地，龙盘虎踞，形势雄伟，南控江淮，北连漠朔，且天子必居中以受四方朝觐……欲经营天下，驻跸之所，非燕不可。"北京的政治中心地位由此确立，并被明清两朝沿袭。

在政治制度文化方面，草原民族文化根据多民族国家的实际，最早推行了因俗而治的政策。这种尝试始于五胡十六国时期，完善于唐、辽，定型于元朝。鲜卑建立的南凉政权即采取了"署晋人于诸城，劝农课以供军国之用，我则习战法以诛未宾"的制度。匈奴后裔建立的汉赵国设立单于台专门处理少数民族事务，十六国的很多民族政权，如后赵、后燕也沿袭了这一制度。辽朝将此制度进一步规范化，实施南面官和北面官双轨官制，以"以国制治契丹，以汉制待汉人"，"北面治宫帐、部族、属国之政，南面治汉人之州县、租赋、军马之事"。元朝根据大一统国家的统治需要，在全国推行因其俗揉其人的政策。吐蕃诸部在归附元朝后，西藏地区正式成为中央政府直接管辖的地方行政区。结合当地的实际，元政府设立了宣政院，统领西藏世俗事务和宗教事务，推行政教合一制度。

因俗而治是草原民族文化对古代封建政治制度的一大创举，为中华民族文化多元一体格局的形成提供了制度保障。以各民族上层人士管理本民族事宜，同时又兼有中央官吏身份，传递政府的意志，在当时是行之有效的封建管辖制度，符合实际，对于缓解民族矛盾、增强凝聚力和亲和力、稳定边疆地区、维护统一发挥了重要作用。有位学者在评价忽必烈施行的统治制度时，认为"其建树的顽强生命力直接与现代社会相连接，能够超越民族，能够超越国界，能够超越信仰，能够超越时间，实属对人类智慧宝库的一种非凡贡献"。元朝行省制度的实施是封建中央集权制度成熟的标志，"是古代多民族统一国家发展壮大过程中中央与地方权力结构不断调整、完善的产物"。元朝建立后，将包括漠北、东北在内的广大区域划分为10个行省、一个中书省直辖区。新的行省区划改变了历代王朝因地形、山势河流划分行政区域的传统方式，在制度上实现了中央集权与地方分权的主辅结合，防止了两汉刺史、魏晋都督、唐节度使制度的弊端，从而最大限度地抑制了分裂割据局面的产生，为多元一体的文化格局的形成和稳定创造了制度保障。行省制度被明清两朝所沿袭，对当代我国的行政区划也产生了深远影响。

历史悠久是中华文明的骄傲，而民族文化多样并存同样是中国的自豪。中国虽然不是当今世界民族数量最多的国家，但悠久的文明历史与丰富多彩的文化形态的统一、文化资源的丰厚度与强大国际影响力的统一，是任何国家都难以媲美的。形成这样良好的文化生态，原因有很多，但其根本原因在于中华文化的包容性取向。多样性促成了包容性，而包容性又为多样性的共存创造了和谐的基础。中国历史上虽然出现过焚书坑儒、三武灭佛、儒释道等冲突，也存在民族文化之间的摩擦，但总的趋势始终是和谐兼容，思想文化领域没有出现过过激的历史。草原文化与中原文化的相互借鉴、互补及多样性成为中华文明常青树的给养，其中，草原民族文化对中华文明的丰富和发展做出了重要贡献。

任何一个民族的文化都是自我发展和吸收借鉴外来文化的复合体。中华文明绵延数千年常青不衰，之所以从未间断，得益于草原民族文化的互补。毫无争议，中原文化是中华文明中最具代表性和影响力的文化形态，但这株文明之树自古至今始终是在各民族文明的给养下不断茁壮茂盛。客观地总结历史不难发现，中国古代以中原为中心的文化地理布局犹如心脏之于血脉之间的关系，血液由心脏的动力输送到肌体的每一处，而血管不断吸收各种给养并转化成肌体不衰再生的源泉。优越的自然环境孕育了中原的农耕文明,而农耕文明的相对稳定性又为文明的积累提供了保障,地理的中心区位为吸收多元文化创造了独特的客观条件,使之成为汇集各民族、不同地域文明成就的聚宝盆,使中原文化有机会不断修正自身的局限。事实上,中华文明的诸多要素很难说是形成于中心区,如商文化来自于东夷地区,周文化与古羌人有着密切关系,秦则被视为西戎后裔。但由于地理区位的中心优势,中原地区自然成为中华各种文明成就的汇集点,多种文化在此激荡和裂变,为中华多元一体新文明的诞生创造了独具的优势。

中华文明的形成与草原文化的贡献密不可分。被称为中华第一村的赤峰兴隆洼村落遗址,展示了8000年前中国最古老的农耕聚落的景象,查海文化出土的石龙造型以及红山文化时期的玉龙都昭示着辽河、老哈河流域是中国龙文化的诞生地。龙的崇拜习俗正是从这里走出,并传播到中华大地,数千年来对诸多民族的精神世界产生了重要影响。一些学者还认为,草原区域也是中国玉石文化、金银文化的发源地之一。中华文明的丰富繁荣与草原民族的贡献密不可分。从战国到唐代,中原服饰经历了一场胡化的过程,北方民族的裤褶、裆、半袖衫等逐渐成为中原地区的常服。沈括在《梦溪笔谈》中说:"中国衣冠自北齐以来,乃全用胡服。窄袖、绯绿、短衣、长腰靴,有蹀躞带,皆胡服也。"南宋理学家朱熹也曾说过:"后世衣服,故未能猝复先世之旧,且得华夷稍有区别。今世之服,大抵皆为胡服,如上领衫、靴鞋之属,先王冠服,扫地尽亦。自晋五胡之乱,后来随相承袭,唐接隋,隋接周,周接北魏。"另外,北朝大规模的佛经翻译、辽代《契丹藏》的刊印、元代《至元法宝勘同总录》的印制,包括云冈石窟、麦积石窟、莫高窟在内的一系列石窟艺术的产生以及佛教思想文化和艺术在中国的传播、推广,均与草原民族密不可分。来自草原的箜篌、胡笳、笛、琵琶、角等丰富了中华乐器。妈祖崇拜的普及与元朝政府的推崇密切相关,与元朝时期海运的发达有关。元政府对妈祖十分崇拜,先后在直沽、平江、周泾、泉、福、兴化等地建庙祭拜，并屡屡加封神号，至元十五年（公元1278年），元世祖"制封泉州神女号护国明著灵惠协正善庆显济天妃"。至元二十五年（公元1288年），"诏加封南海明著天妃为广佑明著天妃"。妈祖在元代拥有了天妃的称号，并成为国家供奉的海神，随着京杭运河的贯通，其影响扩展至今北京、天津地区，成为中国海洋文化的重要组成部分，至今仍然是港澳台地区及海外侨胞寻根文化的核心符号之一。

中华文明的进步、发展与草原民族文化的贡献密不可分。汉文字是当今国际上使用人数最多的文字之一，汉文字对于中华文化的传承、各方言区之间的文化认同发挥着无可替代的纽带作用。草原民族对于汉文字的发展也做出了重要贡献。据《魏书·世祖纪》载，始光二年（公元425年），北魏太武帝拓跋焘"以篆、隶、草、楷并行于世，然经历久远，传习多失其真，故文体错谬，会意不惬。因造世所用者新字千余，并颁下远近，永为楷式"。文字改革改变了南北朝时期的用字混乱现象，并将楷书作为法定的字体，由此，楷书成为汉文字的标准字体，对魏碑体的形成产生了重要影响，其价值堪与秦始皇的书同文相媲美。

在中国封建王朝历史上，元朝既是各民族文化交流融合最广泛的时代，也是中华古代文明最繁荣的时代之一。元政府官员的民族成分在中国历代王朝中最为复杂，元朝是中国历史上第一个多民族文字并用的王朝，也是最早创造音标文字的王朝，八思巴文译写一切文字为拼音文字，现存有元代使用八思巴文拼写的汉语、蒙古语、藏语等文献。《辽史》《宋史》和《金史》是二十四史中仅有的、由众多民族史学家共同编修的史籍，在中国史学史上首开一朝官修三朝历史之先河，为后世保存了珍贵的历史文化遗产。中原文化在草原民族地区得到广泛传播，儒家经典著作被翻译成蒙古文出版，漠北、云南等偏远地区首次出现了传授儒家文化的学校。中国首次出现了由中央政府批准成立的、全国性的少数民族语言文字教育机构，即蒙古国子学和回回国子学，在蒙古、契丹、女真和色目人中涌现出一大批汉文著述家。西域各民族文化进一步向中原社会流传，藏传佛教在中原得以传播，海南黎族的木棉种植和纺织技术推动了中国棉纺业的发展。元朝司农司编辑的《农桑辑要》是中国现存最早的官修农书，鲁明善的《农桑衣食撮要》是中国月令体农书中最古老的一部，王祯的《农书》是中国第一部对全国农业进行系统研究的农书。《大元一统志》开中国官修地理总志之先河，也是中国古代史上篇幅最大的一部官修地理志书。元代编修的方志达到160种，数量超过了宋代。在农业技术及农学普及方面，各地区农作物广泛交流，各地农业技术取长补短，棉花种植在元代得到全面推广，很多农作物种植方法得到普及。在宋代发明活字印刷术的基础上，元代发明了金属活字、转轮排字法和套色印刷术。儒家文化的社会地位进一步提升，孔子在元代被封为大成至圣宣王，其美誉达到无以复加的程度。元朝在中国历史上首次专门设立了儒户阶层，保护知识分子，"愿充生徒者，与免一身杂役"。元代的民众普及教育超过了前代，书院达到400余所，州县学校的数量最高时达24400余所。元朝首次以政府的名义将程朱理学规定为科举教材，对明、清两代科举制产生了重大影响。对于元朝的文化发展水平，陈垣评价说："以论元朝，为时不过百年……若由汉高、唐太论起，而截至汉唐得国之百年，以及由清世祖论起，而截至乾隆二十年以前，而不计乾隆二十年以后，则汉、唐、清学术之盛，岂过元时！"

对于草原文化对中华文化发展繁荣的贡献，史学家陈寅恪在总结唐朝文化繁荣原因时做出过这样的评价："李唐一族之所以崛兴，盖取塞外野蛮精悍之血，注入中原文化颓废之躯，旧染既除，新机重启，遂能别创空前之世局。"事实上，这一现象并非仅存于唐朝，北魏、辽金、元、清皆然。中华民族多元一体文化格局的形成是历史的选择，是各族人民经历漫长历史岁月达成的共识，通过历史融合，中华各民族文化形成了水乳交融的整体，草原民族文化为此做出了不可磨灭的贡献。

第四节　气候对草原文化的影响

中国位于世界亚欧大陆的东方，大部分领土处于北温带，即400毫米等降水线东南。受太平洋及印度洋季风的影响，这里气候温和，雨热同期，适于农作物生长，正是"历史的真正的舞台"。而由于中国疆域辽阔，地理上所跨越经纬的幅度较大，因此中国北方广大高纬度的地区，尤其是位于400毫米等降水线以北的区域则长期处于干旱半干旱的状态，这里的气候不适合农作物的生长。但这里以"天苍苍，野茫茫，风吹草低见牛羊"闻名。生活在这里的人们，自秦汉以来一直在这片广阔的草原地带上以放牧为生，世代"逐水草迁徙，毋城郭常处耕田之业"。

在北方的草原上，这里得天独厚的草场资源养育了草原游牧民族，缔造了草原游牧文化。欧阳修于《明妃曲》中所记："胡人以鞍马为家，射猎为俗，泉甘草美无常处，鸟惊兽骇争驰逐。"这种记述应为游牧文化的真实写照。可以说草场牧草的生长状况及范围是游牧民族生存的依赖。这种生活状态必然导致草原游牧文化的经济特点为生产资料单一，生产结构简单，民族的发展兴盛往往与气候条件的好坏相联系。气候的好坏，影响牧草的生长，而牧草的优劣又直接构成牲畜生产兴衰的重要因素。这种对自然环境气候的高度依赖，致使草原游牧文化的社会经济变得极为脆弱和不稳定。在生产力极为低下的古代社会，牧草的生长状况主要依靠当地气候的优劣，而牧草的状况则直接关系到游牧文化的经济支柱畜牧业的兴衰。中国有史以来气候的总体趋势尚无明显的波动，但就具体年份的气候特征来讲仍有一定的起伏，尤其从中国悠久的发展历史看，中国历史上出现的四次寒冷期给整个草原游牧民族的生产、生活带来巨大的影响。一般来讲，当气候适宜、牧区水草丰茂之时，游牧民族是满足于自己的草原游牧生活的，通常牧民只以特产与农耕人换取生活所必需的茶叶、布帛、铁器等生活必需品，也就是所谓的茶马互市。这种方式是游牧民族与中原农耕民族贸易的重要方式。但当气候恶劣的灾害之年，牧区水少草枯威胁游牧民族生存之时，游牧民族便竞相南下掠夺农耕区的财物作为生活的供给。例如辽代所盛行的打草谷即为此举。这种掠夺一般是采用即来即走的方式，利则进，不利则退，不重视对所攻城市的占有。《辽史·兵卫志上》记载："人马不给粮草，日遣草谷打骑四出抄掠以供之。"酷烈的气候，流动的牲畜，四海为家的骑射生活方式所造就的彪悍的游牧人对中原地区的农耕民族仍然存在巨大的威胁。但在相互冲突的过程中也加速了多民族的融合，农耕区自给自足的富足经济极大地吸引了游牧民族，历史上游牧民族最终大多接受了封建经济制度以及生活方式，尤其当开明君主在所辖区域内推行汉化政策之时，就更加速游牧民族社会经济的发展，较著名的北魏孝文帝改革就是典型的一例。

在草原文化的政治方面，当游牧地区产生具有号召力的领袖之时，往往会出现以弓马之力取天下的状况。如公元5世纪鲜卑拓跋部统一黄河流域，公元13世纪，蒙古人以强悍的气势一统天下建立元朝，17世纪满洲人问鼎中原建立清王朝，都是游牧民族入主中原的实例。而中国气候的寒冷干旱期也恰恰出现在这几个游牧民族入主中原的前后，从中可以看出气候对于游牧社会政治也有较重大的影响。由于气候环境的变化，导致草原上的游牧民族必须为了生存而南移，这样势必会造成游牧民族与农耕民族的冲突。其中，公元400年左右的五胡乱华就是一例。公元1200年左右，契丹、女真和蒙古族的接踵而下，是农牧民族政治、军事冲突的典型事例。为了抵御来去无定的强悍的游牧民族，一项浩大的防御工事——万里长城从秦修至明，历经2000余年，不仅仅是游牧民族与农耕民族的分界线，更成为伟大中华民族的象征，同时也创造了世界文明史上的奇迹。但更令人惊奇的是，这条防线与前述的400毫米等降水线恰恰惊人地重合，这更印证气候环境对于不同民族类型、文明区域的重要影响。同样在政治方面，当草原民族的开明君主认识到先进的中原文化之时，其所管辖的区域往往因为君主大力提倡，而政治风气有较大转变。《资治通鉴》记："魏主欲变易旧风，壬寅，诏禁士民胡服，国人多不悦。"这种政策的推行加速了游牧地区的封建化，致使大多地区"打破了原来的部落组织，或只在形式上保留了部落组织，实际上已逐渐封建化"。由此可见气候环境的变化对游牧民族的经济、政治及变迁都有巨大的影响。

在草原文化的风俗习惯方面，由于不同民族类型的相互影响、相互融合，游牧民族在发展过程中往往吸收较先进的文化，给游牧民族发展注入新的思想，在先进文化的影响之下，游牧民族传统的习惯甚至都产生了变异。例如婚姻习俗，大多数游牧民族原始的婚俗状态为"父没则妻后母，兄亡则纳寡嫂"。而在受内地汉民族影响之后，大多采用了类似中原聘礼的形式"嫁女得高资者，聘至百畜"。而丧葬习俗也由传统的树葬、火葬、天葬等葬式转换墓葬。游牧民族在发展过程中的居住方式逐渐向半定居、定居转化，在一定程度上也认同农耕的生产方式，并由此产生了家的概念。至南北朝时期，大多数游牧民族已经懂得累石为屋，饮食习惯也因定居生活的部分农耕转向以粮食占据很大比例。草原游牧民族因气候的原因逐渐南迁，与农耕民族发生正面的冲突确实在一定程度上给双方的财力、人力都带来不小的损失，但这只是民族融合史上极少的负面影响。从长远发展的角度来看，战争冲突与和亲、互市一样，是两种文化相互融合的重要途径。

一方面,游牧民族孔武精战、骑射堪为绝技,由于生活状况常年处于流动状态,因此极富挑战创新精神,严峻的生存环境促成了游牧民族的文化特征:"无城郭、耕地,不知礼仪,迁徙无定,以游牧为主,身材硕大高壮,性格豪放,全民善战骑,极为勇猛彪悍。"这种文化中的优点是农耕民族文化中所不具备的特点。因此,春秋战国时期即有胡服骑射的典故。

另一方面,在冲突接触的过程当中,草原游牧民族从汉文化中吸收了丰富的营养,这样大大加速游牧民族文化的变迁。游牧社会的经济、政治、文化甚至风俗习惯、生活方式也有了较大的改变。伴随汉化政策的推行,中原汉文化也在广大的游牧地区传播开来。辽朝的君主多"雅好词翰,咸通音律"。《史记》《论语》等古典书籍也均被译成契丹、西夏文字广为流传。金人不仅崇尚汉文化,甚至连故地旧都也仿照汴京模式所建,从而在中国北方建立了一个"人物文章之盛,独能颉颃宋、元之间"的区域。社会发展较为落后的游牧民族从中原农耕文明中学习到了先进的制度、文化、技术,促进了自身社会形态及意识形态的变化。这种转变对于中华文明的形成有着重大的影响。农耕文化与游牧文化的冲突、融合是中华文明不断发展的源泉。而游牧民族内迁及融合汉文化之后,尤其是统治者提倡的通婚汉化政策,不仅在中华民族的族源方面实现了多元化,更使中华民族与血缘方面趋同于四夷如同一家。游牧民族所带来的豪放气质及域外文化的精髓更是汇成气象恢宏、丰富多彩的中华文化的重要元素。

气候环境影响着草原游牧民族文化的形成,决定了草原游牧民族的生活方式、风俗习惯及文化特征。而气候环境的变迁更给游牧民族的生存发展带来重大的影响,甚至由此导致整个草原游牧民族的生产、生活方式及行为习惯的变异,从而不难看出草原游牧民族对气候环境的依赖性。因此,在研究草原游牧民族的政治、经济、文化及风俗时,不能忽视环境气候对其所产生的作用及影响。

第五节　草原文化的变迁与现代化

文化总是与时代变迁密切相关并受时代的深刻影响。自20世纪以来，在中国大变革的时代里，草原文化加快了其变迁的脚步，对北部边疆发展影响深远。今天，在人类社会以工业化和城镇化为标志的现代化浪潮中，草原文化似乎正在失却其开放力、流动力和生长力。草原文化在自然生态的变迁中、在与工业化、城镇化和市场化竞争中悄然流失和演变。在工业化、城镇化扩张过程中，草原文化如何找到生长力？现代化的草原文化是何样貌？这些都是思考草原文化现代化不可回避的问题。

草原畜牧业是从业者为适应草原自然生态谋求生存而创建的生计方式，人类社会在创建这一生计方式进程中形成的文化成果便可称为草原文化。游牧社会生活并非人们想象的那样浪漫，而是"人们利用边缘、不稳定自然资源的一种经济、社会生态体系——生活中处处充满危机与不确定"。当然，游牧生活亦非人们以为的那样原始，人们具有对自然高度技术性的理解与掌握，并配合经济、社会各方面之种种精巧设计，正是在应对生存问题以及适应自然过程中的种种智慧创造了草原文化，世界上各种不同纬度、地形与植被环境的游牧皆有其特色，游牧具有多样性。游牧的多样性决定草原文化的多样性。换言之，不同地域的草原文化尽管在生计方式上有着高度统一特性，在文化形态上则往往各有特色。

草原文化历史悠久，草原文化从来不是停止不前的文化。草原文化的发展不仅与自然环境密切相关，还与区域群体关系交相互动密切相关。关于草原文化的早期信息除了草原游牧群体日常生活及各种文化事项中传承的文化要素信息外，方块汉字是草原文化信息最早的记述符号之一。借助这些记述，人们不仅可探知草原文化最初的形态，而且还会瞥见草原文化的发展轨迹。《史记·匈奴传》中所记述的是农耕社会眼中的游牧社会。这是一个随畜牧而转移、逐水草迁徙的社会，这个社会不同于建立城郭并依耕田之业的中原，也没有文书用以规范人们的行为，而是以言语为约束。牲畜结构以马、牛、羊为主，牧业生产外辅以猎业，衣食结构便因之而"咸食畜肉，衣其皮革，被旃裘"，至于与农耕社会礼法有突出差异的内容也有记述，如"贵壮健，贱老弱。父死，妻其后母；兄弟死，皆取其妻妻之。其俗有名不讳，而无姓字"。这些信息都是草原文化的基本历史信息。借助于汉字史籍记载，我们也可以获得草原文化进步发展的信息，比如到辽代，有些草原地区，较之秦汉时期的记述，游牧社会的发展已卓有成效，当时"已内建宗庙朝廷，外置郡县牧守，制度日增，经费日广，上下相师，服御浸盛"。这些表明，草原文化在其发展进程中吸收了农耕文化的影响，举凡政治文化、经济文化内容都发生了重大的变化，文字也已创建，至于蒙元时期，更是草原文化与农耕文化深入互动和发展的时期。草原自然环境和游牧人适应环境而选择畜牧业生计方式的全面互动，有机地构成培育草原文化的基本物质基础，相对于农耕，游牧社会流动便利，其社会不同群体在权力、自然资源和生存争夺中不断相融，使得草原文化在传承、借鉴、融汇中缓慢发展。最为特别的是草原文化与农耕文化在这样一个漫长的历史变迁进程中形成了互补且动态竞争关系。观察王朝中国时期的历史，我们看到王朝政治形态的差异深刻影响着草原文化与农耕文化之间的关系。在中央王朝大一统的政治形态下，如果是以农耕文化为核心建构的大一统的政治，草原文化常常作为农耕文化的敌对者或竞争对手存在，游牧社会的强大流动力成为草原文化与农耕文化对抗的重要优势，并往往成为消耗或瓦解大一统中央政治的力量，中央政府往往以防或御为上策；如果以非农耕文化为核心的大一统的中央政治，往往建构中央权力者本身就与草原文化有着直接的联系，因而，草原文化成为维护大一统政治的不可缺少部分，草原文化与农耕文化便在一体王朝政治中互动。在大一统的政治被分化的时代，草原文化与农耕文化不同群体间一方面存在着激烈的利益冲突，甚至战争，另一方面则存在着局部的合作，而且是深度合作。草原文化与农耕文化的融会亦在这一进程中发生，并各自获得发展力量。不论何时，游牧生计方式供给的不足使农耕社会的农产品和手工业产品对游牧社会极具吸引力，双方之间经济生活互补显而易见。

总之，农耕时代的草原文化发展和变迁十分缓慢，究其原因则在于草原文化天然的弱点：流动性大，积累能力较差，承载力受到自然环境约束难以扩展。这些都成为草原文化天然的缺陷。社会生产力决定了其独具特色的社会关系，以及与农耕社会相互之间既需求、合作，又矛盾、冲突的复杂历史关系。

现代化与现代性是以工业化为基础谋求社会生产力进步的时代属性，也是在技术变革与创新推动下，使经济结构和运行规则趋向利益最大化时代，由此农耕文化被置于劣势地位。工业化和现代化在相当长的时期似乎都以齐一化或同质化为目标，21世纪以来又辅以知识化、信息化。草原文化和农耕文化一样面临着如何现代化的难题。现代化目标、手段和技术通过行政、人口杂居、人口文化素质提升在多方面影响着游牧业和游牧生活，从多个层面悄然改变着草原文化内容、结构、状况和走向。从理论上来说，我们所说的现代化具有指称行为和状态的双重意义，即成为现代的、适合现代需要的行为和过程，和具有现代特点的、满足现代需要的状态。现代化也往往被视为一个社会变迁的类型，或社会、经济、政治体制向现代类型变迁的过程。有一种现代化理论认为，现代化是文明变化、文明行为、文明转型、文明状况、国际竞争、历史过程几个密切关联的层面及其相互影响。

从世界范围来看，自18世纪以来，现代化被分为两个阶段：以工业化、城市化和民主化等为典型特征的第一次现代化；以知识化、信息化和绿色化等为典型特征的第二次现代化。从文明转型来看，第一次现代化是农业文明向工业文明的转型，第二次现代化则是工业文明向知识、物质、生态文明转型。从人类社会现代化的大背景观察，草原文化现代化问题，除需要充分考虑人的现代化宏观目标外，显然需要顾及草原文明变化、转型，使之处于现代文明行为和现代文明状况统和之下，这一历史过程无论从理论还是从实践上而言，都将是一个复杂历史过程。作为经济类型，游牧经济是草原文化生长的基本经济形态，这一经济形态一般被视为农业经济亚型，从文化大类分划上来看，草原终究属于大农业范畴，传统草原文化形成的经济基础为逐水草而居的家庭式小生产，主导产业则以食物生产为主，核心技术亦为食物生产技术，自然资源利用仍然仅限于草原资源及牲畜等可直接利用的自然资源，基本经济制度围绕草原资源和牲畜的分配展开，经济资源的分配则按权力结构分配，环境制度以适应自然为主，基本社会制度曾长期运行于奴隶制和封建制之上。草原游牧业的规模性、深度变迁始于农耕生产的大规模北进，或游牧封建主利益驱动的南下，游牧社会的发展，文字的创制、制度的文字化、物质生产的多样化、定居倾向的出现等都成为草原文化适应自然社会的环境变化取得的成果。清代中后期，先是在长城沿线形成农牧交错带，后随着放垦成为清王朝以至民国时期的国家策略，今天所称的草原区域无论是人口民族构成，还是游牧业在地区经济中所占比重均已发生重大而快速变迁，正是在这一背景下，定居游牧者转营农耕或兼顾牧养大规模出现，定居和半定居聚落日益增多。可以说，是农牧人口的直接接触以及游牧者居住方式变更，而不是牧业技术进步推动草原游牧方式转型。这一转型影响到草原文化的构成要素变迁，开启了以游牧业为基础的草原文化从自成单元体系的缓慢变迁转向与农耕共存互动的快速变迁时代。

清末民国时期的草原文化在国家政治转型未稳的状况下，已成为衰弱的文化，从生产结构、人口素质到社会政治结构呈现危机之势。20世纪50年代，发达资本主义国家已经步入第二次工业化阶段，中国社会亦在此时建立中华人民共和国，草原由此进入一个新的历史发展时期。草原游牧业植入新的组织管理方式和目标，在革命的语境下，封建社会结构被彻底改造，草原文化面临着更为迅猛的转型。受到线性发展思维的影响，终结游牧生产和游牧生活方式的发展目标在相当长的时期曾深刻影响游牧业的生产定位和发展目标。一方面我们看到牧业生产保障条件改善，如打井、种草、围栏、灭鼠等。另一方面，畜群管理水平不断提高，一些畜牧科学技术得到应用，如畜群疫病的防治、畜群过冬措施的落实等。同时，也拓展了畜产品加工业的发展，提升了畜产品的商品率。受到特定发展观念的影响，很多时候，牧业生产规划管理被简单等同于农耕生产，人口的剧增和草原面积的缩小，使牧业生产的流动性受限，超载过牧、草原退化、沙化、盐碱化趋势日益显著，保障牧业发展的最重要环节——天然草原承载力被忽视。定居、畜产品大量增加、草原管理网围栏化、耕作比重快速增加等给牧区生产发展和生活改善带来益处的种种行动和措施，并不完全是草原文化发展的福音，特别是那些给草原自然生态恢复带来巨大冲击的行为正在成为牧业走向现代化的严重障碍。牧业生产现代化是牧业现代化的核心环节，也是草原文化得以持续发展的根本物质基础。

早在20世纪70年代末，草原地区就开展过如何推动牧业现代化的大讨论。有讨论者认为应利用国内外研究成果，促进牧业生产现代化，牧业现代化以牧业科技现代化为先导。有研究者指出了中国式牧业现代化应采用世界最先进科学技术和设备，用现代管理方法，以最低成本获得最优产品，使牧业稳定发展并达到较高劳动生产率，同时实现草原现代化、畜群良种化、生产过程机械化半机械化。改革开放之后,内蒙古自治区在试图改善牧业生产发展速度慢、生产效率低、畜产品商品率低和生产不稳定方面打破常规,寻求现代化解决办法。提高劳动者文化素质、科学养畜、发展专业化生产、畜群良种化、改变追求存栏率的旧观念均成为人们关注的重点。草原资源减少和草原生态退化也正在对牧业现代化提出直接挑战。就内蒙古草原为例,作为一个牧业大区,2006年内蒙古自治区全区牧草地面积6564.85万公顷,占农用地的68.94%,内蒙古自治区牧草地面积在全国省级行政区列第一位。2002年以前全区牧草地面积每年以2.4%的速度递减,自1999年至2006年,全区草地资源减少达118万公顷。近10年来,工矿业发展对草原生态恶化产生了直接影响。由于游牧业本身的容量、对人们生活保障程度和承载力有限,游牧业从业者在总人口中的比重不断降低,加之草场退化和工矿业对草原生态环境带来的新一轮冲击,草原文化现代化面临着一系列根本性挑战——草原生态环境恶化,农田比重增加,地下矿产资源开发,草原管理在科学指导下日益碎片化等现象。如此严峻的资源环境状况,使牧业现代化面临着更为紧迫的任务。在全球化日益强势的开放年代,人口的流动已不限于国内区域之间,如同传统的农业经营在代际交替中被边缘化,传统牧业经营方式显然亦并不为牧区青年人所乐于接受。事实上,传统游牧生产知识的断裂有年,加之游牧环境的变迁,牧业现代化面临着知识、观念、草原资源管理方式、现实利益等多方面的挑战。因而,没有环境友好化、牧业现代化支撑下的草原文化现代化,便可能使草原文化陷入消费主义文化意识形态怪圈而销蚀于人们的物欲之中。

  文化从来都是在人们的社会选择中存续、发展,也从来都是在满足人们的基本生存、提升和改善人们生存状况中被选择而得以存续。一种文化的传承、存续和发展还需要有一些关键性的要素,比如书写系统及其在新环境下的适应与持续发展、面对大众媒体兴起的消费主义文化意识形态,特别是经济全球化的深入影响,每一种前工业文化都面临着存续和发展的选择挑战,人们必须做出选择，也必然要做出选择，结果无外是文化在竞争中走向现代化，或在自我封闭中走向消亡。草原文化是中华文化的重要组成部分，更是内蒙古区域文化的重要组成部分，在社会整体现代化追求大趋势驱动下，草原文化现代化大势无可选择，草原文化现代化是区域现代化的重大主题。推动草原文化现代化存在着两大优势。

第一，基本政治制度的保障和良好的物质基础优势。民族区域自治作为基本政治制度成为少数民族各项权益的制度保障。草原地区正是这一基本政治制度最早的实践者。内蒙古自治区政府为提升区域文化竞争力，应依法承担草原文化现代化推手的职责。区域经济社会发展的快速提升，可为草原文化现代化提供物质基础。能够满足各民族群众生存、发展、交流、交往的新型草原文化是草原文化现代化的根本目的。内蒙古自治区政府在推动草原文化现代化过程中，要着力推动牧业本身的现代化，以科学发展为导向，充分考虑牧业发展的空间容量，处理好牧业现代化的生态效益与工业开发的经济效益之间的关系。同时，内蒙古自治区政府还应注重传统游牧业和草原生态的观念文化的现代化，更确切地说是在文化升级中扬弃传统文化，使草原文化在与周边文化互动中获得创新力。良好的生态环境、稳定而有成效的区域经济发展、人口素质的逐步提高和人们基本生活需求的满足将为草原文化创新发展提供良好条件和驱动力。

第二，宽松的社会环境，明确的社会共识。草原文化孕育于传统畜牧业生计方式和天然草原自然生态环境，如果用经济利益或利润这样的标尺衡量，在与农耕、工业的比较中，草原经济有其显著而先天的缺陷。如若从生存智慧和人与自然关系方面考量，草原文化则有其显著的先天优势。普通人对远离自身生活的文化现象总会怀有各种各样的偏见，这是人类认识世界能力特性使然，百年来人们对草原文化的态度、评价和认知便是一个很好的例证。中国北方草原文化古老信息的记述是借助农耕文化的成果——方块字得以为后人所窥知，而草原文化创建者——各游牧群体之裔，则将草原文化的基本信息保留在畜牧业生计方式和草原生活一系列规范之内。当然，各游牧群体并非在完全封闭状态下创建草原文化，从创建和发展进程来看，草原文化相较农耕文化更具开放性、流动性和交融性。从草原文化成长的历程来看，辽阔而开放的自然地理环境亦促成了相应的社会环境，在人地关系、人际关系方面有着与游牧生计方式相适应的规范。草原区域内各民族间的交往、交流和依存已呈"你中有我，我中有你"之势，宽松的社会大环境，已使草原文化成为区内各民族共享的文化形态。因而，推动草原文化现代化在全区有着明确的社会共识，被视为提升区域发展竞争力和创新的重要途径。

草原文化现代化选择已经超越其北部草原文化当代承载群体，成为惠及提升本区域竞争力和中华现代文化创新力的选择。草原文化现代化不仅对牧业人口共享社会发展成果有着直接的作用，对于草原地区维护国家统一和稳定发展作用的发挥亦有直接影响。

草原文化现代化着力点应在培育游牧业现代化生长点，在这一进程中应高度重视牧区社会人口科技文化素质提升，以技术推广为切入点，整体推动牧业从业人口技术水平。草原地区可在建构牧区技术推广系统和社会服务系统框架中，积极吸纳各种人才，面对基层的技术服务体系建设既可扩大社会就业，又可充分增强草原地区社会活力和影响力，挖掘草原文化古老智慧为现实服务，提高内蒙古自治区政府提供均等公共服务的能力，促进各民族青年人才的充分合作，共同推动草原文化现代化成果的获得。

因此，草原文化现代化之貌不应是一般城市化的翻版，而应是在适应生态环境总体限制的前提下，通过管理、技术和文化创新而建设出的新面貌。适度分散而非高度聚居才是牧区在自然生态承载力内走向现代化的空间布局特征。

第六节　草原文化的保护与传承

位于中国北方的草原文化以蒙古族游牧文化为主体，经过几千年的发展，已经成为中华优秀传统文化的重要组成部分。在广袤辽阔的北方草原，草原文化是北方游牧民族与中原地区不断融合发展的重要历史见证，深入整理、弘扬草原文化的特征优势，挖掘草原文化的时代内涵，努力把草原地区打造成草原文化传承创新示范区，是推进草原地区发展的重要工程，努力走出一条传承创新草原文化的新路。

草原文化是一种独特珍贵的文化资源，对其进行保护和传承，应采用政府主导和社会参与的有效模式，不仅需要充分发挥政府、保护机构以及社区民众等不同主体的保护作用，更要采取科学有效的方法与措施。

草原文化是一种稀缺的文化资源，在人们还没有充分树立起文化保护意识之前，立法工作尤为重要。而且，草原文化的保护与传承是一个长期而又艰巨的系统工程，不是一朝一夕的短期行为，需要一代一代地继承下去。因此，要实施好这项工程，必须要有强有力的法律、法规进行规范和保障。从20世纪90年代起，江苏、宁夏、云南、贵州、甘肃等10余个省区先后出台了省级传统文化的保护条例。这些地方立法进行的有益探索，为国家层面的立法奠定了一定的基础。《中华人民共和国非物质文化遗产法》于2011年6月1日正式实施。作为草原文化主要聚集地的内蒙古自治区，应尽快将草原文化保护以及非物质文化遗产的保护纳入地方立法、司法日程。只有建立健全相关的法律、法规，保护及传承工作才会有法可依、有章可循，草原文化的保护与传承工作才会走向实效，并迈向可持续发展的新阶段。

广大农牧民即是草原文化的缔造者、传承者和所有者，也是这一文化资源的保护者。如果没有人民群众的积极参与，政府官员以及专家学者所编织的再美好的理想蓝图，也只是一厢情愿。因此，对于草原文化的保护与传承这项系统工作，需要常抓不懈、全民参与，努力提高全民的保护意识，积极促进使之成为全民的自觉行为。在提高人民群众对草原文化保护意识方面，应充分发挥各类新闻媒体的作用，通过广泛的舆论宣传，使广大人民群众明确保护与传承的内容、保护与传承的途径方法，充分认识到保护草原文化的重要意义，使保护与传承工作与百姓的日常生活紧密结合、深入人心，形成保护与传承草原文化良好社会的氛围。除此以外，还要充分认识并发挥大中小学校等正规教育在保护与传承草原文化中的作用和地位，将舞蹈、歌曲、演奏、棋类、摔跤、传统绘画等优秀的传统文化内容，纳入美术、音乐、体育、手工等相关课程，积极推进少数族传统文化及非物质文化遗产进校园、进课堂、进教材，有效地增强大中小学生的民族自豪感和对本民族文化的认同感，使草原文化成为对青少年进行传统文化和爱国主义教育的重要载体。

通过实地调研发现，草原地区许多珍贵的草原文化及非物质文化遗产由于缺少足够的经费支持，没有得到及时的抢救和很好的保护，而处于濒临灭绝的境况。特别是在一些边远的经济落后的农牧区，政府的优先关注重点是经济的发展，还拿不出多余的经费用于文化的保护与传承。然而，该项文化建设工作如果等到经济好转后再进行重视和投入，则为时晚矣。那时，很多珍贵的草原文化遗产已经消失，保护与传承的各方面基础已经崩塌，由此造成的损失是无法弥补的。在调研过程中,我们还了解到,在许多边远的旗县,由于缺少专项经费的投入,无法添置电脑、录像机、照相机、交通工具等,致使许多保护与传承草原文化遗产的工作无法正常开展,对于一些代表性的传承人也无法进行必要的扶持和资助。因此,政府要积极发挥主体作用,在国家层面应设立专项资金,用于草原文化的采录、普查、保存、教学、科研、扶持资助传承人以及出版、传播等项工作。地方政府和有关部门应逐年加大对草原文化保护及传承工作的经费投入,将保护经费列入年度财政预算,以保障工作的正常运转。当然,对于经费的筹集还可以吸纳企业和社会的资助,或者通过与企业的合作,帮助做大做强文化企业,打造文化品牌企业的同时,从中提取适当比例的利润,用于草原文化保护及传承的专项工作。

保护与传承草原文化,应坚持以人为本。在注重硬件建设的同时,还应该积极建设软环境。内蒙古自治区作为全国文化资源较为丰富的省份,需要建立一支理论水平高、实践经验丰富的专家队伍,这些本土化的专家能够对保护与传承草原文化这项工程,从理论层面进行系统地论述和分析,形成完整的具有指导意义和实践价值的理论学说,为政府做好草原文化的保护与传承工作提供咨询服务和学术支撑,帮助有关决策部门制定出切实可行的政策法规和工作方案。为确保人才队伍建设取得成效,应与教育培训相结合,开设各类专业培训班,即要对从事文化保护工作的从业人员进行培训,加强保护工作的队伍建设,形成遍布自治区、盟市、旗县三级工作队伍及网络。还要重点造就一大批民族民间艺术传承人,因为许多活态文化,其精粹内容是与该项目代表性传承人联结在一起的。他们即是传统文化的主要掌握者和传承者,又是传统文化的资源库。因此,要以传承人为核心主体,建立民间艺人档案,关心他们的生活和健康状况。认定和命名一批草原文化遗产的代表性传承人,提高他们的社会地位和影响。通过他们的言传身教、现场培训以及带徒授艺等多种方式培养接班人,让更多的年轻人真正掌握该项目的要旨和核心,使更多的草原优秀传统文化得到完好传承。

草原文化集地缘优势与文化优势于一身,重视对其有效地开发利用,对于弘扬和保护传统的民族文化、发展地方经济具有重要的战略意义。因此,对一些草原文化项目进行科学开发、生产性保护,既可以富民、惠民,增加地方财政税收,又可以增强保护工作的造血能力,提升和扩大草原文化的生命力及影响力,促使其走出草原、走向全国。科学开发、生产性保护旨在以保护带动发展、以发展促进保护,这符合草原文化遗产自身传承发展的规律。生产性保护虽然不能替代保护的全部职能,然而开发与生产性保护确实能够促进保护与传承的主动自觉性。在这方面,近年来的一些成功的实例能够充分证明:草原地区民族的居住功能虽然已经衰退,但是蓬勃兴起的草原餐饮业和民族旅游业又使其焕发了青春。一些企业开始开发生产蒙元时期的居住风格,客观上为草原民族居住风格的保护和传承发挥着积极作用。由于草原特色旅游业的发展,提供了许多歌舞表演的岗位。同样,也促进了民族艺术的繁荣和传承。除此以外,根据北方游牧文化编创的文学作品、动漫作品、影视作品,营造草原文化主题的旅游景区和旅游商品,具有草原文化特色的产业在草原地区已经有了一定的发展。正是基于这样理念认识和实践探索,表明对草原文化适度的科学开发、保护性生产,是促进其传承与发展的必要途径。

第七节　草原文化研究的价值与意义

中华文化除了黄河文化、长江文化之外，还有一个重要的源头，即草原文化。现有的考古发现和研究成果充分表明，在我国广袤的北方草原，尤其是内蒙古草原，不但有丰富的早期人类活动的遗迹，如大窑文化、莎拉乌苏文化、扎赉诺尔文化等，而且拥有很多可以认证中华文明起源的文化遗存，如兴隆洼文化、赵宝沟文化、红山文化、阿善文化等。这些文化遗存，以其丰富的内涵向后人传递着这样一个信息，即中国的北方草原也是中华文明曙光升起的地方。特别是孕育红山文化的赤峰地区及西辽河流域，还是中华玉文化、龙文化、礼仪文化的发祥地之一。

与中原和南方的农耕文化相比，草原文化鲜明的地域特点和以游牧生产方式为基础的文化形态，是构成中华文化独具特色的文化类型。草原文化是北方地区多民族共同创造的文化。由于这些民族分别活跃在不同的历史时期，因而相继成为草原文化创造的主体，主要有发源于蒙古高原西部的匈奴、突厥、回鹘、维吾尔、柯尔克孜、哈萨克族系；发源于与蒙古高原东部至大兴安岭的东胡、乌桓、鲜卑、契丹、蒙古族系；发源于大兴安岭以东的肃慎、女真、满族族系等三大族系。这些草原民族在形成、发展的过程中所创造的生产方式、生活方式、意识形态、风俗习惯、社会制度、思想观念、宗教信仰、文学艺术、精神价值等方面的原生文化以及各个历史时期的草原民族在与其他民族其他地区的交往中，特别是入主中原，建立中央王朝后创造的次生文化，还包括自古以来生活在北方草原却并非游牧民族的人们创造的共生文化，是一种多元一体的构成，具有历史传承的悠久性。

在世界几大文明形态中，唯有中华文化长盛不衰、源远流长，其历史脉络从未中断。造就这种伟大而奇特的文化现象的重要原因之一，是草原文化以生生不息的草原民族特有的豪迈、刚健的品格和气质，鲜活、旺盛的斗志和毅力，不断为中华文化的发展、兴旺、演进注入生机与活力，一次又一次地实现新的转机与变革。

从远古时期，草原的先民们就过着狩猎、游牧和采集的生活，并最终以他们强悍进取的游牧精神和性格以及流动扩张的特性，慢慢进入并开发中原，持续而深刻地影响了中原部族和华夏文明的形成与发展。在华夏文明的几大发祥地中，广袤的草原与荒漠是古风和传统保存比较完整的唯一的地区。或许，茫茫的草原、浩瀚的大漠、连绵的山川、漫天的风雪以及毡房、牛车、敖包和我们误认为落后、古老的逐水草而居的生活方式，正是我们一直在苦苦找寻的文化资源和文化血统。基于以上认识，我们似乎有理由把目光投向草原，投向那些尚未被煤烟、噪音、废水、废气以及都市世俗生活浸泡、污染过的蛮荒地带，去勘探寻找在古朴、悠远、苍凉、严酷的落伍之下蕴藏的深深的宝藏。

21世纪，是人类文化趋向于全球性的交融汇合的时代。在各个民族交融汇合的过程中，只有具有自身的文化品格和文化个性的文化才最有资格汇入世界文化的大合唱中去，正所谓越是民族的就越是世界的。就一个民族文化自身的发展而言，当它与其他民族文化发生横向联系时，为了避免失去自身的个性和品格，就必须向本土文化传统的深处寻根。与构成华夏文明的中原与长江的农耕文化相比，草原文化恰恰没有前者那种老暮、圆熟、疲软，它刚猛、鲜活、旺盛的生命力正是华夏文明的根本与源头之一。因此，对草原文化的研究并非仅仅为建立一种地域文化特色，或打造文化产业，以此来满足所谓的经济增长点或旅游开发的需要，而是一个民族新生的文化寻根意识的必然结果，其意义是决不能以地理方位或行政区划为依据来进行人为分割的。其方向应该是我们曾经失落的或正在放弃的信念、精神、价值、气质、风骨、特色和机能的追寻与探究。深入其中而又不囿于其中。与当代中国而言，研究草原文化的意义并非仅仅表现文化由精细走向粗放，由贵族走向平民，也不单单表现为文化由典雅走向质朴，由自足走向缺憾，而是要透过长河落日、大漠孤烟、山川戈壁、毡包帐房、河谷台地、边关狼烟、驰马放牧、迁徙赶场、狩猎采集等草原民俗与草原风情，发掘渗透积淀于草原风貌中保存尚好的历史文化精髓以及民族精神和民族性格的灵魂。这才是研究草原文化的真正目的，才是草原文化寻根意识的根本所在。要寻找民族历史文化和民族传统中真正的精神和灵魂需要时间，需要毅力，更需要真诚和勇气。价值重建的过程是缓慢和艰难的。我们要在新的人文背景和社会结构条件下重新建构一个新的价值系统，需要付出同样的努力和艰辛。这里没有捷径、没有讨巧和变通，任何一种一蹴而就的想法和急功近利的追求都会变得浅白平庸甚至是低级媚俗。近年来出现的一些名不副实的所谓草原文化作品，实际上都是非常恶劣的商业噱头或炒作。

现代都市文明与草原文化的差异比之与东北、中原、华东等地区底层文化的差异要大得多，所以一个城市文化人要融入草原，他所要跨越的精神鸿沟要更宽更深。这种融入首先需要一种对草原文化的认同和接受态度，需要一种智慧和敏锐、坚忍和毅力，更需要一种对草原生活的深切体验和感受。至于到草原上吃几回手把肉，喝几回马奶酒，住几次蒙古包，那不过是游客生活和猎奇心理。任何单纯的礼赞和批判、褒扬或针砭的心态和感情都不足取。一种文化特色的形成和人的生存方式密切相关，草原文化的特征随着人们生存方式的改变和现代文明的冲击，也在发生着变化。长期处于封闭状态的地域和保存尚好的历史文化传统，正经历着错位、风化、解体的动荡期。因此，对草原文化的认同态度变更应该蕴含一种现代意识的理性思考与观照，即在时代的高度上锻铸历史文化的现代品性和个性。

民族存在决定民族性格，而民族性格又决定民族命运。草原游牧生活一代代积淀强化着游牧民族的性格，培养出了蒙古、哈萨克等许多优秀的民族，那种刚强进取的民族性格正是创造和支撑中华民族的支柱。当然，民族历史文化的精髓和民族精神、民族性格的灵魂不是体现在某个人、某个族群、某个景观或某处具体的地形地貌上，它指的应该是在民族的血统、气质、品格、个性等方面体现的一种风范、骨气、节操和信仰的群体特色。与现代都市鼓噪的商业意识、物质第一和泛滥的功利主义、实用主义相比，这一切或许唯有世代生活在辽阔广袤的草原和恶劣的气候中的人群里才能找到。大自然使他们受益最深，受害也最直接。他们是一批迄今为止，世界上与大自然关系最密切的人群。因此，草原人民那诚实的胸襟，那对故土对草原的深情，那淡薄金钱的品质，那在严酷恶劣的环境中生成的强悍的生命力和不屈不挠的奋斗、进击的精神，不正是我们民族传统中弥足珍贵的资源吗？这也正是对我们民族，乃至整个人类而言都有着永久价值的东西。当国人信仰被拜金主义所瓦解，"百世之患，以小利而不顾者有之"以及熙熙攘攘皆为利的今日，竟能有上千万被根深蒂固的游牧文化哺育起来的草原人民，担负起了保护和捍卫我们祖国边疆和举世闻名的大草原的义务，这是多么难能可贵的精神和人力财富！

所以，研究草原文化的价值体系、历史传承应该是注重其内在精神和核心理念的深入探寻与挖掘。具体而言之，草原文化精神是那种独一无二的生态氛围和生命形态，是那种在严酷恶劣的生存环境中形成的坚忍不拔、豪壮朴实、率直刚健、剽悍顽强、粗犷淳厚的民族性格和心理素质，是那种粗放的水土和强悍的民族血统所养育的豁达、乐观、自由、博大、雄浑、广阔、深沉、古朴、久远的生存意志和生命活力，是那种近自然、重感情、尚人伦、讲义气、明大理，热爱土地，热爱草原，热爱自由，漠视一切苦难的最可宝贵的文化品格和精神气质。所以，我们有理由对那些在恶劣的环境中生存下来，并生活得蓬勃旺盛的普通人民表示由衷的钦佩和赞美。当然，我们也必须承认草原生活的另一个层面：单调迟缓、保守闭塞、混沌懒散、安贫知命。这些又正是我们民族在迈入现代化过程中所负载的历史惰力。如何把历史感和时代感统一起来，从而可以使我们从人的生存看到整个民族的生存，使我们把历史的岁月和民族走向未来的趋势作为一个连续发展的过程来思考，这要求我们必须学会用一种扬弃的态度去观照审视民族文化传统和民族性格、民族心灵的演化。这些都需要当代中国学者的智慧、胆识、发现和身体力行，需要一种理智上的高度自觉。只要我们关注现实、热爱生活、关心人的存在，关照民族的发展和未来，我们就会找到我们的坐标和方向，中华文化就有了源源不断的动力与活力，就会更加大放异彩，重现辉煌。

第二章
草原文化的历史

第一节　草原文化史简述

北方草原是一片神奇的土地，是亚洲古人类文明的发祥地之一。早在70万年前，呼和浩特大窑文化就在这里闪耀着旧石器时代人类文明的曙光，大窑石器制造场延续使用了数十万年。此后，草原上又走来了河套人、扎赉诺尔人。考古研究表明，扎赉诺尔人与山顶洞人一样，是形成中的蒙古人种。踏着河套人、扎赉诺尔人的足迹，新石器时代的草原先民继续创造了查海文化、兴隆洼文化、赵宝沟文化、红山文化、白泥窑文化、富河文化、庙子沟文化、老虎山文化。青铜器时代到来后，草原上又形成了夏家店下层文化、朱开沟文化、夏家店上层文化、鄂尔多斯青铜等文化类型。

发现于赤峰距今8000年的兴隆洼聚落遗址出土有大型石锄、陶罐以及成排的房屋遗址，说明兴隆洼先民已经开始栽培农作物，比新石器时代中期黄河流域先民对农作物的栽培早了近千年。这里出土的最古老的石雕人像被我国考古界称作中华老祖母。

文字的发明是人类跨入文明门槛的重要一步。在距今5000—4000年前，赤峰小河沿的先民已经开始把原始的象形文字刻画在了陶罐上。有学者认为，20世纪80年代初出土于翁牛特旗石棚山一件大口深腹陶罐上所刻文字，是对远古时代一次流星或者陨石雨的纪录。

1984年，考古工作者开始对红山文化牛河梁遗址进行挖掘。先后发现了祭坛、女神庙、大型方台、金字塔式巨型建筑、特点鲜明的积石冢群以及成组出土的玉质礼器。这些发现表明，早在距今5000年前，红山文化率先由氏族社会跨入"古国"阶段，我国最早的基于原始公社氏族部落制度的更高一级的组织形式——早期城邦制国家诞生了。

中国北方的草原地处气候敏感区，气候的变化影响甚至决定着这里史前文化的发展方向。草原文化除了在草原上发展、扩散之外，还有两条十分具有地区特点和民族特点的脉络，即由北向南发展和由农向牧转化。进入新石器时代后，在距今6000—3000年间，这里先后发生了4次较大的降温事件，每次降温都迫使相当多从事原始农业的先民背井离乡，走向更加温暖的中原地区。留在北方草原上的先民们经历了由农业生产转向牧业生产的过程。有学者把这一过程概括为"农业—畜牧业—游牧业"的发展模式。公元前10世纪，北方草原上的牧人驯养了马，从此游牧民族成了马背民族。

历史上各民族之间和平相处、友好往来是中华民族发展的主旋律，草原文化与中原文化的交融则是其中绚丽夺目的篇章。

公元前307年，赵国国君武灵王力排众议，下令革政，学习北方游牧民族的胡服骑射，首开主动向草原文化学习的先河。从此，骑兵兵种和骑射战法被引入中原。这对我国古代军制的发展具有划时代的意义。赵武灵王穿用胡服后，其他各国争相效仿。2000多年以来，这种服饰基本被沿袭。

匈奴民族经过长期发展，公元前209年，以冒顿自立为单于为标志，北方草原第一次竖起了游牧民族政权的旗帜。此后，匈奴通过对东胡、月氏等一系列战争，完成了北方游牧民族的第一次大统一，控制了长城以北的广大地区。西汉前期出现了"匈奴自单于以下皆亲汉，往来长城下"的局面，奉行和亲政策，通过关市贸易开展了物资和人员的交流。东汉初年，匈奴分裂为南北二部，南匈奴归附东汉，居于今内蒙古自治区西南部，山西、河北北部。不久，北匈奴势衰西迁，又有20余万匈奴人降汉。匈奴人口的大量涌入使草原文化也随之而来，特别是被称作"胡物"的匈奴器物，在中原受到了普遍欢迎。

北方草原民族历来以军事称强，其军事文化在制度层面上对中原也有不同程度的影响，首开此先例的就是鲜卑等民族的军镇制和府兵制。

唐代是中华文化发展史上的一个高峰期，也是我国历史上的一个重要民族融合期。这一时期，无论是民族的融合还是文化的发展，都表现出明显的胡化倾向。人口结构的变化必然促进文化的改变。草原文化在礼俗、饮食、服饰、音乐、舞蹈、体育、绘画、艺术以及宗教等各个文化层面对中国文化产生了巨大影响。

辽朝首创草原京城以及陪都制。上京城临潢府是辽朝政治、经济、文化中心，还分别设立中京城、东京城、南京城、西京城。耶律阿保机建国，创制契丹大、小文字与汉字并用，为草原文化与中原文化的交融架起了一座桥梁。

13世纪，蒙古统治者先后统一了西夏、金、大理、吐蕃、南宋的割据政权，结束了中国500多年的分裂格局，建立了中国历史上第一个多民族统一政权，形成了有利于各民族经济文化发展交流的有利环境。这一时期，中国多民族文化并存的格局得到肯定，元政府在组织编纂《辽》《宋》《金》史时，扭转了以前排斥少数民族的传统思想。

蒙元王朝实施包容的文化政策，为古代中华文化的交融和发展带来了很多新的气象。蒙古族文字产生于这一时期，沿用至今；北方游牧民族历史上第一部用本民族文字撰写的历史著作《蒙古秘史》诞生；元朝是中国统一王朝史上第一个多民族文字并用的王朝；《辽》《宋》《金》史，是二十四史中仅有的、由多民族史学家共同编修的史籍，也在中国史学史上首开一朝官修三朝历史之先河；中原文化在边疆民族地区得到广泛的传播，儒家经典著作被翻译成蒙古文出版；漠北、云南等偏远地区首次出现了传授儒家文化的学校；中国首次出现了由中央政府批准成立的、全国性的少数民族语言文字教育机构——蒙古国子学和回回国子学。在宽松的政治文化氛围下，中华民族的融合进入了又一个高潮期，契丹、女真、党项等民族融入蒙古族、汉族和周边其他民族之中，一个全新的民族回回民族在中华大地上诞生。中国戏剧史和文学史上的重大事件元曲就是在此环境下形成的。

蒙元统治者鼓励通商的开放政策，拉近了欧亚之间的距离，使各种文化之间的直接对话成为现实，缩短了欧亚大陆区域之间因发展不平衡以及由于地理空间和人为封闭造成的文明进程的差距。从中国文化史的角度观察，蒙元王朝的影响主要体现在两个方面：促进了中国的国际化；改变了欧洲人对世界的理解和认识。

千年的草原文明积累了难以估价的文化资源，开启这些文化资源，就有可能形成具有草原文化特色的文化产业，从而在全国乃至世界的市场竞争中占有优势，让草原文化产业奏出新世纪文化的强音。

第二节　诗歌中的草原文化史

中国北方的草原由于自然地理环境与中原地区的差异，形成了以游牧为主的经济文化圈。文化圈是比较稳定的特定的文化存在区域。这一文化区域具有统一或相对统一的历史文化传统，生产、生活方式，价值观念与价值取向和基本相同的社会组织形态。同一文化圈内易于形成特定的民族。所谓民族，就是人们在历史上形成的一个有共同语言、共同地域、共同经济生活以及表现在共同文化上的共同心理素质的稳定的共同体。

清朝及清朝以前，中国北疆大体上东至大兴安岭，西至阿尔泰山，南至河北、山西北部和河套南部，北至外兴安岭以西，循漠北向西延伸至阿尔泰山一带。之所以这样说是基于两方面考虑。一是从历史渊源看，中国先民主要生活在喜马拉雅山东南至海，西北大致从外兴安岭向漠北延伸至中亚东部一带。这一地区主要是广阔的温带草原，气候的大陆性强，冬季受强大的蒙古高压控制，异常寒冷，夏季风又难以到达，终年干旱少雨，自然环境条件较差。寒冷干旱的自然环境"弋猎禽兽、随水草放牧，食肉饮酪、以毛毳为衣"的经济生活，使北方游牧民族比以植物性食物为主的汉族人民体格更为强健，且长于骑射，他们"儿能骑羊，引弓射鸟鼠，少长则射兔"。因此，草原游牧民族虽然在经济文化水平上落后于汉族，但战斗力远远强于汉族。双方在经济与军事上各有所长，不同时期力量互有消长，形成了南有大汉、北有强胡的相对均势对峙局面。由燕、赵长城到秦长城，逐渐构成农业与草原游牧两大文化圈的界线，即中国北方长城地带成为两大文化圈的分水岭。

伴随着中原王朝的兴衰成败，在广袤的北方草原，先后有匈奴、鲜卑、突厥、契丹、蒙古、女真等游牧民族相继而起，他们先后与汉民族共同谱写了一部风起云涌、波澜壮阔的史诗画卷。作为一种高度浓缩的文学艺术形式，中国诗歌自然少不了北方草原游牧民族的身影。然而草原文化的逐水草而居，使其生活具有流动性和迁徙性，难以形成深厚的文化传统。游牧经济结构单一，文化相对落后，诗歌艺术创作方面也就处于相对劣势，用民族语言记录下的诗歌就更是凤毛麟角，少之又少了。因此关于游牧民族的诗歌多半都是汉族文人创作的，即使草原游牧民族原创以民族语言记录的诗歌，能够流传至今，人们耳熟能详的多半也是译成汉文了。

《诗·小雅·采薇》："采薇采薇，薇亦作止。曰归曰归，岁亦莫止。靡室靡家，猃狁之故。不遑启居，猃狁之故。……昔我往矣，杨柳依依。今我来思，雨雪霏霏。行道迟迟，载渴载饥。我心伤悲，莫知我哀。"《采薇》是《诗经·小雅》中的一篇。这是一首写西周时期一位饱尝服役思归之苦的戍边兵士从出征到回家的诗歌。诗中叙述了他转战边陲的艰苦生活，表达了他爱国恋家、忧时伤事的感情。猃狁即北狄、匈奴、犬戎又称岩允，活动于西周。公元前9世纪初至公元前8世纪中叶，历史上曾经发生过持续百余年的大旱灾，居于北方以游牧为生的猃狁被迫离开原居地，寻找新的水源和草地。《诗经·小雅》载："猃狁匪茹，整居焦获，侵镐及方，至于泾阳。"焦获即今陕西三原、泾阳一带的焦泽，当时这一带水草茂盛，依河傍水，适合发展农牧业生产。再有"当周宣王时，猃狁内侵，至于泾阳，命将征之，尽境而还。其视戎狄之侵，譬犹蚊之螫，驱之而已。故天下称明"。可见周代北方的猃狁已十分强悍，经常入侵中原，给当时北方人民的生活带来不少灾难。周王朝遣将还击逐之而后快，但依然阻止不了游牧民族的大规模内迁。最终，公元前771年，西周在游牧民族的打击下灭亡了。

匈奴是战国秦汉时对猃狁的称谓，公元前214年，秦始皇令蒙恬北击匈奴，收复河套地区，"却匈奴七百余里，胡人不敢南下而牧马"。在秦末汉初之际，中原地区战事频仍，匈奴乘机发展，冒顿单于鸣镝弑父，败东胡，讨月氏，南距阴山河套。《史记》记载："至冒顿而匈奴最强大，尽服从北夷"，拥有控弦之士三十余万的强大武力。匈奴对北方游牧地区的统一，形成了"南有大汉，北有强胡"两大民族统一体对峙形势。汉初高祖7年（公元前200年），冒顿将兵南向，降韩王信，进而围高祖于白登山达7日夜。那个时候，匈强而汉弱，和亲成了汉王朝处理与匈奴关系的主要政策。

汉武帝即位之时，西汉王朝的实力已是今非昔比，大规模征讨成了对匈奴的主要政策。战争的失败使得匈奴丢失了水草丰美的河南地和河西走廊。借用汉字匈奴有一首民歌得以流传："失我祁连山，使我六畜不蕃息；失我燕支山，使我嫁妇无颜色。"据《汉书·卫青霍去病列传》载：汉武帝元狩二年（公元前121年），骠骑将军霍去病，将万骑，出陇西直达祁连山西端。击败盘踞在焉支山、大马营草原的匈奴各部，败退的匈奴族凄然回首，发出的千古悲歌。

两汉王朝对匈奴的征讨与封锁使得游牧经济固有的脆弱性充分暴露出来，草原部众生活困苦不堪。几个世纪的征战、孤立、分化与封锁，最后匈奴一分为三，北匈奴西迁中亚，南匈奴入塞归附，还有10余万落融入鲜卑。

东汉末年，中原大乱，烽烟四起，南匈奴乘机南下，劫掠人口。汉末蔡文姬的《胡笳十八拍》就是当时动乱现象的真实写照："我生之初尚无为，我生之后汉祚衰。天不仁兮降乱离，地不仁兮使我逢此时。干戈日寻兮道路危，民卒流亡兮共哀悲。烟尘蔽野兮胡虏盛，志意乖兮节义亏……戎羯逼我兮为室家,将我行兮向天涯。云山万重兮归路遐,疾风千里兮扬尘沙。人多暴猛兮如虺蛇,控弦被甲兮为骄奢。两拍张弦兮弦欲绝,志摧心折兮自悲嗟。越汉国兮入胡城,亡家失身兮不如无生。毡裘为裳兮骨肉震惊,羯膻为味兮枉遏我情。鼙鼓喧兮从夜达明,胡风浩浩兮暗塞营……"诗的作者蔡文姬所处年代正是东汉末年,时胡虏强盛,烽烟四起,农民起义,军阀混战,她在逃难中被南匈奴所掳,流落塞外,后与左贤王结成夫妻,生了两个儿女。在塞外她度过了12个春秋,但她无时无刻不在思念故乡。由此可见,东汉末年,南匈奴乘中原出现权力真空之际,开始横行无忌,并有部分逐步南迁了。东汉以后南匈奴在南迁过程中逐渐汉化。匈奴族的一支改姓刘,原因在于他们认为自己是冒顿的后代,"初,汉高祖以宗女为公主,以妻冒顿,约为兄弟,故其子孙随冒姓刘氏"。两晋南北朝时期,匈奴刘渊于308年建汉于平阳,开启了游牧民族在中原建立政权的先例。汉政权之后其他少数民族相继逐鹿中原,揭开了五胡十六国民族大融合的序幕,也为后来北方地区的统一奠定了基础。

匈奴族是中华民族的一个重要成员,其对北方游牧地区的统一,是中国大一统不可或缺的历史前提,是北方游牧民族对中国历史的重大贡献。两汉王朝坚持对匈的征伐政策,虽起一时效用,但不能彻底地消除游牧经济文化。一个族团力量削弱了,另一个游牧民族仍然会崛起于匈奴故地,继续与农耕文化圈的冲突、碰撞。

鲜卑是继匈奴之后称雄塞北的游牧民族,其原居东北大鲜卑山。东汉初年,北匈奴在各敌对民族的联合打击下被迫西迁,鲜卑乘机南下、西进,盘踞匈奴故地,北匈奴遗众10余万人融入鲜卑。自此,鲜卑迅速强大起来,成为影响中国北方政治军事达几个世纪的重要角色。其大致可分为东部鲜卑和北部鲜卑。北部鲜卑即鲜卑拓跋部,东部鲜卑则包括了鲜卑慕容氏、宇文氏及鲜卑段氏。

鲜卑慕容氏是五胡十六国时期建国最多、名人辈出的豪门大族。其先后建立前燕、后燕和南燕、北燕，十六国割据慕容鲜卑有其四，十六国外的西燕和吐谷浑还没有计算在内。此足见鲜卑慕容氏当时的强盛。在其逐步南迁的过程中，有一首诗歌得以流传下来。"阿干西，我心悲，阿干欲归马不归。为我谓马，何太苦我阿干为！阿干西，阿干身苦寒，辞我大棘住白兰，我见落日，不见阿干，嗟嗟！人生能有几阿干？鲜卑谓兄为阿干。"此歌是慕容廆思念哥哥吐谷浑所作的《阿干歌》。慕容涉归是鲜卑慕容部贵族首领，有二子，兄慕容吐谷浑，弟慕容若洛廆，简称慕容廆。父涉归死后，兄弟失和。吐谷浑一怒远徙白兰。慕容廆事后很后悔，派专使来白兰请哥哥回去，但吐谷浑谢绝使者，永不东归了。慕容廆思念他的哥哥，作了《阿干歌》，随着此歌西传，白兰就改名为阿干。此后，吐谷浑的后代以白兰为立足点向西发展，逐渐扩大地盘，最终建立了吐谷浑国。而慕容廆子慕容皝建大燕国，雄踞北方，盛极一时。五胡乱华之末，拓跋珪于公元386年即代王位于盛乐，不久晋人刘裕悄然崛起于京口的寻常巷陌之间。拓跋魏在太武帝拓跋焘时一举统一了北方，结束了130多年的分裂割据局面。刘裕也于公元420年代晋建宋，中国开始进入南北朝时期。

南北朝时期东北流传下来的诗歌不多，值得称道的有北魏先祖所居嘎仙洞石室祝文，其文如下："天子焘，谨遣敞等用骏足，一元大武敢昭告于皇天之灵。自启辟之初，佑我皇祖，于彼土田。历载亿年，聿来南迁。惟祖惟父，光宅中原。克翦元凶，拓定四边。冲人篡业，德声弗彰。岂谓幽遐，稽首来王。具知旧庙，弗毁弗之。悠悠之怀，希仰余光。王业之兴，起自皇祖。绵绵瓜瓞，时惟多祜。敢以丕功，配飨于天。子子孙孙，福禄永延。"公元443年，魏太武帝拓跋焘派中书侍郎李敞至拓跋鲜卑发祥地嘎仙洞石室，祭祀天地祖宗，并留下石刻祝文。全文隔句押韵，五次换韵，字句整齐。抑韵规则，读来琅琅上口。这篇祝文反映出拓跋鲜卑较高的文学水准，又可看出汉文化对其影响之深。此文仅101字，叙述了自北魏拓跋部第一代南迁君主拓跋推寅起，直至拓跋焘入主中原约400余年的历史。东汉初年，拓跋推寅率众南迁大泽，后人拓跋珪建魏自立。公元397年，灭后燕，鲜卑拓跋部取代慕容部成为北方第一强国。拓跋珪之孙拓跋焘英图武略，事驾前古，文治武功冠盖北魏诸君主。即位之初，马踏漠北，痛击柔然；继而西扫赫连夏，降北凉，平灭慕容燕，南向取宋之虎牢、滑台，自此一统黄河流域，南与刘宋对峙。公元429年，拓跋焘北征柔然，柔然遭受重大打击，从此一蹶不振了。与此同时，拓跋焘把漠北敕勒人数十万落迁徙到漠南一带，漠南地区因为主要是敕勒人聚居的地方，故称敕勒川。当时流传一首民歌名曰《敕勒歌》，就是漠南一带畜牧业兴旺发达景象的真实写照。"敕勒川，阴山下，天似穹庐，笼盖四野。天苍苍，野茫茫，风吹草低见牛羊。"《敕勒歌》相传是北齐人斛律金传唱下来的。这首歌原为鲜卑语，后被译成汉语。这首古代民歌，意境深远，旋律优美，歌咏了北方草原壮丽富饶的风光，抒写了敕勒人热爱家乡热爱生活的豪情。

随着北方的统一，中国历史正式进入了宋魏相争的新时期。当时南朝刘裕已亡，其三子文帝刘义隆即位以来，励精图治，宋初政治稳定、经济繁荣，史称元嘉之治。然而宋文帝时有恢复河南之志，遂于元嘉二十七年（公元450年）大举北伐，元嘉北伐成为历史上宋魏相持的巅峰之战。南宋词人辛弃疾曾作《永遇乐·京口北固亭怀古》一词，内有"元嘉草草，封狼居胥，赢得仓皇北顾"之句，说得正是这段史事。《永遇乐·京口北固亭怀古》："千古江山，英雄无觅孙仲谋处。舞榭歌台，风流总被雨打风吹去。斜阳草树，寻常巷陌，人道寄奴曾住。想当年，金戈铁马，气吞万里如虎。元嘉草草，封狼居胥，赢得仓皇北顾。四十三年，望中犹记，烽火扬州路。可堪回首，佛狸祠下，一片神鸦社鼓！凭谁问，廉颇老矣，尚能饭否？"京口即现今的江苏镇江市，北固亭又名北固楼，在镇江东北北固山上。作者辛弃疾登上北固亭，想起历史上的一些人物、事件，不禁感慨万千，写下这首词。题为怀古，实际是借古喻今，以抒抱负，劝谏当时南宋朝廷北伐要精心准备。词人首先追怀与京口有关的历史人物孙权与刘裕。孙权曾建都京口，于此凭区区江左之地，拒曹兵数万。寄奴是刘裕的小名，刘裕曾在京口起兵，征讨桓玄，平定叛乱。北伐先后消灭了南燕、后秦，收复洛阳、长安等地。继而作者用历史事件元嘉北伐借古讽今。元嘉二十七年，刘义隆大举北伐，遣东路军自江苏走水路入山东，派西路军自襄阳北上入河南。战争之初，东路军走黄河入山东，连得乐安等数城。然进攻滑台时，将领王玄谟贻误战机，连攻数月未果。至10月，秋高马肥之际，拓跋焘率鲜卑铁骑几十万救滑台，两军相接，王玄谟不战而逃，宋兵纷纷弃城南窜。西路军进展顺利，兵进关中，连克陕城、潼关等地。然东路已败，魏军驱兵江淮，宋文帝震恐，急命西路军班师回救，北伐至此以失败告终。北伐既败，魏军南侵攻势愈发锐利。拓跋焘率大军克悬瓠、项城，席卷淮泗，驱兵六合，饮马长江，修行宫（佛狸祠）于瓜步山，隔江与宋都建康相望，宋文帝唯有"惆怅惧迁逝，北顾涕交流"了。然而当时魏军并不具备南渡灭宋的条件，在江北大肆掳掠之后退兵了。

元嘉北伐确定了后世北强南弱的历史趋势。南朝经历了宋、齐、梁、陈朝代更迭变换之后，愈发衰落了。北魏亦分裂为东、西两魏，进而形成了周、齐对峙的局面，拓跋鲜卑逐渐寂出了历史舞台。然而北魏分裂之后，鲜卑宇文氏又操控西魏而后篡建北周。至隋文帝江山一统，鲜卑已在中原活跃了近3个世纪的时光，这是五胡中其他诸族所无可企及的。

匈奴之后，北方草原形成了以鲜卑为主体的草原文化圈。鲜卑各部纷纷南下、西迁，曾先后建立了13个政权，前燕、后燕、西燕、南燕、北燕、吐谷浑、西秦、南凉、北魏、东魏、西魏、北齐、北周，其中北魏国祚最长，影响最大。鲜卑汉化最大限度地实现了民族融和，为中原民族带来了新鲜活力和创造力，为封建社会全盛时期隋唐的到来奠定了初基。

第三节 草原祖先匈奴文化

研究草原文化的历史,不能跨过匈奴这个部族,它对草原文化的形成与积淀做出了巨大的历史贡献。

匈奴人的发祥地在今天内蒙古的阴山、河套一带,这里"东西千余里,草木茂盛,多禽兽"。但在匈奴人活动的更广大范围内则是土质疏松的黄河中游及漠北广阔的沙碛草原地带。"胡、貉之地,积阴之处也,木皮三寸,冰厚六尺。""地洞泽碱卤,不生五谷。"商周以来,这里一直是游牧民族的世界。逐水草迁徙的生产方式作为人类利用和开发这块荒蛮之地的有效手段,长久以来一直为诸多草原民族所继承。这种生产方式的定型,是自然选择的结果。环境从根本上制约着游牧民族社会的发展,游牧生产方式决定性地影响着匈汉乃至整个北方民族生活方式及文化习俗的诸方面。近几十年来,在大漠南北发现了许多匈奴时代的城堡、宫娥、神庙等建筑物。这类建筑物的出现有其特殊的政治、宗教、军事方面的原因,不能作为说明匈奴人居住方式和经济状况的证据。"逐水草迁徙,毋城郭常处耕田之业",才是匈奴人生活方式的真实描述。《汉书·匈奴传》云:"匈奴西边诸侯作穹庐及车,皆仰此山材木。"这不仅表明匈奴人住守庐,有车,而且还说明了制作穹庐及车的材料及其来源。守庐以木条为架，上覆以毛毡，在形制上与今天的蒙古包相似。对于追逐水草的匈奴人，守庐无疑是最合适的，既拆装方便，易于搬迁，又能抵御风寒。车、马一向为匈奴及北方民族重要的交通工具。《史记·匈奴列传》载，匈奴"士力能弯弓，尽为甲骑"。马在游牧与战争中起着非常重要的作用，由此产生了"养马术、驯马术以及训练战马的技术"，发展了制作各种马具的工艺，正是在这个意义上，有人称之为马的文化。

在战争与迁徙生活中，车也得到了广泛的应用。但因年代久远，匈奴时代车的实物今天已不能看到。关于服饰，考古发掘提供了有利的实物资料。漠北诺颜山匈奴墓葬的发掘，使我们看到类似现今蒙古人的服装——衣、帽、靴等，曾经流行于公元前后的匈奴人中。正如倡导胡服骑射的赵武灵王所理解的那样，这种窄袖短衣、长筒皮靴式的服饰，比之于中原农业民族的宽衣博带，更有利于游牧民族的马上生活。

畜牧经济的特点在饮食生活上体现得尤为鲜明。"食肉饮酪"，自君王以下咸食畜肉。狩猎业和农业作为畜牧业的补充形式在匈奴社会经济中占有一定比重。游牧业制约着匈奴的生产、生活方式，甚至影响着匈奴社会的风俗。《史记·匈奴列传》记载，刘邦曾被匈奴军围困于平城白登山达7日，"高帝乃使使间厚遗阏氏，阏氏乃谓冒顿曰：两主不相困。今得汉地，而单于终非能居也。且汉王亦有神，单于其察之。冒顿取阏氏之言，乃解围之一角"。汉兵之出，全因妇人一语。以冒顿之勇武竟能从妇人之言，当非偶然。纵观整个北方民族的社会历史，就会发现妇女地位相对于中原农业民族要高。《贞观政要》卷四云："北狄风俗，多由内政。" 乌桓人"俗从妇人计，至战斗时，乃自决之"。契丹垢妃往往"参政射柳，军旅田猎，未尝不从"。这反映了游牧文化的朴野品质，没有汉民族在儒家思想熏陶下形成的繁文缛节及对妇女的种种约束。匈奴妇女行则在军中主营，"不妒而甘破勤劳，故男女皆自食力，生长于兵，无单家，而众以强"。妇女们的义务是赶车、将帐幕装车和卸车、挤牛奶、酿造奶油和格鲁特、靴制和缝制毛皮。"出师不以贵贱，多带妻季而行，自云用以管行李衣服钱物之类。其妇女专管张立毡帐，收卸鞍马、辎重、车驮等物事，极能走马。"妇女在游牧生产、生活实践中真正起着半边天的作用。

俗从妇人计也是在蒙古草原自然环境中逐水草迁徙生活的需要，是直接关系着部族强盛的大事。游牧业在北方草原已延续几千年，作为一种古老而原始的生产方式，产生了许多独特的文化现象与文化形态，并长期地将许多原始文化的种子保留下来，为后起的游牧民族所继承。

公元前3世纪末的北方草原正经历着一场翻天覆地的变化，人们的道德观念、价值观念也都得到了充分的表现。据《史记·匈奴列传》：头曼单于欲废长立幼，将长子冒顿质于月氏，冒顿盗月氏善马逃回，"头曼以为壮，令将万骑"。冒顿做鸣镝习勒骑射，射杀头曼并"尽诛其后母与弟及大臣不听从者"，自立为单于。后东破东胡，"西击走月氏，南并楼烦白羊河南王"，"北服浑庚、屈射、丁零、尾昆、薪犁之国。于是匈奴贵人、大臣皆服，以冒顿单于为贤"。在这个政治事件中，匈奴人的民族心态与价值观念表现得淋漓尽致。《礼记·中庸》曾谈及南北民族性格与价值观念的差异："宽柔以教，不报无道，南方之强也，君子居之。衽金革，死而不厌，北方之强也，而强者居之。"中原农业民族讲求仁慈、孝廉与温柔敦厚，北方草原民族贵壮健、贱老弱与上气力而下服役。

对游牧文化与农业文化在价值取向上的重大差别，只有置于草原文化土壤中做根源与功能的双重分析，才能真正认识其内涵。匈奴一向"居于北蛮，随畜牧而转移"。时人评论曰：匈奴"处沙漠之中，生不食之地，天所贱而弃之"。"胡人衣食之业不著于地，其势易以扰乱边境，何以明之？胡人食肉饮酪，衣皮毛，非有城郭田宅之归居，如飞鸟走兽于广野，美草甘水则止，草尽水竭则移。以是观之，往来转徙，时至时去，此胡人之生业也。"这样的生活环境和生活方式，锻炼和塑造了草原民族吃苦耐劳的品格和自强不息、豪迈直刚的民族精神。当时的各部势力互争雄长，"往往而聚者百有余戎，然莫能相一"，只有壮健而勇者才能生存。

"贵壮健，贱老弱"集中体现了匈奴民族的群体意识。原始时代人们对生命力的崇拜与草原民族延续发展的需要发生了内在的联系，生存是人生的第一需要。《史记·匈奴列传》中有这样一场争论："汉使或言曰：'匈奴俗贱老。'中行说穷汉使曰：'而汉俗屯戍从军当发者，其亲岂有不自脱温厚肥美以赍送饮食行戍乎？'汉使曰：'然'。中行说曰：'匈奴明以战攻为事，其老弱不能斗，故以其肥美饮食壮健者，盖以自为守卫，如此父子各得久相保，何以言匈奴轻老也？'"贵壮贱老与其说是伦理原则，莫不如说是生存原则和战争原则。壮、健关乎着部族的发展与强盛，也成为匈奴人判断是非的一项重要标准。冒顿弑父自立事件最清楚不过地证明了匈奴人这种价值取向，冒顿肩负起振兴民族之大业，当然会得到拥护。这种价值观念在战争中有更集中的表现。《史记·匈奴列传》云："利则进，不利则退，不羞遁走，苟利所在，不知礼义。""其攻战，斩首虏赐一卮酒，而所得卤获因以予之，得人以为奴婢，故其战，人人自为趣利，善为诱兵以冒敌。故其见敌则逐利，如鸟之集，其困败则瓦解云散矣，战而扶舆死者，尽得死者家财。"这里所表现的价值观念，与"何必曰利"的汉儒观念大异其趣，完全是生存需要和战争需要形成的礼仪习俗和价值规范。这样的价值观也表现在匈奴人对后代的教育上："能骑羊，引弓射鸟鼠，少长则射狐兔，用为食。"匈奴人从小就接受骑射训练，不仅使他们接受上代人传下来的谋生本领，还陶冶或造就了他们贵壮尚勇、以征战为能事的心态。

在人类宗教观念发展的历程中，万物有灵观念支配下的自然崇拜是最古老的阶段，是早期人类社会的普遍现象。《史记·匈奴列传》云：匈奴"五月，大会笼城，祭其先、天地、鬼神"，"单于朝出营，拜日之始升，夕拜月"。但自然崇拜并不是崇拜一切自然现象，而是崇拜那些对人类最有影响的自然力。匈奴时代的自然崇拜已出现社会化的迹象，这表现在匈奴人的崇拜体系中，不仅有日、月，更有了鬼神及祖先神等。值得注意的是，在这些崇拜物上有一个最高主宰为天。天在匈奴乃至整个北方民族心目中具有特殊的地位。匈奴单于常于化险为夷之际说："以天之福"，"得天之佑"。《史记·匈奴列传》记载：汉武帝曾在马邑伏兵30万欲围歼匈奴，后因雁门尉史泄密，匈奴单于仍引兵还。出曰："吾得尉史，天也，天使若言。以尉史为天王。"后起的突厥人也常云："健奉上天之意"，"因上天予蕃等勇力，竟致获胜"。蒙古人则是"最敬天，每事必称天"，彼所欲为之事，则曰天教怎地，人所已为之事，则曰："天识着。无一事不归于天，自鞑主至其民，无不然。"天所以能在游牧民自然崇拜体系中占据主宰地位，是与草原自然环境及游牧生产实际分不开的。苍天浩瀚无际、神秘莫测，日月星辰行于其中。时而风调雨顺，时而雪霜雷电，关乎草原的盛衰。因此天成为各游牧部落共尊的主神，成为游牧民族精神世界的主宰。

另一方面，宗教作为观念形态的东西也不能不受经济基础的制约，不能不适应社会的发展进程。当匈奴的马蹄震撼中国北方大地的时候，匈奴人已挣脱原始生产力的束缚，步入文明时代了。天的主宰地位的确立，体现了匈奴社会向文明时代迈进的历史进程。随着地上统治秩序的确立，天也最终成为至高无上的权威，单于就成了天在人间的化身，是天神的代表。单于号"撑犁孤涂"者，即"天子"之意。匈奴单于每每自称"天地所立，日月所置"，多突厥可汗亦往往自云"承上天之志，历数在躬，联立为可汗"，其继位仪式还要"随日九回"。这实际是借天的崇高地位使自己的统治地位合法化。

匈奴人也有殉牲的习俗。近几十年来，匈奴时期墓葬的陆续发掘，为我们研究匈奴葬俗提供了有价值的实物，特别是盛行的殉牲习俗尤具特色。19世纪70年代，内蒙古桃红巴拉发掘的匈奴墓葬，"殉牲习俗盛行，其种类有马、牛、羊。以桃红巴拉墓葬为例，计有羊头骨四十二具，马头骨三具，牛头骨四具和牛蹄骨若干。""在殉牲的马头骨附近，往往发现有马衔、马镳和马面饰等，说明死者生前乘马亦被殉葬。"呼鲁·斯太2号墓中"农人骨架上发现二十七个马头骨，作兰行'一'字排列"。毛庆沟墓葬"普遍流行殉牲习俗。在七十九座墓中……殉牲的墓葬占半数以上"。"殉牲的方式：当人死了以后，首先将尸体掩埋在狭长的墓坑内，然后割取牲畜的头和蹄，埋在死者头部之上的填土中，一般是横列，嘴部向前，下颖朝丰。""殉牲的种类有山羊、牛、马和狗，以山羊最多。"大量的殉牲及其按一定程式的摆放，显然不是偶然的。这除去财产观念外，更有浓厚的巫术意味。

乌桓人"贵兵死，敛尸有棺，始死则哭，葬则歌舞相送。肥养犬，以采绳婴牵，并取亡者所乘马、衣物、生时服饰，皆烧送之。特属累犬，使护死者神灵归乎赤山"。匈奴以羊牛马殉葬，其用意正在于使护死者神灵。"又陶奴使巫者埋羊、牛于道以诅汉军。"在这里羊、牛充当了"巫者"媚神以交通天地鬼神并达到自己目的的一种巫术道具。羊、马、牛在巫术活动中如此广泛地使用，也正体现了匈奴文化的客观基础，即所谓"衣食住行，全赖马、牛、羊"的畜牧业经济。

另外在各地的匈奴墓葬中，还发现了上千件不同时期的动物纹器物和动物纹装饰品，这些以形象化的艺术手法创造的东西，决非单纯审美意义上的艺术品。"野蛮人视为神圣的东西，不是那呆板的物件，却是那私着在那物件上的超自然的力量。"大量的动物纹饰器与殉牲习俗，虽然表现形式各异，但都反映着同一种文化内涵，即借动物与超自然力量沟通，表达了人们对死亡世界及其他超自然界的理解。当然匈奴人的动物纹饰器决非仅在埋葬死者时使用，在现实生活中肯定有更多的用处，也许是属于那种巫术符箓一类的东西。

匈奴人还有头骨崇拜。《史记·大宛列传》载："陶奴老上单于，杀月氏王，以其头为饮器。"以月氏王头骨为饮器，当然有自我炫耀武功的意味，但其作为一种古老习俗与斯基泰人的猎头习俗邸，有着同样的文化内涵。一方面反映了远古血族复仇的遗风，同时更有深刻的宗教内容。"死人的头骨或骨骼也作为含有'灵魂力量'之物而受到崇拜……既然头骨时常被当成灵魂之座位，自然就要获得它，保存它，支配它，并用它的力量战胜一切敌人。假如它属于一个杰出人物如祭司或首领，更是如此。头骨崇拜不限于对初先的头骨，而且扩展到任何能获得的头骨，无论它是敌人的还是朋友的。从死人崇拜和头骨崇拜，发展出面具崇拜及其舞蹈和表演，刻成的面具，象征着灵魂、精灵或魔鬼。"这种意义上的头骨崇拜正是后世宗教面具的滥觞。

匈奴人也有祠兵的习俗。《汉朽·匈奴传》记载："贰师在匈奴岁余，卫律害其宠，会母阏氏病，律伤胡巫言先单于怒，曰：'胡故时祠兵，常言得贰师以社，今何故不用？'于是收贰师。"所谓祠兵，实是为战争的胜利而进行的两种祭祀活动。北方民族多为马上民族，战争是其社会生活中的头等大事，因此以巫术——祠兵来祈求战争的胜利，就成为匈奴等北方游牧民族宗教活动中的重要内容。如契丹人出征前要"射鬼箭，以截不祥"，女真人有"攘射之法行之军中"，以求兵祥之兆。斯基泰人有祭祀战神的习俗，而他们的战神是一把战刀。匈奴人的战神是什么呢？匈奴有径路神祠。"昌、猛（指元帝时车骑都尉韩昌和光禄大夫张猛）与单于及大臣俱登匈奴诺水东山刑白马，单于以径路刀金留犁挠酒，以老上单于所破月氏王头为饮器者共饮血盟。"办径路刀正是匈奴战神的象征，径路神祠正是祭祀战神之所，"以径路刀金留犁挠洒……共饮血盟"，就是向战神盟誓。

随着时代的发展，巫者已经成为独立的职业，祭祀地也逐步固定，"锣正月，诸长小会单于庭，祠，五月，大会笼城，祭其先、天地、鬼神。秋，马肥，大会蹄林。"匈奴人每年要在正月、五月、九月集会，分别在单于庭、笼城、蹄林举行祭天地、鬼神的宗教活动。据说，蒙古人民共和国在一个叫高瓦一道布的大岗丘的发掘中，发现了祭祀地的遗址。但是，由于游牧生产方式的原始性，使匈奴的宗教观念相当多地保留着它的原始形态，并渗透在社会生活的诸多方面。"匈奴俗，岁有三笼祠"，这不仅是"祭天地、鬼神"，还有着"课校人畜计"的经济目的在里面。

宗教行为与政治、经济目的相结合，正表明进入阶级社会后，统治阶级正在利用着宗教这一主宰匈奴民族精神世界的古老文化观念。特别是"南单于既内附，兼祠汉帝"。异民族的皇帝竟然成为毡乡人顶礼膜拜的神灵。南单于附汉事在公元48年，日逐王比因不得立与单于发生矛盾，欲南下"奉藩称臣"。理由虽是"以其大父尝依汉得安，故欲袭其号"，但对于"有威名于百蛮"的匈奴，犹有"为诸囚所笑"之虑，如将汉帝拉进自己的信仰体系，不仅会使附汉名正言顺，而且可讨汉帝之欢心，披着宗教外衣的政治目的是显而易见的。

匈奴人以战争立国，故其宗教思想、巫术活动在战争中有更广泛的意义。除祠兵之外，还有"明盛壮则攻战，月亏则退兵"的记载。这种观念是以自然与人事相互感应为其认识论基础的，国外学术界称之为交感律或交感巫术。正因为相信自然或超自然与人事之间存在着联系，于是就有了影响超自然力的巫术手段。"匈奴使巫者埋羊、牛于道以沮汉军"，反映的就是这样一种事实。《史记·匈奴列传》记载："匈奴围汉高帝于平城白登山晚询奴骑，其西方尽白马，东方尽青驰马，北方尽乌骊马，南方尽骍马。"这显然也是一种巫术。"萨满巫人以四种颜色，青、赤、白、黑象征东、南、西、北四个方位。而它的起源则与原始时代的巫术有关。" 在自然崇拜的时代，宇宙四方也具有某种超自然力，故而在战争中取其色以象征四方诸神，希望得到四方神的相助。

中原地区的文献史料对匈奴婚姻的描述不多，即或有之，亦目之为非礼。因为匈奴人"父死妻其后母。兄弟死，皆取其妻妻之"。以汉儒封建道德来看，这不仅不道德，简直是弥天大罪。对这样一种风俗制度，应从历史上来说明。至少从冒顿时代起，匈奴社会就已经由军事民主制进入初期奴隶制时代了。产生于母权制时代的氏族外婚制已经发展到父家长制下的一夫一妻制阶段，而妻其后母、报其寡嫂的收继婚制作为氏族外婚制的一种伴生现象，反映了匈奴社会发展的历史进程，体现了一种文化观念。收继婚俗表明远古群婚遗风的深远影响，其形成却是随着父家长制的确立得以实现的。这种婚姻制度之所以能在广大的游牧民族中产生并延续下来，原因是多方面的。首先财产观念对这种习俗的支配作用是不容忽视的。"在初民的社会里，女子是一宗财产"，因此嫁娶之先，男方须付一定的财物为聘礼。对匈奴人嫁娶形式史无记载，但后人关于乌桓人嫁娶之法的描述也许可供借鉴。《魏书》云："其嫁娶皆先私通，略将女去，或半岁百日，然后遣媒人送马牛羊以为聘妻之礼。婿随妻归，见妻家无尊卑，旦起皆拜，而不自拜其父母。为妻家仆役二年，妻家乃厚遣送女，居处财物，一出妻家。"这样"妇女由于结婚而脱离她的氏族，加入新的夫方的氏族团体"，"她已经被接收到氏族的婚姻团体中来，可以在她的丈夫死亡时，继承他的财产，即一个氏族成员的财产。为了把财产保存在氏族以内，她必须同她的第一个丈夫的同氏族人结婚，而不得同别的任何人结婚"。同时，这种婚姻方式还体现了作为亲属的生者对死者应尽的义务。匈奴人的"恶种姓之失也，狡匈奴虽乱，必立宗种"，也是从义务与道德的角度承认了蒸、报婚制的合理性。另外，这种婚姻制度在游牧民族社会中起着一种稳定器的作用，它规定丧夫女子再嫁只能或优先在夫方亲属或家庭内部进行。这样减少了因寡妇财产继承权和对之继娶权等引起的纠纷，有利于部族稳定。

匈奴文化是在蒙古草原环境中，由无数代的游牧民族在长期的生产斗争中创造的。从生产、生活方式到精神文化的诸方面都体现着自身的发展脉络。在整个北方草原文化发展序列中匈奴文化处于开创地位，具有典范性，许多后起的民族都继承了匈奴文化的基本内容。同时在与中原地区的交往中，不断地影响和充实着农业文化，并参与了中华文化的建构过程。

第四节　草原岩画文化

中国北方草原东自内蒙古兴安岭，西至帕米尔高原，自古以来是众多古代民族游猎和驻牧的广阔天地。在长期居无定所的游牧生活和严酷的自然环境中，北方草原民族不仅造就了坚毅强悍、豪放勇武的精神气质，而且以其聪明才智创造了光辉灿烂的草原游牧文化，其中绵延万里草原的岩画艺术长廊是游牧文化最重要的内容之一。

见证北方草原民族文化的北方草原地带是我国岩画分布最广泛、最密集的地方，除了内蒙古克什克腾旗白岔河岩画、乌兰察布草原岩画、阴山岩画、乌海桌子山岩画、宁夏贺兰山岩画、甘肃嘉峪关黑山和龙首山岩画、新疆天山和阿尔泰山岩画等著名岩画分布区外，从东至西还繁星般分布着许多岩画点。据粗略统计，仅内蒙古境内岩画就有5万幅左右。

草原诸民族经济形态及文化类型相似，岩画创作题材有许多共同之处，但从大兴安岭至新疆的辽阔地域，不仅有宽广的草原，还有绵延的山脉及浩瀚的沙漠，文化风格和面貌不可避免地会有所差异。如山地岩画以狩猎内容为主体，草原岩画以畜牧内容为主体，沙漠戈壁岩画中多见骆驼等耐干旱的动物，青藏高原岩画则以牦牛为多见。自然环境的动物种属及主要经济类型，均如实地反映在当地岩画中。

在北方草原岩画长廊中,时代最早的当属距今1.3万年的旧石器时代晚期的雅布赖山手印岩画以及生殖崇拜图形和矛状器图形,同时期的还有宁夏白芨沟手印岩画等。经新石器时代至青铜时代和早期铁器时代,岩画艺术创作达到高峰。此后的唐、西夏、元、明、清都留有大量岩画。草原岩画题材和内容十分丰富,有手印、足印、动物、类人面、日月星辰、人物、生殖崇拜、狩猎、放牧等图像,较全面地反映了各历史时期北方草原各氏族部落生产生活、宗教信仰及自然生态等方面的内容,是草原民族精神和物质文化最直观的历史见证。

由具象渐趋符号化根据其内容及风格特点的变化,北方草原岩画大体可划分为几个阶段。

一是石器时代,距今10000多年前的旧石器时代晚期至距今3500年左右新石器时代。其中狩猎早期的动物岩画较简括,如蒙古族以红色颜料绘制的野牛、野马、类似鸵鸟的大鸟和大象图形的洞窟岩画以及阴山一带磨刻的鹿、北山羊、盘羊、野马等。至狩猎鼎盛阶段,除野生动物和狩猎岩画外,原始宗教的自然崇拜、祖先崇拜及生殖崇拜等题材占有非常重要的位置,其中最突出的便是以人面像为载体的太阳神等各种自然界神灵及祖先崇拜的画面。我国著名岩画专家盖山林根据环太平洋地区人面像岩画出现的时间和分布密度分析,我国北方"阴山、贺兰山一带很可能是世界上人面像的发源地"。人面像岩画的创作年代多集中在新石器时代至青铜时代,有的则更早一些,上限可追溯至一万年前旧石器时代末期。由于人面像岩画只出现在环太平洋地区的亚洲、美洲、澳洲的一些国家,贺兰山、阴山人面像出现的时间又早于其他地区,著名岩画专家宋耀良等认为:分布在北美洲太平洋沿岸的人面像岩画是从中国传播过去的。这个结论同时印证了北美洲土著居民是从东方大陆迁徙过去的观点。

二是青铜时代至铁器时代早期,约相当于商、周、两汉至南北朝。这一时期按地域可分为狩猎和畜牧混合经济阶段、以畜牧为主的发展阶段。青铜时代的北方草原地区自然生态环境优于现今，在阴山、贺兰山、阿尔泰山等处的山地岩画中，野生动物种类很多。以阴山岩画为例，有虎、狼、野马、野驴、盘羊等30多种。其中狩猎岩画中的单人猎、双人猎、围猎画面十分生动，有些围猎场面气势宏大，有的还有猎犬、猎鹰协助狩猎的场面。原始牧业于新石器时代末期开始萌芽。至青铜时代早期，草原先民已普遍开始驯养马、牛、山羊、绵羊、犬等动物，其中具有划时代意义的是对马的驯化。在阴山山脉、贺兰山脉、嘉峪关黑山头、新疆天山山脉中，均有大量新石器时代至青铜时代古人对骑马射猎和放牧活动的生动描绘。单骑、列骑，还有双马、群马嬉戏、奔腾跳跃的速写，简练生动地表现了当时的自然情景。与山地岩画有所区别的草原岩画分布于草原上起伏的岩脉、独立的山体及丘陵地带的岩石上，如内蒙古乌兰察布草原岩画、宁夏中卫地区岩画、新疆木垒县博斯坦牧场草原和伊犁草原地带的岩画。草原岩画产生的时间稍晚于山地岩画，应出现于青铜时代初期。此时岩画中出现的以方框和圆圈表示畜栏和放牧的画面，反映了早期驯养动物的过程。青铜时代中期至铁器时代早期，北方草原畜牧业进入成熟发展阶段，大规模游牧经济兴起，岩画出现领牧、放牧以及自由放养的"野牧"画面，有的旁边还刻有牧羊犬。另有狩猎和放牧为一体的画面，说明此时狩猎业仍占有一定比重。此外还出现大量动物蹄印岩画，其中以马蹄印为多，凿刻年代从新石器至青铜时代。这一阶段还出现为争夺草场，各氏族部落间发生战争场景的岩画。草原地带的岩画与周围实际环境一样，牛马羊驼等家畜和放牧场景的画面较多，大型肉食动物和其他野生动物较山地岩画少，体现为典型的畜牧文化。青铜时代最突出的是匈奴岩画，多以虎狼鹿等动物和马牛羊等家畜为题材，造型生动。主题多为动物间搏斗吞食或亲密群居的画面，其中以阴山巴日沟五虎图岩画等尤为典型生动。匈奴岩画中的动物构图有直立、奔驰或躺卧状，还有两兽头部相对而立，或相互撕咬、动物叠压、两兽相抱及华角动物形等，这种风格的岩画和青铜艺术品多见于我国内蒙古自治区以及蒙古、西伯利亚地区。

青铜时代岩画中普遍出现车的图形，如在乌兰察布草原和锡林郭勒草原岩画中发现很多幅车辆图形，有的还套着马匹，车形与我国殷商时期及中亚地区青铜时代的车形很相似。

三是唐至明清时期，岩画以畜牧内容为主。唐至五代或更早，突厥和回鹘等北方游牧民族长期游牧于北方草原，在乌兰察布草原、阴山、贺兰山、天山、阿尔泰山，俄国西伯利亚，蒙古等处留下了大量以畜牧为主的岩画，其中突厥岩画是这时期的主要组成部分。突厥岩画以表现家畜为主，画面图形布列密集，驼、鹿等动物图形多不封口，脊背和前后腿用线条绘刻成倒"U"形。这种将动物几何图案化的造型是包括突厥在内的中世纪北方游牧民族的常用手法。各地岩画中出现的野山羊形象不仅风格模式化，羊角也很有特点，长而弯曲，角端尖细。各处岩画中出现的突厥三花马、双峰驼及规律化的各种符号等，均有相似特征，是识别突厥岩画的主要标志。从简括的动物形逐渐过渡到抽象化和符号化，由此产生中国古代北方游牧民族的第一种文字——突厥文。此后，各游牧民族又相继创造了回鹘文、粟特文、西夏文、契丹文、女真文、蒙古文。自此，以图画形式记录草原游牧民族历史的岩画便逐渐走向衰落。

元明清以来，处于衰落期的蒙古族岩画分布较零散，除反映现实生活的画面外，还有藏传佛教传入蒙古草原后所产生的宗教方面的内容，如佛塔、神像、藏文、梵文等。岩画中还有头戴风帽、身穿长袍的"翁贡"像，是蒙古族人崇拜的神偶像之一。草原岩画由具象渐趋抽象化和符号化，表明岩画艺术的发展接近尾声。虽然游牧民族产生文字后，由民间普通牧人创作的象形性岩画还在延续，但数量明显减少，图形大多比较粗糙，有些则是"荒乱潦草，属于漫不经心的随意刻画"，以致逐渐退出历史的舞台。

第五节　草原石窟文化

阿尔寨石窟位于内蒙古鄂尔多斯市鄂托克旗阿尔巴斯苏木。鄂托克一词为蒙古语，汉译为营或部，是元明两朝蒙古万户下设行政建制名称。阿尔寨石窟是迄今为止漠南地区发现的最大的石窟建筑群，亦称百眼窑，2003年被批准为国家级文物保护单位后阿尔寨之名被正式规范。阿尔寨蒙古语为平地突起之意，以阿尔寨命名的山在当地有三个，为伊克阿尔寨、巴嘎阿尔寨和苏美图阿尔寨，意为大阿尔寨、小阿尔寨和有庙的阿尔寨。阿尔寨石窟一般指苏美图阿尔寨。

石窟开凿于一座孤立的红色砂岩山上，东西长约200米，南北宽约80米，山高约40米。目前发现洞窟67个，其中较完整的43个。山体外壁浮雕石塔26个，山顶建筑遗址6处，山南坡蒙古包基址2座。洞窟构造保存较好，但窟内塑像大多不复存在，壁画因自然与人为因素大面积剥落、漫漶。

草原石窟中的壁画与佛教壁画中一般将神明程式化、样板化，世俗人物的形象往往更加生动及生活化，具有突出的时代特征。第28、31窟南壁两组世俗人物画较有代表性。第28、31窟在阿尔寨石窟中以壁画闻名，具有明显的藏传佛教与蒙古族文化因素。洞窟皆开凿于石窟南壁，窟内原有佛像等设施皆无存，现仅有壁画留存。第28窟为中心柱窟，南北长约4.5米，东西长约4米，洞窟四壁、窟顶及中心柱四面原全覆彩绘。北壁中心为主龛，围绕主龛为藏传佛教神明，漫漶较为严重。东、西壁壁画内容、结构相互对应，壁上半层现存藏密金刚像7幅，下半层绘10余幅大成就者像，西壁上半层现存藏密金刚像6幅，下半层大面积被人为剥落，仅有少数残像，个别人物身着元代蒙古族服饰。南壁右侧主绘毗沙门天，下方绘弥勒坐像与世俗人物听法场景。世俗人物部分长约1.2米，宽约0.5米。中心台座上坐有8人，前有供桌，桌上似置牺牲。台座左、右、下方有3组人物，共约50人，从发式与衣着判断多为男性，有盘腿坐、支腿坐与站立几种姿态。第31窟东西、南北各约4米，平面形制基本为正方形。壁画保存状况较第28窟好，各壁均有彩绘保留，个别部分漫漶但不影响识别。洞窟北壁为佛龛，佛像无存，龛内壁上绘舍利塔，龛外左、右各侍立一菩萨。东壁壁画保存较完整，左侧绘十一面观音，四周以四方格构图绘观音救难故事，下方为辩经场面。东壁右侧上方为忿怒莲师，下方为约50人的听法场面，人物分组立于重山之中。僧人多戴格鲁派黄色尖顶通人冠，着黄色袈裟。其他僧人衣着各异，应为藏传佛教其他教派，也有穿明式官服的世俗人物。洞窟西壁左侧为马头明王，但仅有草稿并未敷色，右侧为长方形构图的六道轮回图。南壁左侧以毗沙门天居中，上方绘不动明王，周围飞绕八骏财神，下方绘有20余人讲经听法场面，左侧为宝帐怙主与八大寒林图。

  第28、31窟南壁两组世俗人物壁画有共同点，首先是所在壁面彩绘构图相似，主体皆为占画面核心地位的毗沙门天，世俗人物绘于壁画底端，占幅极少。另一共同点是其所在壁面皆位于洞窟的南壁，紧挨窟门。一般来说，各种神明寓意具有唯一性，互相不可替代，在洞窟壁画中的位置往往反映其在佛教神明次序中的席位与重要性。主尊绘于正壁突出位置，体量最大，其他神明按宗教体系排序依次描绘。在佛教壁画中，如果释迦牟尼占据正壁的话，则菩萨、罗汉、僧人等侍立于侧壁。若有供养人，则绘于侧壁下方或尾端。包头美岱召壁画中，佛殿正壁为释迦牟尼像，西壁腰线以上为三世达赖巨像，阿勒坦汗家族供养图仅在西壁腰线以下位置。

第31窟南壁中毗沙门天与八骏财神组合出现是藏传佛教壁画中的常见形式，美岱召壁画中也出现但并未包括世俗人物。阿尔寨石窟中目前仅发现两例这种世俗人物绘于南壁毗沙门天之下的壁画，我们难以判断这是否是阿尔寨原貌壁画中一种普遍的形式，但这不妨碍我们从方位布局中认识它反映出的是佛教神明远高于世俗人物、世俗意识低于佛教精神的绘制观念。

第28、31窟壁画尽管大面积剥落或漫漶，但通过现存内容依旧可以判断出它的绘制水平。第28、31窟现存壁画实际上展示了极高的绘画技巧，这一点在第31窟中表现得更为典型。壁画中人物形象造型挺实、饱满，以线条塑造见长，线胜于色。墨线圆滑匀细，线条特点接近传统水墨白描中的"高古游丝描"。但另一方面，壁画整体效果又明显凌乱、草率，除因人为因素导致画面破坏外，也可以从以下几个方面做出解释。

第一，线条杂乱常表现为同一位置用淡、浓不同墨色反复勾勒，这也许是因为上层颜料脱落显出下层淡墨草稿所致，也许因为这些部位原本未经上色，即此类线条即为底稿。

第二，个别部分如西壁马头明王仅为黑白线稿，有些壁面空白处上还留有蒙古文题字的颜色名称，应该说明壁画尚未完成。各壁面完成进度不一，这也使现在第31窟壁画所呈现的蓝、绿、白主调不能作为判断壁画风格与年代的依据。第31窟壁画可能是突然中止绘制的。因此，这种因未完成导致的不平衡状况使壁画面貌杂乱不均。

另外，比较世俗人物形象及笔法特点，可确定与其各自所在洞窟壁画产生于同一时期甚至同一组画工之手。但是相比于其他部分，世俗人物的绘制则比较粗略，这与两个洞窟整体表现出的绘画技能并不相符。特别是第28窟，除中心盘腿坐的两个人物有简单勾勒五官外，该组其他人物大多仅用单线表示头部轮廓而已，人物姿态与服饰特征虽然可辨，但手与衣饰细节并未仔细刻画。该组约50人中大部分未经填色，但是线条清晰、墨色饱满，运笔熟练流畅，未见脱色痕迹，可见此部分保留了壁画原貌。第31窟南壁世俗人物虽较之第28窟描绘细致，但与同壁面其他形象而言仍属简略。在第28、31窟壁画拥有较高水平绘制技能的前提下，这两组世俗人物绘制手段与其他部分脱节，并未予以同样的重视，绘制技术的差异显示世俗人物在洞窟中的从属地位。

第28、31窟世俗人物造型与服饰具有鲜明的民族特征。在第28窟一组中，主要人物坐于台座之上，以盘腿坐一男一女为中心，女子左手一侧为4个支腿坐男子，中心男子右手一侧为2个支腿坐女子。从人物姿态与座次看，很可能为同一家族成员，而中心人物地位较高者应为家主。中心盘腿坐男子似着僧伽服饰，但据人物关系看其依然为世俗人物。该组中其余男子未戴帽，留有顶发，披肩造型坚挺，前襟右掩，袖口紧收。女子皆戴笠形帽，发分二辫垂于耳侧，同样有坚挺披肩。所有人物双掌合十。第31窟世俗人物以中间讲法者为轴左右展开，讲法者右手一侧台座上一男一女应为夫妻关系，左手一侧也有以坐姿女子，其余人物或正或侧站立，双掌合十。该组人物与第28窟中人物服饰相似，女子亦发分两辫垂于耳侧，男子发量较第28窟略多。服饰上男女多有坚挺披肩，前襟右掩，或着右衽长袍。

第28、31窟南壁世俗人物服饰与发式与元代蒙古族典型服饰明显不同，女子造型无元时流行之固姑冠，而男女多有元时少见的披肩。这种服饰特点为明代土默特蒙古族服饰典型，壁画原稿于绘于明末清初的美岱召佛殿阿勒坦汗家族供养人图、清代重绘八白宫中成吉思汗家族图中都有所见。阿尔寨石窟壁画中世俗人物服饰与以上属于同一类型。明人萧大亨在《北虏风俗》中记载，"夫披发左衽，夷俗也。今观诸夷皆祝发右衽矣。其人自幼至老发皆剪去，独存脑后寸许一小辫，余发少长即剪之"，"若妇女出生时已留发，长则为小辫一数披于前后左右，必待嫁见公姑方为二辫，末则结为二椎垂于耳侧"。

"明清蒙古族男子一辫式为主要发式，妇女将发辫装入袋中垂于两耳间，是这一时期的通常做法。"阿尔寨石窟中世俗人物男子正面所见为顶发或短发，其辫很可能因为垂于脑后故未表现，而女子发式则与史料记载高度吻合。《北虏风俗》中对明代蒙古族服饰也有记载："其帽之沿亦窄，帽之顶缀以银佛，以毡或以皮或以麦草为辫绕而成之如南方农人之麦笠"，"凡衣无论贵贱皆窄其袖，袖束于手不能容一指"，"又别有一制围于肩背，名曰贾哈，锐其两隅，其式如箕，左右垂于两肩，必以锦貂为之"。第28、31窟的世俗人物衣饰基本可以与上述记载对应。但值得注意的是，第28窟人物帽饰较美岱召人物更接近笠形，披肩形态更为坚挺。有研究提及美岱召三娘子钟金哈屯所戴冠与清代朝冠相同，而阿尔寨中笠形帽与八白宫中更为类似。青海地区明末时逐渐被土默特部统治，从晚清青海蒙古族照片看，清代土默特服饰也与阿尔寨石窟中服饰相似。而综观第28、31窟壁画整体，汉地因素明显，神明造像可与明代所绘北京法海寺壁画做比较参考，有突出的明代风格。阿尔寨石窟世俗人物壁画或与美岱召阿勒坦汗家族壁画初绘时期相同，有年代更加靠后的可能，但服饰的差别也可能由于地域差异所致，但年代上限应不早于明晚期。

从第28、31窟壁画布局与绘制特点可以看出，第28、31窟世俗人物在洞窟中处于从属的次要地位，藏传佛教依然为主题内容，世俗人物不是这两个洞窟壁画的主体。壁画中多呈现藏传佛教格鲁派因素，说明至少在壁画中止绘制之前，应该是格鲁派佛教繁荣时期，并有格鲁派佛教占主导地位、世俗让步于佛教权势的现象。根据世俗人物所着土默特蒙古族服饰特征及第31窟东壁中明朝官员形象，可判断壁画应绘于明末及清的一段时间。而世俗人物身份与壁画成因、性质则可通过梳理明清时期蒙古史与藏传佛教史得之。

一般来说，佛教壁画中出现世俗人物并非偶然，或为壁画同时期的供养人，或为用来说明佛教教义及佛讲故事。我们有必要尝试推测世俗人物的身份。根据第28、31窟世俗人物布局与绘制特点，首先排除了其为供养人的可能性，原因在于人物形象过于简略，不符合供养人绘画的一般规律。通常来讲，供养人作为寺庙或石窟出资营缮方，多会在捐资物上刊刻姓名或绘制肖像以铭功德。表现在壁画中，供养人位置固然不可占据佛教神明主体位置，体量也相对较小，但人物刻画细致，个性强烈，技术与风格上并未脱离整体，如美岱召阿勒坦汗家族供养图。此外，即便供养人画像受到传统绘画法则局限，产生多人面目高度相似而缺少真实性与个性化的情况，但也多在衣饰上加以区分，并在画像侧旁空白处书写供养人姓名与出身。供养人也多不错过此彰显功德、显示财富与社会地位的机会，其画像也清晰明朗，甚至极具艺术价值。这在历代壁画中屡见不鲜，更集中出现于敦煌、榆林等石窟。而阿尔寨石窟中世俗人物既缺少个性难以辨别，又缺少文字对其身份进行说明，特别是第28窟中表现之粗略，不具备成为洞窟供养人的条件。

第28、31窟世俗人物出现在讲经说法的佛教活动场景中，所有人物做双掌合十的聆听状，表现出对佛法的虔诚信仰，这种场面有可能只是为彰显世俗对佛教世界的尊敬而设计，没有指代具体人物。但需要注意的是，以第28窟中4个支腿坐男子为代表的这种场面不似信手拈来。美岱召阿勒坦汗家族供养人中扯力克像下方就有并排4个男子，一般被认为是当时重臣。八白宫中成吉思汗家族图下方4个男子则为术赤、察合台、窝阔台与拖雷。如果将世俗人物原型抬高到黄金家族成员或其他重要人物的话，虽有其可能，但蒙古族谱系中有4子者不在少数，仅按高文德、蔡志纯《蒙古世系》中的统计，便约有60人家有4子，除却可能考证有误、年代有差及与格鲁派佛教无关者，也当不在少数。由此例可见，明清之际的蒙古族施主皆有可能成为画面人物。

第28、31窟世俗人物与藏传佛教格鲁派关系密切，但他们的身份与形象是以具有象征意味的"符号"形式出现在佛教壁画创作中。其形象之所以简略并且未标明或强调他们的身份，可能因为他们的事迹或形象在所处时代极为普遍，是当时众所周知的历史人物。又因第28窟中东壁上已有元代人物形象，故南壁世俗人物若为元代而着明代蒙古族服饰的可能性较小，根据藏传佛教与蒙古族的关系史看，世俗人物的身份最有可能是明末蒙古黄金家族成员。

自公元1368年元朝灭亡以来，蒙古草原经历了长期的混战。战乱时期，成吉思汗所创立的黄金家族正统的汗权统治思想几乎不复存在。同时，文化与经济倒退，"回到自己草原和山区的蒙古人，比成吉思汗以前的时期更陷于孤立状态"，"蒙古人开始迅速丧失了帝国时代的各种文化成就"。15世纪中叶，成吉思汗十五世孙达延汗被推举为蒙古大汗，其执政期间逐渐平息蒙古内部矛盾，重新统一割据多年的蒙古诸部，并将蒙古本部划分为两翼6个万户。黄金家族再次在蒙古草原树立起大汗权威，蒙古草原也进入了较为和平的发展阶段。16世纪，右翼土默特部阿勒坦汗崛起，势力逐渐扩大，成为蒙古右翼最有权势的领袖。元亡以来，退居草原的蒙古族缺少与中原的经济与文化交流，蒙古社会的发展受到了严重阻碍。阿勒坦汗自1534年起向明朝提出互市要求，直到公元1571年明蒙议和，阿勒坦汗被明朝赐封顺义王，史称俺答封贡。"其后汉蒙大政立定稳定，普大国休兵息民乐业安生，使大元国大享其乐，太平大政立定之情如此这般。""蒙古对于自己已经征服的或准备去征服的地区，采取笼络当地宗教领袖来帮助自己统治当地人民的政策，是自从成吉思汗来一贯采用的政策。" 16世纪复兴的蒙古草原也需要这样的宗教来维系社会的发展。

公元1571年，藏传佛教格鲁派阿兴喇嘛来到阿勒坦汗宫帐向其讲法，暗示阿勒坦汗是圣转轮王，是先祖忽必烈的转世，并能取得如先祖一样的成就。公元1578年，阿勒坦汗与格鲁派大师索南嘉措在青海湖畔仰华寺相会，索南嘉措自称是元朝国师八思巴转世，又称阿勒坦汗是忽必烈的转世，并赠阿勒坦汗咱克喇瓦尔第彻辰汗称号，阿勒坦汗也赠索南嘉措圣识一切瓦齐尔达喇达赖喇嘛称号。藏传佛教从此自上而下在蒙古草原大范围传播开来。

政局的稳定、思想的统一使16世纪下半叶至17世纪初成为蒙古草原的复兴时期。为了加深宗教与政治的联系并表示对藏传佛教的尊崇，以阿勒坦汗家族为代表的黄金家族兴修寺庙、主持译经，拉拢宗教领袖以抬升自己的地位。阿勒坦汗本人就曾多次向明朝请求佛经、佛像、建寺工人与颜料。因此，自蒙古草原再次接受藏传佛教以来，"崇佛与崇拜黄金家族的各项活动紧密联系在了一起"。"通过达赖喇嘛的解释，俺答汗成为忽必烈的转世。俺答汗去世以后，他们的后裔逐渐加强了俺答汗及其家系的神圣化，他们的尊严起初由成吉思汗的黄金家族成员而来，可到这时期，又从佛教的排序中增强了俺答汗的神圣地位。"蒙古族人是借神圣了的领袖来继续扩大自己的影响。但另一方面，蒙古族的精神文化也因崇奉藏传佛教格鲁派而产生了不同于以往的巨大变化，蒙古族人在摒弃了人与神地位平等的原始宗教萨满教而改信藏传佛教格鲁派后，昔日尚武剽悍、喜功好胜的民族性格转化为温和与驯服，"其中的大小诸神个个凌驾于人类之上"，"使其潜移默化被神权所统治和束缚"，"自房王以下至诸夷见佛见喇嘛无不五拜五叩首者，喇嘛唯以手摩其顶而已，且无论男女老幼亦往往手念珠而不释也"。以藏传佛教为主导的社会思想表现在社会生活的各方面上就是藏传佛教对世俗的绝对驾驭。

　　在当时的历史背景下，蒙古族与藏传佛教的互利关系有可能使黄金家族成员肖像出现在当时广泛营建的寺庙中。黄金家族后裔们很可能将与佛教有深切联系的祖先形象作为一种象征广泛地绘制在寺院及石窟的壁画中，借用繁盛发展的宗教来标榜自己的统治势力，时时向世人展示黄金家族正统权威的强大。而藏传佛教僧侣也乐于在道场中出现其施主们的形象，一方面这是对黄金家族的致敬，另一方面则是处处宣扬自己在社会精神领域的绝对权威。因此，在黄金家族再次在草原树立起威信、引入藏传佛教重整社会秩序后，他们的家族与伟业在草原上人人皆知。当其仅作为一种象征物出现在壁画中时，它就有可能只是一个概括的符号，用来表达黄金家族与藏传佛教的政教关系。因而，能够将他们置于洞窟壁画的次要位置且不去计较人物的具体描绘，允许先祖的形象被粗略地一笔带过。

16世纪末至17世纪初也是东北满族兴起发展的时代，满族的强势崛起加速了蒙古族的衰弱。公元1634年，蒙古大汗林丹汗病逝，未能完成统一蒙古的大业。公元1635年，林丹汗之子额哲投降后金，标志着蒙古族统治的彻底结束，蒙古汗统就此断绝。公元1638年，皇太极将墨尔根喇嘛所献八思巴赠予忽必烈之银佛供奉于盛京实胜寺，亲率皇亲、官将拜叩，标志着满族政权对藏传佛教的正式接纳。满族政权此举是在武力征服蒙古族后继续从精神思想领域对蒙古族的有意拉拢，给了蒙古族服从满族统治的更深刻理由，"林丹汗只能袭用成吉思的称号，而满族皇帝却部分地实现了帖木真的伟业。他占领了中国，并使其他地方和国家也臣服于自己。蒙古族封建主归附了更富裕更强大的人，归附了更易于把他们统一在旧日同一旗帜下的人"，而如今和蒙古族人具有相同信仰的满族皇帝，"在人民大众的眼中成了佛的化身，好像是佛教的领袖"。在此大势之下，藏传佛教也就自然地去寻求更大的政治依靠，将新政权作为自己的最大施主。黄金家族在藏传佛教这里也就不再具备从前的影响力，蒙古族人对黄金家族的崇拜也不似以往，黄金家族成员的形象也不大会以象征的形式继续出现在壁画中。随着清政权的建立，壁画中更难出现身着明朝官服的听法者了。

阿尔寨石窟第28、31窟世俗人物在壁画中位置次要、形象简略，已经不是洞窟壁画表现的主体，而仅仅是藏传佛教主导了意识形态和洞窟功能后的从属部分。世俗人物作为象征符号代表黄金家族与藏传佛教之间的互利联系，其身份最有可能是阿勒坦汗或其后的黄金家族成员。根据画面细节并联系历史沿革，判断第28、31窟壁画的绘制年代为16世纪末至17世纪上半叶间，此世俗人物壁画是这一时期蒙古社会的政治需要和民族精神的产物。

第三章 草原民族的文化

第一节　蒙古族的文化

一、蒙古族的简介

蒙古族人自称自己为蒙古。中国的《旧唐书》和《契丹国志》较早有记载蒙古这个名称，意思为永恒之火或永不熄灭的火。蒙古族人别称是马背上的民族。蒙古族人发祥于额尔古纳河流域，历史上称其为蒙兀室韦与蒙古等。蒙古族人属东北亚主要的种族之一，集中居住在蒙古国、俄罗斯联邦，中国的内蒙古、新疆及临近省份。蒙古族人有自己的语言文字。蒙古语分为内蒙古、卫拉特、巴尔虎布利亚特三种方言。现在通用的文字是13世纪初用回鹘字母创制的。公元13世纪初期，蒙古族的学者却吉·斡斯尔对蒙古语原有的文字进行了改革，遂成为至今通用范化的蒙古文。

蒙古族人以畜牧业作为自己长期赖以生存发展的主要经济。此外，他们也从事加工业、耕种业和工业。由于地域原因，蒙古族人擅长歌舞，民歌分长、短调两种，主要乐器有马头琴。他们也喜爱摔跤运动。他们游牧生活的伴侣主要是蒙古包和勒勒车。

根据中国历史上著名的史书《史记》记载，蒙古族部落最初只包括捏古斯和奇源两个氏族，他们被匈奴部族击败后仅剩下两男两女，逃到额尔古纳河畔的山岭地带居住下来。到公元8世纪，蒙古族人的人口数量已经大幅增长，有70个分支，不得不从原住的地方往外迁徙。这70个分支被称为迭儿勒勤蒙古。《蒙古秘史》和《旧唐书》则记载认为，苍狼和白鹿是蒙古族人的祖先，他们奉上天之命降生到人间，共同渡过腾汲思河，然后在斡澜河源头、不儿罕山前开始繁衍生息，生下了包塔赤罕。这里所说的包塔赤罕就是蒙古族人的始祖。而当代大多数学者则根据考据认为，蒙古族人其实出自东胡一支。

东胡是包括同一族源、操有不同方言、各有名号的大小部落的总称。据《史记》记载："在匈奴东，故曰东胡。"大约在公元前5世纪到公元前3世纪，东胡各部还处于原始氏族社会发展阶段，各部落过着"俗随水草，居无常处"的生活。到公元4世纪中叶，鲜卑人的自号契丹的一支，生活在潢水和老哈河流域一带，而居住兴安岭以西的鲜卑人的一支，称为室韦。中国史书《魏书》最早对室韦做了记载。其实室韦与契丹本是同出一源，两个部族以兴安岭为界，位于南方的称为契丹，住在北方的号为室韦。公元6世纪之后，室韦人分为南室韦、北室韦、包室韦、深末恒室韦和大室韦等5个部落，各部落又分为若干分支。在突厥文史料中，称室韦为鞑靼。公元732年，在斡尔浑河右岸建立的《阙特勒碑》文中，记有30个种姓的鞑靼。三十姓鞑靼可能是紧邻突厥的一个强大的室韦部落或部落联盟的名称，突厥人用这一名字称呼所有的室韦部落。后来，鞑靼又成为蒙古诸部的总称。因为鞑靼部族在远古的大部分时间内，都是大部分部落和地区的征服者和统治者，伟大、强盛和充分受尊敬，其他突厥部落，尽管种类和名称各不相同，但也逐渐以他们的名字著称，全都被称为鞑靼。由于蒙古部族的强大，鞑靼一族逐渐又被蒙古族所代替，成为室韦诸部的总称。

公元12世纪时期，蒙古族人子孙繁衍，氏族支出，逐渐迁徙分布于现今的鄂嫩河、克鲁伦河、土拉河三河上源和肯特山以东一带，组成部落集团，其中较著名的有乞颜、札答兰、泰赤乌、洪吉剌与吴良合等。当时与他们同居住在蒙古草原地区的还有游牧在今贝加尔湖周围的塔塔儿部，住在贝加尔湖东岸色楞格河流域的蔑儿乞部，活动在贝加尔湖西区和叶尼塞河上源的斡亦剌部。这3个部族也都使用蒙古族语言。另外，还有3个信奉景教的突厥贵族统治的蒙古化了的突厥部落，即占据回鹘汗庭故地周围的克烈部、西边的乃蛮部以及靠近阴山地区的汪古部都归于蒙古。

蒙古族的这些部落按其生活方式和发展水平，大致分为草原游牧民与森林狩猎民两类。第一类包括久住原地过游牧生活的突厥诸部和后来迁入接受突厥影响、完成向游牧生活过渡的蒙古诸部。第二类是留居森林地带，主要从事狩猎的诸部。

到公元1206年，铁木真在斡难河畔举行的忽里勒台上被推举为蒙古大汗，号称成吉思汗，建立了大蒙古汗国。大蒙古汗国的建立，对蒙古族的形成具有很大意义。从此，大漠地区第一次出现了统一各个部落而形成的强大、稳定和不断发展的民族——蒙古族。凡是大蒙古汗国统辖的漠南、漠北地区，统称为蒙古地区，此地区各个部落的居民，统称为蒙古人。自此，蒙古族人从辽、金时期被统治的民族一跃而成为统治民族。成吉思汗率领蒙古各部族，从公元1219年到公元1260年，三次西征，先后建立横跨欧亚的窝阔台、察合台、钦察、和伊利四大汗国。成吉思汗在西征的同时，又挥师南下。从他到忽必烈，历经70多年的戎马征战，击败了金国与南宋，建立了元朝的江山。元朝的疆域往北至现今的西伯利亚，往南至南海，东北达现今的黑龙江下游、跨外兴安岭、乌苏里江以东，接鄂霍次克海和日本海，西南包括云南，今缅甸北部、中部、东部，泰国北部，老挝，越南西北部，都纳入元朝的行省建置。元朝对现代亚欧版图的确立做出了自己巨大的贡献。

公元1271年，忽必烈改蒙古大汗国为元，自己则称为皇帝，被后代蒙古族人尊称为元世祖。元朝政府创设了行省制度，从800年前一直沿用到现今，省这个名称也一直被沿用下来。当时的元朝把云南、四川、华北、东北广大地区纳入中央政府的有力管辖，在西藏设立宣政院进行直接管理，在澎湖、台湾地区设立澎湖巡检司进行管理，同时在云、贵、川、康等民族地区设土司制度，加强了元朝政府对边疆地区的统辖。蒙古族人创立的元朝，在世界的历史上都具有深远的意义，它不但结束了唐末以来分裂割据和几个政权并立的政治局面，奠定了元、清政权统一的政治局面，而且多民族统一的元朝政府形成在世界历史上具有至关重要的地位。

到了清朝统治的时期，漠南蒙古（内蒙古）、漠北蒙古（大部分蒙古国）、漠西蒙古部分都被归入了清政府统辖的版图。当时蒙古喀尔喀受到漠西蒙古准噶尔部的围攻，三个部落被先后击溃，哲布丹尊巴活佛决定归附清朝政府，他与当时清朝的康熙皇帝玄烨私交实笃，康熙皇帝既出钱又出力，于公元1696年派遣精锐协防对噶尔丹部实行围剿，第二年噶尔丹在兵败后自杀。从此，近180多万平方千米的漠北纳入清朝政府的版图。后来，漠西蒙古土尔扈特也于18世纪中期冲破沙俄阻挠回归中国。但是清朝政府为了自己的统治稳定，大举用兵来扫除后方的威胁，花了近一个半世纪的时间统一了蒙古各部，实施盟旗制度。加强了对蒙古族人的统治，在确保蒙古族地区稳定与发展的同时，清政府也在蒙古族地区实行蒙禁政策。

现今，世界上大约有一半的蒙古族人居住在中国的草原地区，中国政府实行开明的多民族团结的政策，使他们过上了幸福的生活。

二、蒙古族的宗教文化

萨满教是蒙古族人古老的原始宗教。萨满教崇拜多种自然神灵和祖先神灵。成吉思汗也信奉萨满教，崇拜长生天。在元朝统治时期，萨满教在蒙古族的社会中占有非常重要的地位，上至蒙古皇族、王公贵族，下至民间，萨满教都有着非常重要的影响。皇室祭祖、祭太庙、皇帝驾幸上都时，都由萨满主持祭祀。但是成吉思汗和他的继承者也非常开明，对各种宗教采取了兼容并蓄的政策，当时社会上流行的宗教还有佛教、道教、伊斯兰教和基督教等。蒙哥汗统治的时期，蒙哥汗和蒙古皇族们除信奉萨满教外，也奉养伊斯兰教徒、基督教徒、道教和佛教，并且还亲自参加各种宗教仪式。当时的国师八思巴还曾向忽必烈及其王后、王子等多人灌顶。后来，佛教取代了萨满教在宫廷里的地位。但佛教的影响仅限于蒙古族的上层统治阶级，蒙古族大多的民众信奉的仍然是萨满教。

公元16世纪下半叶时期，蒙古族土默特部阿勒坦汗迎进了宗喀巴的藏传佛教格鲁派。公元1578年，阿勒坦汗和达赖三世索南嘉措在青海仰华寺会面，召开法会，在法会上索南嘉措被阿勒坦汗亲封为圣识一切瓦齐尔达喇达赖喇嘛，达赖喇嘛的称号也由此产生。随后，在明、清两朝的支持和提倡下，藏传佛教在蒙古族草原地区兴盛起来。但萨满教仍在东部地区以祭祀、占卜、治病活动形式不同程度地保存了下来。

清朝时期，在政府的倡导下，整个蒙古族居住的草原地区开始大造寺院、雕刻佛像、绘制壁画与铸造神像，各种金属工艺随之也发展兴盛起来，喇嘛教风靡一时。

1.祭腾格里

腾格里是蒙古语的音译，是天帝的意思，属于蒙古族人萨满教的观念之一，指上层世界，即天上，又指主宰一切自然现象的先主，还包含命运的意思。祭腾格里是蒙古族人非常重要的祭典仪式之一，分为以传统奶制品上供的白祭和以宰羊血祭的红祭两种祭法。近代草原地区东部盟旗的民间祭天活动，多在七月初七或初八进行。

2.祭火

草原地区的蒙古族人对火十分崇拜，这可能与他们的祖先笃信具有自然属性和万物有灵观念的萨满教有关。他们认为火是天地分开时产生的，所以对火神母非常崇敬。祭火分为年祭和月祭。年祭在阴历腊月二十三举行，由长者主持，将黄油、白酒和牛羊肉等祭品投入火堆里，感谢火神爷的庇佑，祈祷来年人畜两旺、五谷丰登与吉祥如意。月祭则常选在每月的初一、初二举行。同时，蒙古族人还通过对火的许多禁忌来表示对火的崇敬，如不能向火中泼水，不能用刀、棍在火中乱捣，不能向火中吐痰等。

3.祭敖包

祭敖包也是蒙古族人自古流传下来的一种宗教习俗，在每年水草丰美的时节举行。敖包也是蒙古语音译，意为石堆。蒙古族人在地面开阔、风景优美的山地高处，用石头堆一座圆形实心塔，塔的顶端系有经文布条或牲畜毛角的长杆。祭祀时，供祭熟牛羊肉，主持人致祷告词，男女老少膜拜祈祷，祈求风调雨顺与人畜平安。祭祀仪式结束后，还常常会举行赛马、射箭与摔跤等竞技活动。祭敖包其实是蒙古族人为纪念发祥地额尔古纳山林地带而形成的，表示对自己祖先发祥地的眷恋和对祖先的无限崇敬。现今，在草原地区，祭敖包已经演变成了一年一度的节日活动。

4.宗教音乐

宗教音乐也称为萨满教歌舞，由蒙古族人的萨满巫师进行表演。表演时使用圆形单鼓伴奏，鼓柄环上套有铜钱等金属物，摇动时发出沙沙的响声。萨满巫师用鼓鞭敲击鼓面，按鼓点节奏而舞。祭祀歌曲、巫术歌曲等，则以吟诵及祝词为主，舞蹈成分较少。表演形式多为独舞，亦有集体歌舞，可吸收围观群众参加表演。

三、蒙古族的礼俗文化

1. 敬酒

蒙古族人待客的传统方式即斟酒敬客。蒙古族人认为美酒是食品之精华、五谷之结晶，拿出最珍贵的食品敬献，是表达草原蒙古族人对客人的敬重和爱戴。蒙古族人通常是将美酒斟在银碗、金杯或牛角杯中，托在长长的哈达之上，同时唱起蒙古族传统的动人的敬酒歌。客人若是推辞不喝酒，就会被认为是瞧不起主人，不愿以诚相待。宾客应随即接住酒，接酒后用无名指蘸酒向天、地、火炉方向点一下，以示敬奉天、地、火神。不会喝酒也不要勉强，可沾唇示意，表示接受了主人纯洁的情谊。接着穿戴民族盛装的家庭主妇端来清香扑鼻的奶酒款待客人，这也是蒙古族的传统礼节。主人会用诗一般的语言劝酒："远方的客人请你喝一杯草原佳酿，这是我们民族传统食品的精华，也是我们草原人民的厚意深情。"

2. 敬茶

到蒙古族人的家里做客，主人首先会给宾客敬上一碗奶茶。宾客要微欠起身，用双手或右手去接。千万不能用左手去接，否则会被认为是不懂礼节。主人斟茶时，宾客若不想要茶，可用碗边轻轻把勺或壶嘴一碰，主人便即刻会明白宾客的用意。客来敬茶是蒙古族人一种高尚的传统礼仪。在蒙古族的历史上，无论是富贵之家还是贫穷之家，无论是上层社会还是平民百姓，也无论在交际场合或在家里，在旅途或在其他场合，都是以茶作为应酬品。家中有客来，茶是必不可少的款待物。所以，蒙古族人招待客人，会先向贵宾献上一碗奶茶，接着会端来炒米和大碗的奶油、奶豆腐和奶皮子等奶制品。

3. 敬神

蒙古族人的礼宴上有敬神的习俗。据《蒙古风俗鉴》描述，蒙古族人会把羊割成9个相等的肉块，第一块祭天，第二块祭地，第三块供佛，第四块祭鬼，第五块给人，第六块祭山，第七块祭坟墓，第八块祭土地和水神，第九块献给皇帝。祭天的仪式是把肉抛向蒙古包上方；祭地则抛入炉火之中；祭佛置于佛龛前；祭鬼置于包外；祭山则挂于供奉的神树枝上；祭坟墓即祭本民族祖先，置于包外；祭水神扔于河泊之中，最后祭成吉思汗，置于神龛前。这种习俗由古老的萨满教流传下来，后来蒙古族人虽然信仰喇嘛教，但还是保留了许多古老的民间信仰，把众多的神祇延入了喇嘛教。

4.待客

蒙古族人自古以来以性情直爽、热情好客著称于世，他们对家中来客，不管常客还是陌生人，都奉以满腔热忱。首先献上香气沁人的奶茶，端出一盘盘洁白的奶皮、奶酪与奶豆腐等奶制品。饮过奶茶，主人随即敬上醇美的奶酒。赶上盛夏时节，主人还会请客人喝马奶酒。热情款待客人，是蒙古族人的传统美德。但到蒙古族人家里做客必须敬重主人。进入蒙古包后，客人需盘腿围着炉灶坐在地毡上，炉西面则是主人的居处，主人不上坐时不得随便坐。主人敬上的奶茶，客人通常是要喝的，不喝有失礼貌；主人请吃奶制品，客人最好也不要拒绝，否则会伤到主人的心。如没有胃口多吃，吃一点也行。

还有些草原地区的蒙古族人会用手扒肉招待客人，但他们也有一定的讲究。例如，用一条琵琶骨肉配四条长肋骨肉进餐；牛肉则以一根脊椎骨肉配半节肋骨及一段肥肠敬客。姑娘出嫁前或是出嫁后回娘家时都以羊胸脯肉相待，羊的小腿骨、下巴颏、脖子肉都是给晚辈和孩子吃的。接待尊贵的客人或是喜庆之日时则会摆全羊宴。

5.尊老爱幼

尊老爱幼是蒙古族人自古流传下来的美德，他们讲究长幼有序，敬老爱幼。到蒙古族人家中做客，首先需要向老人问安。蒙古族人世代相传的规矩还有，不能从老人的面前直接走过，不能坐在老人的上位，未经允许不能与老人并排而坐。蒙古族人也讲究称呼老人需要用敬称您，不允许以你相称或直呼其名，否则视为不礼貌。到蒙古族人家中做客，见到孩子不能无缘无故大声斥责，更不能打孩子。也不要当着家人的面说孩子生理上的缺陷。对孩子和善、亲切，被认为是对家长的尊重。

6.问候

蒙古人热情好客，见面要互致问候，即便是陌生人也要问好；平辈、熟人相见，一般问候"赛拜努"，若是遇见长者或初次见面的人，则要问候一句"他赛拜努"。

7.劝酒歌

蒙古族人的劝酒往往通过情真意切的歌唱表达出来，唱歌与劝酒是同时进行的，往往一人主唱之后，大家举杯合唱，然后大家一起干杯，如此数遍，酒意酣畅。唱歌分礼仪性的，也有即兴尽兴的，有一人或几人的，也有大家一起合唱的，蒙古族人的劝歌往往痛快淋漓，有时甚至会通宵达旦。蒙古族人有热情好客的传统美德，这种习俗从古代一直流传到现今。蒙古族的劝酒歌也与他们的传统音乐的发展有关，与本民族的历史和文学的发展紧密相连，诗配以乐，歌含有诗，诗歌并存。

四、蒙古族的禁忌文化

蒙古族人在繁衍发展中，形成了本民族一些特有的禁忌文化。例如，人们骑马、驾车接近蒙古包时忌讳重骑快行，以免惊动畜群；若门前有火堆或挂有红布条等记号，表示这家有病人或产妇，忌讳外人进入；客人到访，进入蒙古包不能坐到西位，因为西是供佛的方位。蒙古族人忌讳食用自然死亡动物的肉，也不食用驴肉、狗肉与白马肉；办丧事时忌讳红色和白色，办喜事时忌讳黑色和黄色；忌讳在火盆上烘烤脚、鞋、袜和裤子等。蒙古族人也禁止在参观寺院经堂、供殿时吸烟、吐痰和乱摸法器、经典、佛像以及高声喧哗，也不得在寺院附近狩猎。

1.火忌

蒙古族人非常崇拜火、火神和灶神，认为火、火神或灶神是驱妖避邪的圣洁物。所以进入蒙古包之后，禁忌在火炉上烤脚，更不允许在火炉旁烤潮湿的靴子和鞋子。不允许跨越炉灶或脚蹬炉灶，不能在炉灶上磕烟袋、摔东西、扔脏物。不得用刀子挑火、将刀子插入火中，或用刀子从锅中取肉。

2.水忌

蒙古族人自古以来认为水是纯洁的神灵。他们非常忌讳在河流中洗手或沐浴，更忌讳在河流中清洗女人的脏衣物，或者将不干净的东西投入河中。其实这种禁忌文化与蒙古族人生存的环境相关。草原上常常干旱缺水，蒙古族人是逐水草放牧的，无水则无法生存。所以人们形成节约用水的习惯，特别注重保持水的清洁，并珍视水为生命之源。

五、蒙古族人的音乐文化

1 乐器

马头琴，是蒙古族人最具特色的传统乐器，又名胡兀儿、胡琴、马尾胡琴和莫林胡兀儿等，属于擦弦类弦鸣乐器，由于琴杆上端雕有马头为饰而得名。马头琴由共鸣箱、琴杆、琴头、弦轴、马子、琴弦和拉弓等部分组成。共鸣箱多为梯形，也有方形、长方形、六角形、八角形的。箱框板用硬质木板制作，两面蒙以马皮或牛皮、羊皮，也有正面蒙皮、背面蒙以薄板的。琴杆用色木、梨木或红木等制作，上部左右各有一个弦轴，顶端为琴头。拉弓多用藤条或木杆与马尾做成，两条琴弦分别用40根（里弦）和60根（外弦）左右马尾合成，两端用丝弦结住，系于琴上。马头琴的演奏方法与其他拉弦乐器不同，它的弓不是夹在琴的里外弦之间,而是在两弦外面擦弦拉奏的,多用作独奏或自拉自唱。马头琴发音柔和、浑厚而低沉,音色悠扬、醇美,富有草原风味,所以对于草原的描述,一首马头琴的旋律,远比画家的色彩和诗人的语言更加传神。近几十年来,蒙古族民间乐器制作技师、演奏家们对传统马头琴进行了改革,扩大了共鸣箱,改用蟒皮蒙面,增加了拉弓的弹性,用尼龙弦代替了马尾弦,使音量显著增大,并将定弦提高了4度,既保持了马头琴原有的柔和、浑厚的音色,又增加了清晰、明亮的特点。

雅托克,即蒙古筝。蒙古筝与中原流传的古筝在构造和技法上基本相同,只是流行于内蒙古的古筝所奏的乐曲均为蒙古族民歌和乐器乐曲。

火不思,在明朝时期,中原地区对火不思有不同的译写方法,例如译作琥珀槌、胡博词、虎拨思儿之类。元、明时期的蒙古族人,上至可汗皇族,下至普通武士,都能自弹火不思唱歌跳舞。有文献记载,明朝正统十四年,"也先每宰马设宴,必先奉上皇(明英宗)酒,自弹虎拨思儿,唱曲,命达区别子齐声合之。"火不思不仅在蒙古草原上流传,明朝时期的中原地区也很盛行。不仅北方人善弹火不思,中原地区汉族人民也对此喜闻乐见。

口琴,亦称口弦、口簧铁制拨奏体鸣乐器。蒙古语称之为特木尔·胡尔。蒙古族人自古即有弹奏口弦的习俗,妇女尤其擅长。明朝以来,口弦在蒙古族音乐中的作用更加突显,甚至被纳入宫廷乐队。

四胡,又名四股子、提琴。蒙古族人称之为呼日。四胡是北方草原民族共同使用的一种古老的弓弦乐器,但主要流行于内蒙古地区,而其他如山西、陕西、河北、河南、四川等地也见流行。四胡的四根弦发音是成双的,两匹弓毛分别夹在一二、三四弦之间。弦是用丝弦或金属制成的。四胡不仅能演奏单旋律,同时也能演奏较简单的和声音程与复调旋律,有高音、中音、低音之分。按弦法分类,有指肚按弦与指甲顶弦两种,前者多用于高音四胡,后者多用于中、低音四胡。弓法技巧则分为全弓、分弓、快弓、抖弓、顿弓、击弓等；指法技巧则有抿音、抹音、连滑、垫指音、打音等。

科库尔，形状像一只酒壶，琴面上刻有一只酒杯。琴头上则雕刻着牛头。

2.舞蹈

萨吾尔登，是居住在新疆草原地区的蒙古人最主要的民间舞蹈，也在各地蒙古族居住区广为流传，深受广大蒙古族人的喜爱。新疆的蒙古族人无论男女老少，几乎人人都会跳萨吾尔登。萨吾尔登既是新疆蒙古人民间舞曲和歌舞曲的曲牌名称，同时又是民间舞蹈的统称。萨吾尔登常在喜庆节日、男婚女嫁与迎宾送客的家宴等娱乐活动时跳。

安代舞是蒙古族人传统的民间歌舞，也是古代踏歌顿足、连臂而舞与绕树而舞等集体舞形式的演变和发展。安代舞的表演形式，一般是在场院里，几十、上百人不等围成大圆圈，圈里由两名歌舞能手对歌对舞，众人呼应踩脚、甩动衣襟伴舞伴唱，形成极为热烈欢腾的场面。中华人民共和国成立后，许多舞蹈工作者对安代舞很感兴趣，他们通过搜集、整理、改编、创新，使蒙古族的古老的安代舞发展为反映生活、表现时代的新的艺术形式，形成在广场上自娱性的集体舞与在舞台上表演的两种风格形式。

顶碗舞是居于鄂尔多斯的蒙古族人从元朝时代承传下来的传统民间舞蹈。顶碗舞形式新颖，动作优美，气质高雅，风格独特，具有浓郁的民族特点，在整个蒙古族民间舞蹈发展史上占有非常重要的位置。鄂尔多斯的蒙古族人能歌善舞，他们在婚宴和喜庆佳节的聚会上，由一人或两人头顶茶杯、碗状小油灯或其他形式的碗，碗里盛满清水或奶酒，双手各拿两个酒盅或一束竹筷在歌声和乐声中翩翩起舞。顶灯、顶碗舞的动作一般没有固定的套数，只要掌握好基本动作和击盅、打筷子的规律之后，舞者便可在现场即兴发挥，情绪越激昂，动作、舞姿的变化越丰富多彩，充分展现出舞者的技艺、智慧和民间舞蹈丰富、灵活、多变的特性。

筷子舞是蒙古族具有代表性的传统民间舞蹈形式之一。表演者双手各握一把筷子，手持筷子的细头，击打筷子的粗头。动作有双手胸前交叉击打筷子、击打双肩、双手腹前交叉击打筷子、双手胸前击打筷子、一手打肩一手交叉打腿、一手打肩一手转圈打击地面蹲转、双手胸前打筷子接一手顺着打腿、双手胸前打筷子接一手交叉打肩等。舞者脚下的舞步有平步行进与后退，亦有点地步行进后退或各种转身和跳跃动作随舞者即兴而做。缓慢的筷子舞稳重深沉，欢快的筷子舞则飘洒矫健。舞者情绪高昂时筷子绕身飞舞，可在各种动作上击打身体的各部位，场面轻松热烈。筷子舞凝结着蒙古族人热爱生活的情趣和美化生活的智慧，是蒙古族人精神世界的组成部分。

盅子舞也是流传于鄂尔多斯蒙古族人中间的一种舞蹈。每逢佳节、喜庆欢宴之际，人们在酒足食饱后，即兴拿起桌子上的酒盅舞蹈起来，来表达聚会的喜悦之情。舞者每一只手持两个盅子，击打出各种快、慢、碎、抖等声音，随着音乐舞动的双手用盅子击打出各种节奏。

角斗是流传在内蒙古以摔跤之乡著称的锡林郭勒草原上的一种模拟性的舞蹈。由一个人表演两个人摔跤的生龙活虎般的拼搏动态，而且表现得比生活中的摔跤还要生动、灵巧、幽默、滑稽，所以深受蒙古族人的喜爱。表演者需要穿特制的舞蹈服装，身着蒙古袍的两个小假人摆好摔跤姿势（抱腰状）缝在一起，使两袍子成筒状套在身上，扎好腰带，上身向前弓腰180度，两个贴在一起的假头正好顶在腰背上，用套上马靴的双手当作其中一人的双脚，在歌声或鼓点中做摔跤的各种抱、踢、蹁、钩等技巧舞姿。

圈舞是蒙古族人民间流传的舞蹈形式。由两脚交替悠晃步、粗犷奔放的跳踏步、明快潇洒的下身或侧身跑跳步等几种动作组成。上身动作有甩手、与人背后拉手、众人手拉手、围着圆圈跳舞，因此人们又称这种民间舞蹈为圈舞。舞者随着慢板跳得抒情柔和，随着快板则跳得欢快敏捷。圈舞民风淳朴，具有远古色调，感情热烈豪放。

六、蒙古族人的婚礼文化

蒙古族人的青年男女想结婚，首先要选择吉日，男方要给女方家送彩礼。彩礼包括现金、衣服、布匹、首饰和稻谷等。女方家也要有陪嫁，陪嫁的物品有柜子、被褥、衣服、首饰、电器、自行车、大米与瓜子等。陪嫁的物品装进柜子里锁起来，钥匙由女方家送亲人保管，等新娘到了男方家后，由新郎的母亲拿钱来赎钥匙，再交给新娘。结婚的前一天，男方家要把贴有红纸的羊背子和酒送到女方家，既作为礼物，又可以让女方家拿出来用于招待宾客。

结婚的当天，新郎在陪郎的伴随下来女方家迎亲，同时还要挑点新鲜的青菜送到新娘家。按照习俗，整个迎亲过程中，新郎不能说话，一切都由伴郎应酬和周旋，直到把新娘娶回家为止。迎亲队伍到女方家后，新郎被安排独席吃饭，并且自己不能动手，只能由伴郎夹菜喂新郎吃。当男方家来的人们把嫁妆抬出门的时候，新郎就可以接迎新娘出门了。

结婚当天，新娘梳着少妇的发式，从上到下、从里到外都穿着崭新的衣服。衣服的颜色多选用青、黑颜色，衣裙的花边图案与上衣的高领与现今内蒙古草原地区的蒙古族的穿着非常相近。新娘穿的其中的一件小褂，由送亲队伍中一个孩童保管。新娘则由舅舅抱进轿子，并由新娘的弟弟陪送到男方家。新娘上轿后要哭泣，以表示不忍心离家而去，并且还要一路啼哭不止，直到被送入洞房方歇。

送亲队伍到达男方家后，新娘在进入男方家大门之前，要烧喜神纸，进入大门后要有人劝新娘停止哭泣，进入洞房后要揭去新娘的红头巾，并供到堂屋中。吃饭时，新娘不参加喜宴，自己在洞房内吃独席，并由新郎为新娘添饭。结婚的当晚，参加宴席的年轻姑娘和小伙子要来庆贺嬉闹，家里一片欢声笑语和祝福的歌声。

婚礼后的第二天，新婚夫妇就要返回女方家，称为回门。回到女方家后，要在女方家举行拜天地和祖先，岳父母同时要送新郎一个银镯子。回门结束后，从女方家返回男方家的路上，不管碰到什么人，新婚夫妇都要作揖行礼。返回男方家后，他们还要再拜天地和祖先。

婚礼后的第三天，新婚夫妇要去上祖坟，他们在年轻姑娘和小伙子的陪伴下，挑着猪头等供品去上男女双方家的祖坟。回来后，新娘烧火，新郎挑水，给长辈和同伴烧洗脚水。婚礼的仪式至此全部结束。

婚礼结束后的7天之内，新娘不能回娘家，也不能到其他地方住宿。在蒙古族的历史上，男子还可以另娶，但原配妻子不能再改嫁。随着时代的进步，这种习俗已经发生了根本的变化，结婚自愿，离婚自由已经是一种新风，但相对来讲，蒙古族的离婚率仍是很低的，不能不与他们自古延传下来的习俗有关。

七、蒙古族的交通文化

草原地区蒙古族人的传统交通运输工具主要有役畜和车辆两种。役畜以马和骆驼为主，车辆则为勒勒车。

蒙古族人从小就在马背上长大，歌是翅膀，马是伴侣。蒙古族人无论外出放牧、搬迁转场，还是传递信息、探亲访友，甚至婚俗嫁娶等活动，基本上都是骑马去完成。马在蒙古族人的生产和生活当中占有极其重要的地位。蒙古族人也因此与马结下了特殊的感情，他们十分珍爱马，甚至视马为宝贝。在蒙古族人的心目中，马是一种非常神圣的动物。他们在给马命名时也充满了赞赏之辞，例如追风马、流云马、白龙马、青龙马、千里马等，都是蒙古族人为自己的爱马所起的名字。由于爱马，草原上还形成了一些专门关于马的节日，如马奶节、打马鬃节等。

蒙古族人除了用马行走之外，还使用骆驼。骆驼性情温顺，易于驯服，极耐饥渴与寒暑，擅长跋涉，又能负重。而且骆驼既产乳、肉、绒毛，又可役用，一身兼有多种用途，是其他家畜所不能比及的。内蒙古草原的西部地区骆驼很多，蒙古语称它为特莫，是牧民们不可缺少的交通运输工具，其可骑乘又可载货。骆驼一般身高有二三米，腿很长，迈一步可达一米多远，一日可行走100多千米，所以特别适合长途跋涉。并且骆驼负重力非常大，一峰骆驼一般能载重200公斤左右的货物，相当于一匹骏马和两头犍牛的负重量。所以，蒙古族人在出远门时，会选用骆驼作为交通工具。

蒙古族人也使用车辆作为交通运输的工具，他们称为勒勒车。古代的蒙古族人则称为辘轳车、罗罗车和牛牛车等，是北方草原上的古老交通运输工具。勒勒车的车身不大，但两个车轮又高又大，直径一般均在一米五六左右，用桦木或榆木制成，不用铁件，结构非常简单，易于制造和修理。整个勒勒车一般分下脚和上脚两部分，下脚由车轮、车辐、车轴组成。车轮的制造一般是先用硬木削刻12付车辋，将12付车辋联结固定在一起便形成圆形车轮，支撑车轮的车辐条一般有36根左右。上脚由两根车辕和10条车撑构成。车辕长约4米，中间用10条车撑固定即可。一辆勒勒重量大约有100斤，可载五六百斤到千余斤的货物。

八、蒙古族的住宿文化

蒙古族人的住房称为蒙古包，包其实就是家或屋的意思。古代时期，文献记载称呼蒙古包为穹庐、毡帐或毡房等。

蒙古包的形状顶端呈圆形，做得有大有小，大的蒙古包可以容纳20多个人休息，而小的蒙古包也能容纳10多个人。蒙古包的构造比较简单，首先是需在一个水草适宜的地方选址，然后根据想造包的大小画一个圆圈，然后沿着画好的圆圈将用2.5米长的柳条交叉编结而成的哈纳架好，再在顶部架上长约3.2米的柳条棍做的乌尼,将哈纳和乌尼按圆形衔接在一起绑架好,然后搭上毛毡,用毛绳系牢,便大功告成。这样,一户蒙古族的人家就算在草原上安家落户了。

蒙古包搭好后,人们开始在包内装饰,铺上厚厚的地毡,摆上家具,四周挂上镜框等装饰品。如今一些家具电器也进入了蒙古包,使蒙古族人的生活变得欢快而舒畅。

蒙古包的最大特点就是拆装容易,搬迁简便。架设时将哈纳拉开便成圆形的围墙,拆卸时将哈纳折叠合回体积便缩小,又能当牛、马车的车板。一顶蒙古包只需要两峰骆驼或一辆双轮牛车就可以运走,两三个小时就能搭盖起来。

蒙古包看起来外形虽小,但包内使用面积很大。而且室内空气流通,采光条件好,冬暖夏凉,不怕风吹雨打,非常适合于经常转场放牧民居住和使用。

蒙古族人以游牧为主,所以住的全是蒙古包。现在除了游牧,相当多的蒙古族人开始从事农业生产或农牧兼营,他们入乡随俗,也开始定居村镇,不再使用蒙古包。

九、蒙古族的节日文化

1.白节

蒙古族民间一年之中最大的节日是相当于汉族春节的年节,称为白节。白节传说与奶食的洁白有关,含有祝福吉祥如意的意思。节日的时间与汉族人的春节大致相符。除夕那天,家家都吃手把肉,也要包饺子、烙饼,初一的早晨,晚辈要向长辈敬辞岁酒。

在内蒙古锡林郭勒盟草原地区民间除过年节外,还在每年的夏天过马奶节。节前每户人家都要宰羊做手把羊肉或全羊宴，还要挤马奶酿酒。节日的当天，每户人家都要拿出最好的奶干、奶酪、奶豆腐等奶制品摆上盘子里，用以招待客人。马奶酒被蒙古族人认为是圣洁的饮料，献给尊贵的客人饮用。

2.鲁班节

鲁班节是一些地区蒙古族人的传统节日，每年农历四月初二举行，为期一天。居住在这里的蒙古族人从其他民族那里学会了建筑技术。他们修建的房屋不仅造型别致、美观，而且经久耐用，受到附近其他民族人们的称赞。为了纪念和庆祝在土木建筑方面取得的成就，他们就把农历四月初二定为鲁班节。节日这天，外出修建的泥、木、石匠，无论路途远近都要赶回家里来欢度节日。蒙古族人的每个聚居地都要杀猪宰羊，搭台唱戏。人们还把檀香木雕刻的鲁班像抬出来，一路敲锣打鼓地游行一番，然后，大家汇集在某个场上，唱歌跳舞。此时的蒙古族人最喜欢的舞蹈叫跳乐。跳时，先由一名年轻男子作为先导，其他人怀抱龙头四弦琴，边弹边跳，后面跟随的人群自动分成两行，有时围成圆圈，有时互相穿插，队形多变，且歌且舞，场面十分活跃。

3.燃灯节

每年农历十月二十五日，当夜幕降临，蒙古族人家家便点起酥油灯，来表示欢庆。但是现今这种习俗渐渐改变，例如和布克赛尔蒙古自治县、额敏县内的多数蒙古族人已经不再过燃灯节，而乌苏市的蒙古族在燃灯节的这一天也多数不再燃灯了，用其他的娱乐形式代替。

十、蒙古族人的饮食文化

蒙古族人富有自己民族特色的食品非常多，例如烤羊、炉烤带皮整羊、手抓羊肉、大炸羊、烤羊腿、奶豆腐、蒙古包子和蒙古馅饼等。民间还盛食稀奶油。蒙古族常备的奶制品有奶皮子、奶疙瘩等。蒙古族传统宴客菜是煺毛整羊宴，也常用于祭祀活动。内蒙古鄂尔多斯地区风味菜肴则是熟烤羊与白菜羊肉卷。蒙古族人民间传统糕点是新苏饼。蒙古族风味小吃则是烘干大米饭。蒙古族人视绵羊为生活的保证、财富的源泉。日食三餐，每餐都离不开奶与肉。以奶为原料制成的食品，蒙古语称为查干伊得，意思是圣洁、纯净的食品，即白食；以肉类为原料制成的食品，蒙古语称乌兰伊得，意为红食。

蒙古族人的奶食品，除食用最常见的牛奶外，还食用羊奶、马奶、鹿奶和骆驼奶，其中少部分作为鲜奶饮料，大部分加工成奶制品，有酸奶干、奶豆腐、奶皮子、奶油、稀奶油、奶油渣、酪酥和奶粉等好多种。奶食品可以做老幼皆宜的零食用，可以在正餐上食用。而且奶食品向来被蒙古族人视为上乘珍品，如有来客，首先要献上，若是小孩来，还要将奶皮子或奶油涂抹在他们的脑门上，来表示美好的祝福。

蒙古族人的肉类主要是牛肉和绵羊肉，其次为山羊肉、骆驼肉和少量的马肉。在狩猎季节蒙古族人也捕猎黄羊。羊肉常见的传统食用方法有全羊宴、嫩皮整羊宴、煺毛整羊宴、烤羊、烤羊心、炒羊肚和羊脑烩菜等，种类多达70余种。其中最具特色的是蒙古族烤全羊、炉烤带皮整羊或称阿拉善烤全羊，最常见的则是手抓羊肉。蒙古族人吃羊肉一般是用清水煮炖，煮熟后即可食用，确保羊肉的鲜嫩。做手抓羊肉时，非常忌讳煮得太老。但是内蒙古东部草原蒙汉杂居地区的蒙古族人也喜食煮时加佐料，并把肉煮成酥烂的手抓羊肉。而有些地区的蒙古族人还喜将羊腰窝的肉切成大片，挂糊油炸成炸肉片，称为大炸羊。牛肉一般选在冬季时食用，有客来或节庆日时，会做成全牛肉宴，更多时候则是清炖、红烧、做汤。蒙古族人也食用骆驼肉和马肉，油炸驼峰片蘸白糖，被视为上肴，有经验的厨师还善于把牛蹄筋、鹿筋、牛鞭牛尾烹制成各种食疗菜肴。为便于保存，蒙古族人还常把牛、羊肉制成肉干和腊肉。

蒙古族人几乎天天喝茶，除了饮用红茶外，更多的有饮用奶茶的习惯。他们每天早晨醒来第一件事就是煮奶茶。煮奶茶用新打的净水，烧开后，冲入放有茶末的净壶或锅，慢火煮两到三分钟，再将鲜奶和盐兑入，烧开即可。喝奶茶时加入黄油、奶皮子或炒米等调味，其味芳香、咸爽可口，是含有多种营养成分的滋补饮料，既止渴又解饿。所以蒙古族人自认为，三天不吃饭菜可以，但一天不饮奶茶不行。蒙古族人在煮制奶茶时，还喜欢将很多野生植物的果实、叶子等加入其中，使煮好的奶茶风味各异，有的还能防病治病。

蒙古族人大多数都非常能饮酒，所饮用的酒多是白酒和啤酒，有的地区也饮用奶酒和马奶酒。蒙古人酿制奶酒时，即先把鲜奶入桶，然后加少量嗜酸奶汁作为引子，每天搅动数次，三至四日待奶全部变酸后，即可入锅加温，锅上盖一个无底木桶，大口朝下的木桶内侧挂上数个小罐，再在无底木桶上坐上一个装满冷水的铁锅，酸奶经加热后蒸发遇冷铁锅凝成液体，滴入小罐内，即成为头锅奶酒，如度数不浓，还可再蒸一次锅。每逢节日或客人朋友相聚时分，他们便将酿好的酒端出来共同豪饮。马奶酒是鲜马奶经发酵制成，不需蒸馏。

蒙古族人祖祖辈辈居住在草原上，以畜牧作为生计。马奶酒、手扒肉、烤羊肉是他们生活中最喜欢的饮料食品和待客佳肴。每年七八月份牛肥马壮之时，是酿制马奶酒最好的季节。勤劳的蒙古族妇女将马奶收贮于皮囊之中，不断加以搅拌，数日之后马奶便会乳脂分离，发酵成酒。现今，随着科学技术的发达，蒙古族人酿制马奶酒的传统工艺日益完善，不仅有简单的发酵法，还出现了酿制烈性奶酒的蒸馏法。六蒸六酿后的奶酒方为上品，酒性温和，有驱寒、舒筋、活血、健胃等功效，被称为紫玉浆、元玉浆，是蒙古八珍之一。马奶酒也曾为元朝宫廷和蒙古贵族府第的主要饮料。元朝开国皇帝忽必烈还常把马奶酒盛在珍贵的金碗里，犒赏有功之臣。

第二节 藏族的文化

一、藏族的基本概述

藏族是青藏草原上的原住居民,也是个跨境民族,在中国境内主要分布在西藏、青海和四川的西部,此外云南迪庆、甘肃甘南等地区也有分布。

藏族自称为番,藏其实是汉语称谓。藏族其他称谓也很多,唐宋时称吐蕃,元朝称吐蕃、西蕃,明清时期则称为西蕃、图伯特、唐古特、藏蕃、藏人等。藏族人对居住不同地区的人也有不同的称谓:居住在西藏阿里地区的人自称为堆巴,后藏地区的人自称为藏巴,前藏地区的人自称为卫巴,居住在西藏东境、青海西南部和四川西部的人自称为康巴,居住在西藏北部及川西北、甘南、青海的人自称为安多哇。

藏族最早起源于雅鲁藏布江流域中部地区的一个农业部落。据考古发现,早在4000多年前,藏族的祖先就在雅鲁藏布江流域繁衍生息。藏族属于两汉时西羌人的一支,他们的祖先像许多经历石器时代的先民一样,先经过群居采集、狩猎生活阶段,逐步学会了饲养和农耕技术。雅鲁藏布江南岸雅隆地区的藏族先民后来又分成六牦牛部诸部落。公元6世纪始,雅隆部落首领做了部落联盟的领袖，号称赞普。而这个时期的藏族人已经步入了奴隶制社会。

据史料记载，吐蕃王室的始祖崛起于西藏山南地区的雅隆河谷，为六牦牛部的首领，在松赞干布任赞普之前已经承传了20多个世纪。

公元6世纪开始，位于青藏山南一个号称悉补野部的首领与邻部结成联盟并尊为盟主。当时，西藏草原另外还有羊同、澎波、苏毗、工布等10多个族部，他们均处于奴隶制社会时期。雅隆部落首领成为部落联盟领袖，号称赞普，建成自称为博的奴隶制王朝。

公元7世纪初，藏族的民族英雄松赞干布兼并10多个部落和部族，统一青藏高原，正式建立了吐蕃王朝，定都逻娑。松赞干布在位期间，特意与唐朝修好，于公元641年迎娶了唐太宗的宗女文成公主。松赞干布还从唐朝引入了造酒、碾磨、纸墨等生产技术，派遣贵族子弟到长安学习诗书，聘请汉族文人入吐蕃代典表疏，与唐朝在政治、经济、文化等方面保持了友好的关系。唐高宗封松赞干布为驸马都尉、西海郡王，后来又晋封他为宾王。松赞干布奠定了吐蕃与唐朝200余年频繁往来的亲谊关系。

公元710年，唐朝的金城公主又携带数万匹绣花锦缎、多种工技书籍和一应使用器物入吐蕃嫁给吐蕃王赤德祖赞。金城公主进入吐蕃后，资助于田等地佛教僧人入蕃建寺译经，并向自己的母家唐朝求得《毛诗》《礼记》《左传》《文选》等典籍。

公元821年，吐蕃王赤热巴巾三次派员到长安请求会盟。唐穆宗命宰相等官员与吐蕃会盟官员在长安西郊举行了隆重的会盟仪式。第二年，唐朝又派刘元鼎等人到吐蕃寻盟，与吐蕃僧相钵阐布和大相尚绮心儿等人结盟于拉萨东郊，史称长庆会盟。会盟双方重申了历史上和同为一家的甥舅亲谊，盟同社稷如一。此后的三四百年间，藏族与北宋、南宋、西夏、辽、金等政权也都保持了友好的密切联系。

公元842年，吐蕃王朝内部因为王室内讧和部族、边将之间的混战而分裂瓦解，出现众多互不统属的地方势力。这些割据势力各占一方，互相征伐，争战持续了400多年。而与此同时，藏传佛教为藏区上下阶层所接受，逐步深入藏族社会的各个领域。佛教上层人物往往和当地首领紧密结合，互为利用，在西藏草原形成了政教合一的封建体制。

从9世纪末开始，藏族地区陷入了长期的分裂割据状态，形成阿里王系和亚泽王系、雅隆觉阿王系和拉萨王系等。它们各自为政，互相统属，常常为各自利益互相侵袭劫掠，大小战争频繁。在宋朝时代，藏族各地方政权加强与宋政府的联系，有些地方首领还受到宋政权的册封，茶马互换等藏、汉贸易有了很大的发展。

公元1271年，蒙古大汗忽必烈定国号为元，藏族的大部分地区成为大元帝国的一部分，西藏地区从此正式纳入中国中央政府的直接管辖之下。元朝初期，中央政府首次在西藏地区设置了中央机构总制院，后来改称宣政院，掌管全国佛教事务及西藏等地的军政事务。宣政院使一般由丞相兼任，副使由帝师举荐的僧人担任。元朝政府还在藏族地区设立了三个不相统属的宣慰使司，直属宣政院管理，这就是藏文史书中所说的三区喀。元朝在藏族地区清查户口、确立差役、征收赋税、建立驿站、派驻军队镇守边疆。

公元1368年，明朝取代元朝，采用收缴元朝旧敕旧印，换发明朝新敕新印的形式和平过渡，继承了对西藏地方的国家主权。明朝没有沿用元朝的职官制度，而是建立了一套别具特色的僧官封授制度。各地有代表性的政教首领人物，明朝均赐封以不同的名号，颁给他们印章和封诰，命其管理各自的地方，其职位的承袭须经皇帝批准，皆可直通名号于天子。在行政区划与军政机构设置上，明朝在西藏基本上承袭了元朝的划置方式。在元代乌思藏宣慰司、朵甘宣慰司故地，明朝设立乌思藏、朵甘两个卫指挥使司和俄力思军民元帅府。后来，明政府又将乌思藏、朵甘两个卫指挥使司升格为行都指挥使司，其下设指挥使司、宣慰司、招讨司、万户府、千户所等机构。各级军政机构的官员，均封委当地的僧俗首领出任。各级官员之任免、升迁,概由明朝中央直接决定,并颁授印诰等。

清朝统一全国之后,藏族地区与清政府的关系更为密切,清政府设立理藩院,负责西藏和蒙古地方的事务,还正式册封了藏传佛教格鲁派两大活佛为达赖喇嘛和班禅额尔德尼,扶持以达赖喇嘛为代表的黄教势力,加强了中央对西藏的直接管理。公元1725年,清朝在西宁设置办事大臣,两年后又在拉萨设置驻藏办事大臣。公元1751年,清朝又在西藏设立了噶厦政府,政府中设4名噶伦,正式授权达赖喇嘛管理西藏地方行政事务,政教合一的制度从此正式确立。

公元1792年,清朝击退入侵西藏的廓尔喀军,第二年清政府就在西藏颁行著名的《钦定藏内善后章程》二十九条,对西藏地区的官制、军制、边防、财政、司法、户口、差役和涉外事宜等,都做了详细具体的规定,确立了驻藏大臣监督办理西藏政务的职权。西北和西南的藏族地区历来与西藏关系密切,这些地方各民族杂居,清朝政府分别命西宁办事大臣和四川总督直接统辖,管理方法仍沿用元、明土司制度,以后又在西南藏族地区推行了改土归流。

鸦片战争之后,西藏地区成了英、俄、法、日等国角逐的场所,公元1888年,英国侵略军发动对西藏隆吐山的武装进攻,西藏地方政府派遣藏军和英军展开激战。1904年,英国军队又侵占了西藏的江孜,西藏人民奋起反抗,由于敌强我弱,江孜保卫战失利,英军长驱直入,一度占领了拉萨。辛亥革命后,北洋政府在北京设有管理蒙古、西藏等少数民族地区地方事务的专门行政机构。1929年,国民政府在南京设立蒙藏委员会,西藏地方与中央的关系得到很大改善。

中华人民共和国成立后,中央人民政府根据西藏的历史和现实情况,决定采取和平解放的方针。1951年5月23日,中央人民政府和西藏地方政府的代表就西藏和平解放的一系列问题达成协议,签订了《中央人民政府和西藏地方政府关于和平解放西藏办法的协议》。1954年,达赖喇嘛、班禅额尔德尼联袂赴北京参加中华人民共和国第一届全国人民代表大会,并分别当选为全国人民代表大会常务委员会副委员长和委员。1956年,西藏自治区筹备委员会成立,达赖喇嘛就任西藏自治区筹备委员会主任委员。

1965年9月,正式成立了西藏自治区。此外,西南、西北藏族聚居区也相继成立了自治州、自治县和自治乡。

二、藏族的历法文化

藏族先民所创造的属于藏族的历法,已经有1000多年的历史了,与中原汉族的历法不同。构成藏历的元素有三个:藏族文化原有的物候历,印度的时轮历,汉人的时宪历。藏历是藏族文化中最富有价值的一种民间文化。历史上有证可寻的藏族历书最早出现在公元13世纪,到了公元19世纪时,藏族历书的编定已经趋于完善。

藏历的特点是阴阳合历,把一年分为4个季节,以冬、春、夏、秋为序,全年共有354天。藏历有12个月,以寅月为岁首,以月球圆缺周期为一个月。大小月相间,大月30日,小月29日。一个闰月,用来调整月份和文殊金轮季节的关系。藏历置闰时间与中原的农历有所不同。

藏历也受到中原农历的影响,从公元9世纪以来,藏历也一直采用干支纪年法,其与农历的区别之处是以五行代替十干,甲乙为木,丙丁为火,戊己为土,庚辛为金,壬癸为水;以十二生肖代替十二地支,即子为鼠、丑为牛……依此类推。例如农历的甲子年,藏历就叫木鼠年。干支60年一循环,藏历称为饶琼,与中原农历的六十花甲子很相近,由此也反映出汉、藏两族历法的渊源关系。另外,藏历也设有24个节气,为藏族地区做中长期的天气预报,对五大行星运动和日月食也做预报。

三、藏族的医学文化

藏族的医药文化非常发达，已有2000多年的历史。早在吐蕃时期，藏医药就已经形成规模与体系，赤松德赞在位期间，藏医药文化得到了前所未有的发展。藏族的医学鼻祖是宇妥·元丹贡布。他在集古代藏医的基础上，吸收四方医学精华，编著出一部《四部医典》。

藏医诊断主要为问诊、望诊和触诊等。藏医一般将疾病分为寒症和热症。治疗方法有催吐、攻泄、利水、清热等，除了内服药外，还有针灸、拔罐、放血、灌肠、导尿、冷热敷、药物酥油烫、药物浴等。藏药约有1000余种，常用的基本有400种，多采用成药。

藏医对人体构造有具体而深入的了解，在各种传统医学体系中可谓独树一帜。按照藏医学说，人体有7种基础物质和3种秽物。这7种物质为食物精微、血液、肌肉、脂肪、骨骼、骨髓和精液。这7种物质都是有形的物质，构成人体的主要物质。而3种秽物则是指粪便、尿液和汗液。藏医认为，人的全身总共有骨头360块：脊椎骨28块，肋骨24条，牙齿32颗，四肢大关节12个，小关节210处，韧带16处，头发有21000根，汗毛孔有1100万根。藏医认为，人体有一系列管线系统，其中的白脉非常重要，起着关键作用，例如《四部医典》中就对白脉有一段描述："从脑部脉的海洋里，像树根一样向下延伸，司管传导的水脉有十九条。"藏医还认为，人体中还有像丝线一般的连接脏腑的脉，这与现代神经的概念非常一致。除了白脉，藏医也对黑脉有论述，认为它像树枝一样，有的与脏腑相连，有的与皮肤肌肉相连，其分支有大干脉，有小脉700条，更有微细的脉道遍布全身。藏医所说的黑脉可能并非仅指血管。

四、藏族的音乐文化

1.藏戏

藏戏包括西藏藏戏、安多藏戏、德格藏戏和昌都藏戏4个剧种，每个剧种的唱腔、音乐、表演和服饰都有自己的特点。其中，西藏藏戏和安多藏戏流传比较广泛，影响比较大。

西藏藏戏的历史流传悠久，它的起源可以追溯到公元8世纪的赤松德赞时期。那时候，在桑寺落成典礼上，戏人们把藏族的民间舞和佛经故事结合成为一种哑剧式的跳神仪式，成为藏戏的初期模式。早期的藏戏演出一般在广场上进行，用鼓与镲伴奏，用人声为演员帮腔。

唐东杰布把佛教经典中的传记同民间传说、神话故事等内容融合在一起，创作出了一种人物性格和舞蹈、唱腔相结合的表演艺术，使过去那种单一的跳神舞逐渐地戏剧化，表现手段也不断加强，而且从宗教仪式中分离出来，形成了藏剧艺术的雏形。所以唐东杰布自然被尊为藏戏的开山鼻祖。

在许多藏戏演出场地，看戏的观众首先要在唐东杰布的像前敬献哈达，以示谢恩。在唐东杰布的故乡甚至还保留着每逢大家观看藏戏表演时，都要带一些青油和羊毛，将这些礼物送给戏班子，表示用青油、羊毛擦在铁索上，以保存好唐东杰布所建的铁索桥上，希望它永不生锈地存在世间。

2.音乐

早在公元13世纪前后，藏族地区即出现了论述藏民族音乐的专著，例如萨迦班达智·贡格坚赞的《论西藏音乐》等，现今的寺庙中仍然保存并使用藏族的古老图形乐谱央移谱。藏族的传统音乐特色非常鲜明，有民间音乐、宗教音乐和宫廷音乐三大类。民间音乐则可分为民歌、歌舞音乐、说唱音乐、戏曲音乐和器乐等5类。其中宗教音乐包括诵经音乐、宗教仪式乐舞羌姆和寺院器乐，而宫廷乐舞嘎尔只传于拉萨布达拉宫和日喀则扎什伦布寺，还是民间音乐在传统音乐中居主要地位。央移谱民歌包括山歌、劳动歌、爱情歌、风俗歌和颂经调等。

3.歌舞

藏族的民间歌舞形式多样，唱词内容广泛，有的歌颂日月星辰、山河大地，有的赞美妇女的容貌服饰，有的歌唱思念亲人，祝福相会，有的祝颂吉祥如意以及宗教信仰等内容。

果谐，是一种古老的歌舞形式，意为圆圈歌舞，流传广泛，萨迦地区称索，工布地区称波或波强，藏北牧区、康定地区、安多地区称卓或果卓。

堆谐，是西藏西部地方的歌舞。堆是高地的意思，指雅鲁藏布江流域由日喀则以西至阿里整个地区。堆谐在拉萨地区极为盛行。

弦子，藏语称为页、伊或康谐，流行于康、卫藏地区。歌舞时男子用牛角胡或二胡在队前领舞伴奏，所以称为弦子。弦子发源于四川巴塘，巴塘弦子曲调特别优美，曲目异常丰富，舞姿清扬舒展。

囊玛，主要在拉萨地区流行。囊玛的音乐由中速的引子、慢板的歌曲以及快板的舞曲三部分组成，音乐典雅优美，演唱时伴以简单舞蹈动作。舞曲热情活泼，舞蹈轻快舒展，表演者只舞不唱。引子的曲调基本上是固定的，舞蹈部分各曲多数为商调式，歌曲部分的曲调各不相同，有些歌曲中有近关系转调，伴奏形式与堆谐相同。

谐钦，是主要流传于西藏拉萨、山南、日喀则、阿里等地区的一种古老仪式的歌舞，一般是在隆重节日或仪式时演唱。谐钦一般由带有标题的歌舞曲多首组成，首尾乐曲分别称为谐果及扎西，每首歌舞曲由慢板及快板，或由慢板、中板、快板组成，音乐古朴热情。歌词内容则是人类起源、历史传说、赞颂祝福等。

热巴谐，主要是康巴地区的藏族流浪艺人表演的歌舞。热巴谐有鼓铃舞、杂耍、歌舞剧、木棒舞、鹿舞、刀舞和热巴弦子等多种表演形式。热巴弦子音乐与民间流行的弦子相同，鼓铃舞音乐包括散板的男声领唱及慢板齐唱，热情优美，富于魅力。

4.器乐

藏族的民族乐器种类很多，弹拨乐器有札木聂、扬琴；弓弦乐器有牛角胡、贴琴、根卡、胡琴、热玛琴；吹管乐器有竖笛、骨笛、大号、号、唢呐、铜笛、海螺、口弦、竹笛、泥笛；打击乐器有大鼓、热巴鼓、达玛鼓、巴郎鼓、锣、镲、串铃。札木聂、牛角胡、大号和竖笛是藏族人最富有特色的乐器。札木聂就是六弦琴，已经有700多年的历史了，是民间歌舞堆谐、囊玛和札木聂弹唱的主要伴奏乐器。藏族人称牛角胡为比汪或比庸。它与二胡很相似，但琴筒是用牛角制成的，主要为弦子及折嘎伴奏。牛角胡的琴弓较短，演奏时音乐旋律中的长音，均奏成八分音符的同音反复，并在弱拍上加用大二度或小三度的倚音或复倚音，形成弦子音乐中的独特色彩。竖笛、骨笛则主要流行于藏族的牧区。竖笛用木材制成，骨笛用鹰腿骨或羊腿骨制成，音区高，音量小，声音尖细，吹奏牧歌曲调。藏族人称大号为同钦，由铜制做，长约3米，管身无孔，下端是个大叭口，能吹出基音及五度泛音，音量非常大，所以多用于寺院仪式活动及藏戏音乐中。

五、藏族的服饰文化

藏族人的服饰总体风格是男装雄健豪放，女装典雅潇洒。藏族妇女尤其喜欢用珠宝金玉作为衣服的佩饰，形成草原妇女特有的风格。

藏族服饰的基本特征是长袖、宽腰、长裙、长靴。这种服饰的形成很大程度上源于藏族人所处的生态环境和在此基础上形成的生产及生活方式。他们穿用这种形状肥大的服装，夜间可以和衣而眠，把衣服当作棉被抵御风寒。袍袖宽松，臂膀可以伸缩自如，白天气温升高即可脱出一个臂膀来散热。所以，脱掉一只袖子的装束便形成了藏族服装特有的风格。

藏族人的服饰特点鲜明，多姿多彩，主要体现在色彩的搭配和构图上。但藏族人日常的服装主要以蓝色和白色为主，用艳丽的腰带或花边装饰。在草原牧区，藏族人服饰的花边一般选用蓝、绿、紫、青、黄和米等色块组成五彩色带。妇女的皮袍则选用十字纹样的花领袍，令人生起慈善与爱抚等联想。另外，藏族人服饰还会用红与绿、白与黑、赤与蓝、黄与紫等对比强烈的颜色，配色大胆而精巧。藏族妇女经典穿着是，冬穿长袖长袍，夏着无袖长袍，内穿各种颜色与花纹的衬衣，腰前系一块彩色花纹的围裙。

藏族人也喜欢戴帽子，他们的帽子式样繁多，质地不一，有金花帽、氆氇帽等20多种。藏靴是藏族服饰的重要特征之一，常见的有松巴拉木花靴，靴底是棉线皮革做的。

藏族人无论男女都特别讲究饰物的搭配，做饰品的材质有银、金、珍珠、玛瑙、玉、翡翠、珊瑚、琥珀等，用它们做成头饰、发饰、耳环、项链、腰饰和戒指等。

藏族人佩饰主要以腰部悬挂的佩褂最为突出。其实，一个民族的饰品与他们生产生活息息相关。藏族人也讲究头饰的搭配，头饰的质地有铜、银、金质雕镂器物和玉、珊瑚、珍珠等珍宝。造型美观，多为自然形状，可以说是藏族服饰中的点睛之笔。

六、藏族的饮食文化

藏族有着自己独特的食品结构和饮食习惯，其中酥油、茶叶、糌粑、牛羊肉被称为西藏饮食的四宝，当然青稞酒和各式奶制品也是他们的特色饮食。

糌粑是藏族人喜爱的一种非常重要的食品。糌粑的制作相对简单，把青稞炒熟后磨成面便成了。但是，糌粑的食用方式多样，最常见的一种吃法，是用手在小碗中把茶汁、酥油与糌粑、奶渣拌匀并捏成小团而食。

藏族人非常有特色的一种食品是风干肉。冬季来临后，藏族人把牛羊肉割成小条形状，挂在阴凉通风处，冷冻和自然风干，到第二年的二三月份时就可以食用了。这种风干肉肉质松脆，口味也非常独特。

在肉食方面，藏族人的禁忌比较多，他们一般只吃牛羊肉，不吃马、驴和骡的肉，尤其忌吃狗肉。

藏族人日常生活不可缺少的饮品即酥油茶，酥油茶由酥油、盐和茶熬制而成。酥油是从牛羊奶里提炼的奶油，以夏季牦牛奶里提炼的金黄色酥油为最好，从羊奶里提炼的则是纯白色的。藏族人饮用酥油茶时还讲究长幼、主客之序。客人饮茶时不能太急太快，一般以连饮三碗为最吉利，主人会很高兴。

七、藏族的酒文化

藏族人的青稞酒是用青稞酿制而成，一般度数比较低，无论男女老少都喜欢喝，尤其在喜庆过节时必备的饮品就是青稞酒。

藏族人饮酒的礼仪和习俗丰富多彩，每酿制出新酒之时，他们首先会以酒新敬神，而后才依循传统的礼仪，先向家中的长辈敬酒，随后则是家人一同畅饮。藏族人在节日婚庆或聚会场合饮酒时，他们首先会向德高望重的长者敬献，然后按顺时针方向依次敬酒。敬酒的礼仪为敬酒者双手捧酒杯举过头顶，敬献给受酒者，尤其是敬献长者时更得如此。而受酒者则是先双手接过酒杯，然后用左手托住，再用右手的无名指轻轻地蘸杯中的酒，向空中弹一下，如此反复三次，表示对天、地、神的敬奉和对佛法僧三宝的祈祝，口中还要轻声念出吉祥的祝词，然后再一饮而尽。

藏族人聚会饮酒时，总会以歌祝酒。藏族人的酒歌曲调悠扬、优美动听、祝福、赞美之辞为多。家庭酒宴之上，男女主人都会唱着酒歌敬酒。而在盛大的宴会上，会请专门的敬酒女郎，她们穿着华丽的服饰，唱着迷人的酒歌，轮番劝饮，直到将客人喝醉为止。

八、藏族的建筑文化

藏族人建筑文化主要突显于佛教寺院的建筑艺术上面，具有民族和时代的特点。佛教寺院多依山而建、规模宏丽，气势伟厚，工艺精湛，整体散发出金碧辉煌、蔚为壮观的景观。佛教寺院形成之初，到藏传佛教寺院建筑艺术主体风格的形成，主要经历寺庙、寺院、宫殿与寺院建筑融合的三个发展阶段。

藏族最具代表性的仍是人们日常居住的房屋，称为碉房。碉房为石木结构，外墙特别厚实，向上收缩，即使是依山而建，内坡仍呈垂直状态，风格古朴粗犷，因外观很像碉堡，故称为碉房。碉房一般分上下两层，以柱子的多少计算房间的数量。碉房底层一般用作牧畜圈和贮藏室，层高比较低，二层为人们的居住空间，分作堂屋、卧室、厨房等不同用途。有的碉房也增设有第三层，一般用作经堂和晒台。

九、藏族的礼仪文化

藏族人非常讲究礼仪，见到长者、平辈都要鞠躬致礼，见到长者或尊敬的人，要脱帽，帽子拿在手上，弯腰45度。见到平辈，头稍稍低下，帽子拿到胸前，这样的鞠躬表示一种礼貌。而在某些藏族聚居区，合掌与鞠躬则是同时并用，合掌要过头，表示尊敬。当然这种致礼方式多用于见到长者或尊敬的人。

献哈达是藏族待客规格最高的一种礼仪，表示对客人热烈的欢迎和诚挚的敬意。哈达以白色为主，亦有浅蓝色或淡黄色的，是纱巾或绸巾。一般长约1.5米至2米，宽约20厘米。而最好的哈达是蓝、黄、白、绿、红五彩的，仅用于最高最隆重的仪式，如礼佛事等。

藏族人朝觐佛像、佛塔、活佛及拜谒长者时，都要磕头致礼。到寺庙礼敬时要磕长头，两手合掌高举过头，自顶、自额、至胸拱揖三次，然后匍匐在地，伸直双手划地为号，如此反复进行。在寺庙中礼敬时有时也只是磕短头，合掌连拱三次，然后拱腰到佛像脚下，用头轻轻一顶，表示诚心忏悔。拜谒长者时会磕短头，以示尊敬与祝福。

十、藏族的姓名文化

藏族人的姓名有自己独特的文化特征，例如松赞干布建立吐蕃王朝后，分封有功之臣以领地和封号，藏族人便把领地名冠在自己名字之前，以显示自己是有地位的世家，如涅·赤桑羊顿、吞弥·桑布扎等。公元7世纪之后后，佛教在西藏盛行开来，藏族人的生活逐渐都被染上佛教的色彩，人们的名字也喜欢去请活佛来起。

就藏传佛教而言，一个僧人或活佛，如果上升到上层僧职，他的名字便要加上僧职或封号，例如一个叫堪布·伦珠涛凯的僧人姓名，堪布是他的僧职，而他自己的名字叫伦珠涛凯。又如班禅额尔德尼·确吉坚赞，他的名字是确吉坚赞，班禅额尔德尼是他的封号。而若是活佛，在他的名字前面一般还要加上寺院或家庙的名字，如东嘎寺的活佛洛桑赤烈，全名称呼即东嘎·洛桑赤烈。又如热振寺的活佛多吉才仁，全称则叫热振·多吉才仁。

藏族一般社会阶层的平民的名字则是只有名没有姓的，名一般是4个字组成，如多吉次旦、单增曲扎等。藏族人为了方便称呼，只用两个字来简称，如多吉次旦简称多吉、单增曲扎简称单曲等。这种简便称呼的特点是，用一、三两字或前两字，或后两字做简称的较常见，一般不用二、四两字做简称。

在藏族社会，即使是平民起名字，都会有一定的喻义，以此来寄托自己的思想感情和美好愿望。他们起名字，一种是用自然界的物体做自己的名字，如达娃是月亮，尼玛是太阳。藏族父母也有用小孩出生的日子作为名字的。

十一、藏族的婚礼文化

藏族人的婚礼仪式有着自己本民族的特色。一对年轻男女彼此看好后，他们要先求喇嘛活佛，看看自己未来的婚姻是否吉祥，家庭能否幸福。如果求到一个吉字，男方或女方就会邀请亲戚或媒人手持哈达和礼品到对方家求婚。对方若是同意了这门亲事，就会收下哈达和礼品，还会奉上一条哈达赠送来人，以礼相还。随后，女方和男方便一起商议订婚仪式的日期。

举行订婚仪式那天，男方或女方要向对方家赠送礼品和钱财，一起制定婚约，并设宴庆贺，然后是请活佛打卦求签，选定结婚吉日。

结婚当日，有的迎娶新娘到男方家，有的新郎入赘到女方家。大家牵着马匹到对方家接新人，被迎接的一方赶赴对方家完婚，随身携带自己的嫁妆。新人迎来后，会安排在特设的垫子上落座，人们向新人敬献哈达和美酒。到了晚上，把新人送入洞房，这个时候，人们还会再次向他们敬酒，唱祝福歌，祝愿他们白头偕老，吉祥如意。

一对新人婚后半年内，夫妻双方要回另一方家中住上几天，整个婚礼也就全部结束了。

十二、藏族的禁忌文化

藏族人见面称呼时，忌讳直呼其名，要加敬称，以表示尊敬和亲切。例如在拉萨地区，尊称是名字后要加"啦"字；在日喀则地区，男性名字尊称则是在前面加"阿吉"或"阿觉"。

到藏民家里做客，主人向客人敬上青稞酒，客人则应先用无名指蘸一点酒弹向天空，要连续弹三次，以表示祭天、地和祖先，然后轻呷一口，主人会及时添满，喝三次，第四次添满时需喝干一杯。如果不这样做，主人会不高兴，认为客人不懂礼貌或是瞧不起他。客人进屋坐定后，主人会倒酥油茶敬上，客人需等待主人双手捧到面前时，才能接过去喝，忌讳自行端起喝掉。客人落座时，要盘腿端坐；接受礼品时，要伸出双手去接；赠送礼品时，要躬腰双手将礼品高举过头；敬茶、酒时，要双手奉上，忌讳手指放进碗口。

饮茶时，客人必须等主人把茶捧到面前才能伸手接过饮用，否则会被认为是失礼。吃饭时讲究食不满口，嚼不出声，喝不作响，拣食不越盘。藏族人用羊肉招待客人时，认为羊脊骨下部带尾巴的那块肉是最为贵重的，要敬给最尊敬的客人吃，一般人不能随便动。

藏族人忌讳食用驴肉、马肉和狗肉，有些地方还忌食五爪类和飞禽类的肉，他们也忌讳捕杀野生动物。行路遇到寺院、玛尼堆、佛塔等宗教建筑时，藏族人讲究必须从左往右绕行，不能跨越法器、火盆，经筒、经轮不得逆转。藏族人还忌讳别人用手触摸他的头。

十三、藏族的节日文化

藏族人的节日特别多，基本上每个月都会有节日庆祝活动。藏历的元月，是节日最多也是最隆重的月份，在这个月里，几乎天天都在过节。藏族节日是藏族文化最主要的表现。藏族人的节日由于受藏传佛教的深刻影响，所以具有浓厚的宗教色彩，有的甚至已经演化成纯粹的宗教节日。

1. 雪顿节

雪顿节是藏族人的重要节日，每年藏历的七月一日举行，为期4～5天。雪顿是藏语发音，意思是酸奶宴，所以这个节日也便被解释为喝酸奶的节日。按藏传佛教格鲁派的规定，每年藏历六月十五至七月三十日是禁期，大小寺庙的喇嘛不许外出，以免踩死小虫，等到七月三十日解禁之后才可下山活动。喇嘛下山后，藏族牧民即拿出酸奶敬献，雪顿节由此形成。

2. 大佛瞻仰节

日喀则的藏族僧俗民众在每年藏历五月间、在扎什伦布寺举行大佛瞻仰节。扎什伦布寺是喇嘛教格鲁派的第四大寺，在日喀则的尼色日山下，是历代班禅的驻锡地。

3. 祈祷节

祈祷节是藏族地区最为隆重的大型宗教活动，也是民间性的节日活动，藏族人称为莫郎切波。祈祷节每年举行两次，一次是在农历六月十五日，另一次是在农历的正月初一到初三。正月的祈祷节比夏季的祈祷节要隆重。参加盛会的人们要在正月十三或十四去转一圈尕米寺后的圣山小西天。正月十五日早晨，寺里的僧侣喇嘛披上新袈裟，而寺内的乐队则吹响大、小铜号，全寺僧侣喇嘛齐聚经堂诵经，并由活佛安排这一天各人的责任。到中午12点左右，僧侣喇嘛便向前来朝观的各地香客和观众表演跳神节目，这个节目的内容有歌颂历史上藏汉团结的故事，也有本波教经典故事等。

第三节　柯尔克孜族的文化

一、柯尔克孜族简介

据调查，柯尔克孜族是草原民族中最先创立文字的民族，有着非常悠久的历史。中国汉文史籍很早就有关于柯尔克孜族先民活动的记载。《史记》中记载的鬲昆就是对柯尔克孜族祖先的称呼。柯尔克孜族属于蒙古人种北亚类型和高加索人种的混合类型。其中父系基因以高加索人种为主，母系基因以蒙古人种为主。柯尔克孜族主要分布在新疆的西部草原地区，绝大部分在克孜勒苏柯尔克孜自治州，其余分布在伊犁、塔城、阿克苏和喀什等地区。

柯尔克孜族人的传说中讲，柯尔克孜一词是由乌古孜演变而来的。乌古孜是柯尔克孜族古代的一位勇敢、机智的国王，他其中的一个孩子与其他兄弟们不和，就带领他自己的部落迁到了北方的一座大山脚下，以狩猎为生。于是乌古孜国王的其他子孙们就称这部分人为柯尔人。柯尔人与周围邻近的蒙古族、鞑靼族经常贸易来往，他们称柯尔人为柯尔乌克孜人，意思是山里的乌古孜人。柯尔乌古孜人逐渐发展到几千户的部族，与蒙古、鞑靼以及契丹等族杂居。后来，柯尔乌古孜国王的一个孙子与蒙古族的一个姑娘成婚，他们的后裔被称作蒙古勒杜尔，于是，柯尔乌古孜这个名称在这一发展过程中演变而为柯尔克孜。

还有一个传说认为：很久之前，新疆草原的北方有两座大山，一座大山流出有10条河，另一座大山流出有30条河，这些河最后汇合成为一条大河，称为母亲河。居住在这两座大山上和这些河流两岸的人就被叫作柯尔奥古孜人。在古柯尔克孜语中，柯尔是大山的意思，而奥古孜则为大河的意思。后来在逐渐演变的过程中，柯尔奥古孜被称呼为柯尔克孜。直到现今，柯尔克孜民族仍然习惯地将山称为父亲，将河称为母亲。

大约2000多年前，柯尔克孜族的先民就居住在叶尼塞河上游流域，后来逐渐向西南迁至天山地区，并与当地的突厥、蒙古部落相融合。汉朝初年，柯尔克孜族役属于匈奴，汉朝政府征服匈奴之后，大部分柯尔克孜族人摆脱了匈奴的统治，但有其中一部分随匈奴西迁至今新疆天山和中亚一带。隋唐时期，这部分柯尔克孜族人受突厥统治，当时柯尔克孜族的一部分称为黠戛斯的灭了回鹘，建立了黠戛斯汗国，并与唐朝往来密切，而且多次帮助唐朝征讨过突厥和李克用的叛乱。

公元13世纪，柯尔克孜族接受元朝的统治，元朝政府在叶尼塞河上游曾设万户府。元朝政府为改变当地的面貌，从内地和西域把大量工匠和农民迁至今天的乌鲁克木河南鄂依玛克处之古城，进行陶冶、冶炼、织造、制造舟楫和渔具等手工业生产，并且鼓励军屯、民屯，备给耕牛、农具与衣服，发展农业生产，并建库廪，设粮仓，开盐矿，辟驿道，加强了各草原民族之间的经济和文化的交流。

元朝政府灭亡以后，柯尔克孜族的处境开始恶化，后来被迫迁至帕米尔高原和天山荒僻的深山里。其中一部分柯尔克孜族人为摆脱准噶尔贵族的统治，又迁至中亚塔什干、费尔干纳及其附近；另一部分迁到帕米尔高原、兴都库什山和喀喇昆仑山一带及其附近地区。原本完整的柯尔克孜族从此分散开来，人口也开始急剧下降。

二、柯尔克孜族的礼节文化

柯尔克孜族这个草原民族，在繁衍生息中产生了众多的庆祝节日，主要的节日有肉孜节、古尔邦节和诺鲁孜节与掉罗勃左节等节日。过节时，柯尔克孜族的男女都会穿上新衣服，用茶水和油果等相互招待对方。

1.人生礼仪节

柯尔克孜族非常重视的礼仪节日有诞生礼、摇篮礼、满月礼、割礼、丧葬和婚礼。柯尔克孜族的诞生礼是在婴儿出生当天举行的庆祝活动，用以表示对新生生命的美好祝福。而摇篮礼则是在孩子出生第7天或第9天举行，只有族中妇女可以参加，但要宰牲设宴请客吃饭，规模不算太大，在宴会期间，大家要唱《摇篮曲》作为祝福仪式。满月礼与汉族庆祝孩子满月的仪式相近。割礼，是柯尔克孜人仅次于婚礼的重要仪式。丧葬，柯尔克孜人基本上按照伊斯兰教教规进行的。婚礼，是柯尔克孜人的最大礼仪，一般是先在女方家中举行，然后将新娘迎回新房，在男方举行更为热闹的庆典活动。整个婚礼是贯穿于歌声和活动中举行的。

2.诺鲁孜节

诺鲁孜节是柯尔克孜族的传统节日，每年阴历的春分日这一天，即阴历三月二十二日前后，为柯尔克孜族人的诺鲁孜节的庆祝日。柯尔克孜族人在这一天辞旧迎新，希望春天能他们带来吉祥幸福。柯尔克孜族人用一首民谣表达自己节日的欢乐情绪："诺鲁孜节到了，物价降低，春喜降，麦穗颗颗饱粒，穷苦的人们有了生机，家家户户欢天喜地，今天母鸡出了雏鸡。诺鲁孜节到了，驱走悲凄，妇女们喜气洋洋凑在一起，姑娘、小伙子们格外高兴，歌声荡漾到处是欢声笑语。"

诺鲁孜节这一天所表演的各种游戏也是以驱赶严寒迎来春天为主题的，柯尔克孜族人将族内的一个人装扮成冬季老人，表演庆祝之后，帮他脱掉棉衣，换上单衣，以此来表示冬天已经过去，春天已经被迎来。诺鲁孜节这一天，柯尔克孜族的挚友亲朋们会欢聚一堂，宰牲做饭，预祝丰收。诺鲁孜节过完后，大家便开始忙春耕播种的事情。现今，许多柯尔克孜族人仍然在过他们的这个传统节日。

三、柯尔克孜族的饮食文化

中国境内的柯尔克孜族主要分布在新疆南部克孜勒苏柯尔克孜自治州等地，他们主要从事畜牧业生产，兼营农业和手工业。柯尔克孜族人的物质生活与他们经营的畜牧业有着密切关系，饮食起居反映出游牧生活方式的特点。

柯尔克孜族人的早餐一般情况下比较简单，但营养丰富，用鲜牛奶佐着其他食物食用。午餐更为简单，柯尔克孜族的牧民们需要整天在野外放牧，所以大都是携带干粮，即在野外解决午餐问题，所以他们最丰盛和精心准备的就是晚餐。

柯尔克孜族人的饮食以肉制品和奶制品为主，但他们忌食猪肉和不明原因死掉的牲畜肉。冬季时分，柯尔克孜族人的最佳食品是马肉和马肠。柯尔克孜族人也喜欢吃圆白菜、洋葱和土豆等素食物。他们日常的饮品则是山羊奶和酸奶，他们还特别喜欢喝煮沸以后加奶、加盐的茯茶。中华人民共和国成立之后，柯尔克孜族人的生活逐渐富裕起来，他们喝牛奶、羊奶，吃牛、羊、马和骆驼肉，也吃米食和面食。柯尔克孜族人制作面食时，不用案板，而是用皮子制成的擀面布，他们日常的面食有馕、锅贴、油馕、油炸面块、油炸果、烙饼、油饼、奶皮面片、油炸疙瘩、沙木沙烤包子、水饺、油馓子、奶油稀饭、抓饭、拌面与花卷等。随着生活水平的提高以及与各族人民共同聚居、共同生产与生活的融合，柯尔克孜族人逐渐地也食用多种蔬菜，饭菜的种类更加丰富。

四、柯尔克孜族的待客文化

柯尔克孜族人非常好客，也特别有礼貌，他们把友谊与热情视作同金子一样珍贵，来访的客人，无论相识与否，都会给与热情的招待，拿出家里最丰盛的食物请客人吃，而他们以羊头肉待客最为尊敬。柯尔克孜族人在招待客人吃羊肉时，一般会先请客人吃羊尾油，然后再请客人吃胛骨肉和羊头肉。客人也需邀请主人家的妇女和小孩一起吃，以示回敬。

柯尔克孜族人招待客人也有一些讲究与忌讳，例如，饭前洗手后，客人不允许将余水随便乱甩，而是应该用布子擦干净，主人请吃时客人才能吃。男客人不允许从女主人的手中直接接取食物来吃，以表示男女有别。而且客人需将盛到碗中的食物全部吃干净，忌讳把剩饭倒在地上。客人吃饭时不可以揭开厨房门帘往里窥视，用餐后还需要背向门退出才可以。

五、柯尔克孜族的服饰文化

服饰的源起和形成，与人类居住的自然生态环境密不可分。柯尔克孜族人主要从事畜牧业，少数人从事农业、手工业，是个传统的畜牧民族。他们随逐水草而居，夏季居住毡房，冬季则定居在气候较暖和的山谷地带所筑的四方形土屋内。所以，柯尔克孜族服饰的特点具有草原民族的共性和本民族服饰特色。牲畜的皮毛和毛织品是他们的主要衣饰原料。服装式样，男以袍式为主，女以裙装居多。柯尔克孜族人喜爱红色，其次是白色和蓝色。这些颜色表现在服饰、绘画、装饰和工艺品上，反映了柯尔克孜族人开朗、热情和豪放的民族性格特征。

柯尔克孜族人的服装民族特色鲜明，族内的妇女多数以红颜色的短装为主，也有穿连衣裙的。女性的衬衫缝制得非常宽大，领子形状为直领。一般的布料衣服缝制的样式简约，但高贵衣服的缝制非常讲究，袖口和对襟处都要钉上银扣，裙子使用很宽的飘带，或者用丝绸的面料叠成多褶，缝制为圆筒状，上端束于腰间，下端则镶制皮毛。穿法一般是内衣要把领子翻出来，外边套上坎肩，坎肩的领口宽大，将里面的内衣显露出来。而且还需在短装的外面套上大衣，大衣的颜色多为黑色，翻领敞胸，冬季来临的时候，大衣的内层续加棉絮，用以防寒。柯尔克孜族的妇女平时戴的帽子叫塔克西，形状为圆形，金丝绒面料上还点缀有红色花，帽子上面还要蒙上头巾。柯尔克孜族的妇女还会戴的另一种帽子叫艾力其克，上面镶有装饰品和刺绣。戴这种帽子时，里面要戴绣花软帽。柯尔克孜族妇女冬季戴的帽子叫作卡尔帕克，由毛毡制成，帽顶加有帽穗，制帽的面料则用呢料或布料，帽的两侧开口，顶部的颜色一般是白色。艾力其克和卡尔帕克流传下来的年代比较古老，现今柯尔克孜族内多数人已经不戴了。柯尔克孜族妇女的头饰非常复杂，用绣花布条绑扎发辫，发辫末梢系圆形银质小钱数个，再用珠链将两条发辫联结在一起。柯尔克孜族妇女的脸上也喜欢涂抹脂粉，手腕上佩戴玉镯，手指戴戒指。

柯尔克孜族男人的衣装也多有刺绣，以短装为主，上衣一般长及臂部。衬衫的领子也为直领样式，领口有绣花，衬衫袖口则紧束，宽口样式便要缝制刺绣，上衣对襟款式，对襟处钉银制纽扣。柯尔克孜族男人内衣多以白颜色为主，上面缝制刺绣，外面搭套坎肩，称为架架，与妇女所穿式样基本上相似，但是颜色有区别。男装的颜色相对比较简单，以黑、灰和蓝三色为主。柯尔克孜族的男人外出时都会穿大衣，大衣一般没有领子，袖口则用黑布镶边，称为托克切克满，用皮子做的则称为衣切克。

柯尔克孜族的男人一般不留须、不蓄发，但若是独生子，则会在10岁之内蓄发，传统讲究不蓄全部，只在头部的前、后、左、右留上4撮圆形或半圆形的头发作记号，长到10岁时，这种特别的蓄发也要剃掉。

柯尔克孜族男人的帽子一般是用红颜色的布缝制而成，还要在帽子的顶上缝制丝绒做成的穗子，穗子上缀有珠子等装饰品，冬季带皮帽。而且，柯尔克孜族的男女一年四季都喜欢戴一种圆顶小帽，称为托甫，一般是用红、紫、蓝色的灯芯绒制作的。冬季，男子戴羊羔皮或狐狸皮做的卷沿圆形帽子，称为台别太依，姑娘则戴以水獭皮或白羊皮制作的皮帽，称为昆都孜。夏天的时候，柯尔克孜族男子多戴下沿镶一道黑布或黑线、向上翻卷的白毡帽卡拉帕克，这种帽子的形制主要有左右开口或不开口，圆顶或四方顶及帽顶有无珠、穗等饰物之差别。

总之，柯尔克孜族人的服饰，男人常戴用羊毛皮或毡子制作的白毡帽，穿无领袷袢长衣，内着绣有花边的圆领衬衣，外束皮带，左佩小刀等物。夏天穿立领短袷袢，春秋喜穿条绒缝帛的宽脚裤。女人通常穿连衣裙，外套黑色小背心，南部妇女穿小竖领衬衫。妇女包头巾，喜戴装饰品。

六、柯尔克孜族人的婚礼文化

柯尔克孜族人的订婚习俗很有特点，他们对白色情有独钟，白色代表他们最喜爱的羊群。男方去女方家时，要把各种礼物和聘礼放在马上，马头上要扎一朵洁白的棉花，这朵棉花也可以由新娘来扎。如果路上有人骑着一匹头上扎着棉花的马，就说明此人是准备订婚的。女方的父母对男方的到来会热烈欢迎，准备好丰盛的美味佳肴热情地款待男方，同时一起商定娶亲的吉日。在柯尔克孜族人居住的个别地方，男方来女方家定亲时，女方家如果表示同意这门亲事，即要向男方的身上撒些面粉向他祝福，这预示着新郎将会像白面一样洁净无瑕。

柯尔克孜族人结婚庆典一般要举行3天，日期多选择在月底举行，结婚仪式主要设在女方家进行。结婚这天早晨，女方的母亲就要给即将出嫁的女儿沐浴，并由母亲、嫂嫂等人为新娘梳妆打扮。母亲要为女儿梳头，将满头的小辫子梳理成两条大辫子，边梳边唱哭嫁歌。哭嫁歌中有母女的惜别之情，也有深深的祝福。婚礼当天，大家还会举行叼羊、赛马等活动，并做香喷喷的抓饭和煮肉来迎接新郎和他的家人。

男方则在一大早就由德高望重的年长者和青年组成的队伍带着，骑上马，伴随着乐队的敲打声，一行人浩浩荡荡地给女方家送聘礼。聘礼包括刚宰杀的两只羊，其中一只做整羊煮熟，另一只则把五脏掏出带皮烤熟，还要带上数十头小牲畜和各种精美的衣物。新娘的姐姐和嫂嫂之类的亲朋要挡在门口，逐样检查男方送来的聘礼，然后接纳礼品在门口展示给大家看，并且还会在众人的面前一一试穿男方送来的衣物。

新郎准备进屋时，新娘家有力气的男人们早就准备好了绳索等待，新郎一进门，他们一拥而上，捉住新郎的手脚给他来个五花大绑，并将新郎绑在帐篷前尽情地戏耍。最后还要由新郎的父亲和兄长出面，向女方的亲友们求情，并向他们赠送礼物，他们才会给新郎松绑放行。

婚礼仪式的第二天开始，由陪新郎来的一位客人用一根木棍将毡房顶部的天窗挑开，并从天窗口往里面撒杏干、油果子、糖果等喜庆食品。而新娘家和新郎家的客人则分成两拨站在毡房里等着抢那些东西，以此来分享这对新人的幸福。新娘家要宰羊及其他牲畜摆上宴席，招待远道而来的宾客。

柯尔克孜族人的结婚仪式一般都是按伊斯兰教的教规举行的，阿訇主持结婚典礼，念结婚证词，给双方分吃蘸盐水的馕，象征夫妻白头偕老，永不分离。为庆祝新婚，宾主们要举行叼羊、赛马、摔跤、角力等文娱活动。晚上，新郎、新娘由伴郎、伴娘陪同坐在帐帘内畅所欲言，嬉笑言欢。帐帘外，柯尔克孜族的男女青年奏起考姆兹和其他乐器，高唱民歌，欢跳会面舞，或做其他游戏，一直闹到深夜方罢。

结婚仪式的第三天，新郎就要把新娘带回到自己的新房。新娘便和自己的家人哭别。新娘的母亲为了照顾女儿，也陪同女儿来新郎家住上2～3天，有的甚至要住上一个月才返回。女方要为已经出嫁的女儿准备衣物、被褥和其他生活用品作为嫁妆，用马和骆驼驮上送去，同时还要准备一匹马，备上鞍具、笼头和马鞭。鞍具和马鞭要求全部是崭新的，并用银铜装饰，十分讲究。新娘回婆家时，就骑在这匹马上，女方家的这匹马也算作嫁妆送给女儿。新郎和新娘在回去的途中，会受到沿途人们的热情招待，而新婚夫妇则奉上喜糖等礼品作为酬谢。

七、柯尔克孜族的图腾文化

柯尔克孜族最初是有崇拜图腾的，有名的图腾是雪豹和鹿。此外，他们也信仰乌买女神，信奉祖先和天神。他们朝南方祷告，崇拜太阳，但认为火星是不吉利的。到了清朝年间，柯尔克孜族人才开始转信伊斯兰教，隶属于正统的逊尼派。柯尔克孜族人绝大部分信仰伊斯兰教，信仰伊斯兰教逊尼派的哈纳菲派。礼拜寺是他们活动的主要场所。柯尔克孜族人的礼拜寺多数建在城市里，他们恪守教规，教规则分为五功：念功、拜功、课功、斋功和朝功。

八、柯尔克孜族的禁忌文化

柯尔克孜族人在历史的沿承中形成了本民族独特的禁忌文化，例如，两个人在面对面谈话时，忌讳咳嗽、擤鼻涕和打哈欠等，如果这样做了会被认为是对对方的不尊敬。柯尔克孜族人忌讳媳妇的臀部对着长辈，所以媳妇自屋里出来时是禁忌转身的，只能退着步子出来。而来访的客人出门时亦应背朝门退出。柯尔克孜族人最忌讳撒谎、欺骗和赌咒之类的不端行为，族内有人如此做，一旦被发现，轻者受训，重者引起公愤，甚至被逐出族村。

柯尔克孜族人忌讳用脚踩踏盐和食物，盐和食物自古被族人视为神圣的物品，他们认为踩踏盐与食物是极为重大的罪过。另外，古代的柯尔克孜人还忌讳跨越象征食物宝藏的餐布，忌讳坐到由牲畜绒毛搓成的毛绳上、忌讳跨越一种花绳等原始宗教性的禁忌习俗。

柯尔克孜族人忌讳面对月亮和星星诉苦，他们的先民认为星星代表人的生命，是人的命星，而月亮则是冷神，向它们诉苦是一种罪过。

柯尔克孜族人忌讳在傍晚时分睡觉，认为这个时候睡觉易被妖魔缠身。他们忌讳在晚上往外拿白色的东西，因为奶制品是白色的，是他们的主要食品，所以他们珍视白为财富和幸运的象征，属于非常神圣的颜色。他们认为晚上从家里往外拿白色的东西，就等于是拿走财富与幸福。

柯尔克孜族人忌讳黑的东西，认为黑色可以引起恐惧，带来灾难，为邪恶、黑暗、绝望之象征，所以除了丧礼中穿黑色衣服外，日常生活中他们忌讳黑色。

第四章
草原民族的经典文化

第一节　蒙古族的搏克文化

搏克，作为蒙古族独有的群众文化活动，集强身健体、磋商技艺、联络情感、文化传递于一体，以文化的独特性吸引人们，以有差异性文化能力聚集众多参与者，由古至今，代代相传，承前有道，后继有方，倍受草原牧民倾慕。它的生成、生存和生命力都与草原、牧区、牧民和蒙古族息息相关，紧密相连，以民族文化的形式表达存在的价值，以生态文化理念诉说着生存的真谛。

搏克是草原文化生存的活化石，也是文化生态延续发展的实物标本。搏克看似体力较量，其实不然，其文化内涵丰富，文化积淀甚深，文化启迪更深。搏克是体能与技巧的完美展示，胆量与智慧的有机结合，耐力与速度的巧妙运用，英雄与美德的闪亮塑造，精神与文化的树立和传承，是草原文化的精品，牧民精神生活的典范，民族文化的瑰宝。

搏克，作为一种民族文化活动，以自己的独特语言表述着历史记忆和美好未来。崇拜大自然，珍视大自然，尊重大自然，是搏克的生命所在、期望所寄。搏克是大自然的造化，是草原生活、生产升华的产物，是草原民族的文化自发、自然生态观和自然价值观的理性体现。搏克跤手从孩提时就在草原怀抱中强身健体，历练技巧、锻造精神，树立形象，把草原比作母亲，在气象万千的大自然中得到锤炼和考验，从宽广草原的豁达中感受恩德，站在草原母亲的宽背上眺望远方、憧憬未来，接纳诚实和力量、聆听教导和智慧。

崇拜大自然，模仿大自然，珍视大自然，尊重大自然成为跤手们的意念。从其服饰的制作，动作的使用，场地的选择，规则的订立，无不透着大自然的美妙神奇，天道地规，如，搏克手服饰的设计各具特色，反映当地的风土人情、世俗礼仪、亲情爱情；规则的订立，充分体现民众的参与性，满足人们的精神需求和文化渴望，为搏克文化传递打造了平等的人文基础；没有等级之分，一跤决定胜负，传递的是大自然的能力规则，告诉人们要尊重人的能力，能力不在大小，人人平等的前提便是尊重，每个人都有着自己的生态位。搏克高手并非都是力大无比的大力士，智慧取胜乃是最高境界，以小胜大，以弱胜强，技巧制胜者比比皆是。这使搏克文化更加深刻，挑战性更强，智慧性更高，探索性更大，实践性更广。

搏克的摔法是由指定跤手相互配对进行比赛的。这种指定配对摔法，看似是一种保守的、排他的、人为的、非合理的做法，但恰恰反映的是每个跤手在跤场上的特殊位子和独特能力。跤手们的技术特长、性格特点、身体素质、心理状态、搏克经验等都将成为特征要素，体现跤手的生态位。这种注重生态位的理念，正是草原民族爱护生命、珍惜自然、平等相处、崇尚和谐生态观的初衷所在。

展示生态人生，传承草原文化，彰显民族个性，是搏克的使命所在，价值所显。一个出色的跤手成长之路，离不开草原文化的熏陶，离不开众多跤手们的陪衬，离不开对文化理念的加深理解和刻苦修行。

搏克这一独特的文化理念就是生命的整体性、关系性、依存性和平等性。跤手们的生存空间就在生命整体性中，若离开了搏克这个特殊群体，离开了浓厚的草原文化氛围，离开了生态理念，将失去生存的土壤、丢失存在的自然价值和文化支撑。跤手们的成长道路就是平等相处，突出个性，相互依赖，发挥特长，建立生态关系的过程。这种过程成就了草原人的善良纯朴、生态智慧、生存乐趣、和乐和美、劳动娱乐一体的生存方式。这些民族文化个性演绎着草原生态人生，促使草原文化的延续光大。民族历史记忆，人生情感纽带，草原文化自觉，是搏克发展壮大的动力，也是生存创新的源泉。文化是民族的灵魂和血脉，搏克作为民族文化历史记忆和文化遗存，其历史意义、文化价值、民族特性都是人类文化宝库中的一朵奇葩，应倍加珍惜，深入探究，继承创新，使其成为人类丰富多彩的文化生态，为构建文明社会搭建和谐桥梁。人类各种文化活动的生存，尤其是生存的延续生命力在于文化的支撑和文化理念的选择。

搏克之所以沿传至今，是因为其生存方式符合自然价值观、符合生命文化理念，这些文化理念和价值观都是具体的。比如：搏克的竞技观是一视同仁、机会均等、智慧至上；搏克的审美观注重崇尚自然，挑战耐力，信奉速度；搏克的文化价值在于没有等级之分，只有胜败之论，没有强弱之别，只有勇士之谈，机遇人人均等，抢抓在于智慧，修炼道德礼仪，交流情感技艺，承载历史记忆，搭建发展平台，传递文化理念，成就人生生态。

搏克从远古走到现在，人们特别关注的是其文化传递，它给了我们神秘的历史记忆，看到了民族文化的无穷力量和美好未来。历史的记忆点燃了希望之光，文化的传承坚定了发展信念。历史和未来就是如此相互衔接，承前启后，这种贯穿先后的神圣力量就是文化。

第二节　蒙古族的罟罟冠文化

在蒙古族的历史上，服装及服装的面料大约有 4 类：第一类是蒙古族妇女所带的罟罟冠；第二类是貂皮服装；第三是织金锦；第四是其他一些零散的服饰。

一、罟罟冠

罟罟冠是蒙古语的音译，蒙古族的历史文献中有固姑、姑姑、故姑、顾姑、罟姑、固顾、罟罛或孛黑塔、孛哈、孛黑塔黑等10多种不同的写法或称呼。罟罟冠主要是蒙元时期蒙古族以及汪古部妇女所戴的冠帽，由普通妇女日常所戴的帽子演变而来。罟罟冠高耸，顶部有长长的枝条、雉尾，与传统的生活习俗及宗教信仰有关。蒙古族原始宗教萨满教，以天为上，追求天界，是罟罟冠逐步向高演变的原因。另外，由于帽子戴在人体最显眼的部位，贵族和富裕人家的妇女将珍珠、琥珀、宝石、羽毛等物装饰于上，逐步演变为蒙古族贵族妇女喜爱的冠帽，致使其越来越高，装饰越来越华丽，成为贵族妇女地位的象征。

汪古部妇女在蒙元时期与成吉思汗家族联姻,而由成吉思汗家族下嫁的公主将罟罟冠带到汪古部,并逐步传开。蒙元鼎盛时期,罟罟冠的冠体高度逐步增加到二尺,甚至达到三尺以上。元朝末年以后,战乱不断,蒙古族及汪古部的生活受到很大影响,罟罟冠作为装饰,重要程度开始逐渐下滑,高度逐渐降低,装饰性减弱,佩带的时间也在缩短,最后终于退出了人们的生活。

在《蒙古秘史》中曾有3次提到罟罟冠。

第一次是成吉思汗9岁时(公元1170年),他的父亲也速该被塔塔儿人毒死,族人抛弃了他们。在恶劣的生存条件下,他母亲诃额仑孤独地和她的5个年幼的孩子以及(也速该的)次妻所生的两个孩子和几个仆从留下。她陷入极度困苦之中,避居到斡难河发源地附近的不儿罕山。为养活孩子们,诃额仑被迫掘草根、拾果子、寻找野菜度日。诃额仑夫人生得贤能,抚育其幼子每也,紧系其固姑冠,严束其衣短带,奔波于斡难上下,拾彼杜梨、稠梨,日夜(辛劳)糊其口焉。

在当时的困苦条件下,外出寻觅食物、从事劳动都要戴罟罟冠,可见罟罟冠是当时蒙古族普通妇女必带的头饰。"紧系其罟罟冠"一语,除表达出诃额仑具有坚强的意志、不屈的精神,也说明罟罟冠的冠体具有一定高度,在生活、劳动中必须将冠带系紧。从鲁不鲁乞的记述中可更清楚地看到佩戴方法:"富有的贵妇们在头上戴这种头饰,并把它向下牢牢系在一个帽兜上……然后再把帽兜牢牢地系在下巴上。"

蒙古族长期生活在战争、动荡之中,服装、饰品等都要适应当时的环境和动荡的生活。并且,就是在这种不安定的生活中,妇女们也会在尽可能的情况下,将自己打扮得更漂亮,因此,作为她们的主要饰品的罟罟冠自然成为装饰的重点。

第二次提到罟罟冠,是铁木真和扎木合等人在攻打篾儿乞剔部的战斗中,"掳获其固姑妇人"。此处"固姑妇人"是对妇女的一种称呼,可见当时的妇女都戴这样的头饰。用罟罟称呼妇女在蒙古族的其他文献中也多次出现，如《南村辍耕录》中有"承旨带罟罟娘子十有五人"。

第三次提到罟罟冠时是涉及一场兄弟之间的汗位之争。当时成吉思汗的儿子察合台为了争当汗位继承人，抓住其兄术赤的出身问题，出言不逊，兄弟二人争执起来，准备撕打。这时，成吉思汗的老部下阔阔出思出面制止，斥责察合台，说在当年窘迫的环境下，他们的母亲和父亲十分艰辛地共同抚养他们，从没有区别对待哪一个孩子。讲到当时的艰苦生活时，说道："紧系其固姑冠，严束其衣短带，牢裹其固姑冠，紧系其腰间带。其养育汝等也，下咽之间与其半，扣其喉而与其全，空腹而行之焉。"这里连续提到紧系"固姑冠"，这种韵文是利用蒙古民间诗歌书面化的形式，用质朴的语言文字，偶句双叠地描绘出当年孛儿帖养育子女的艰辛，除强调这样的动作可以使其干练、便于行动外，也表现出在当时的艰苦条件下人的坚强意志和把孩子们抚养成人的决心。这与前面对成吉思汗母亲的描写用语一样，表达出相同的意境。从当时的历史背景来看，罟罟冠只是普通妇女的冠饰，不会有较强的装饰性和地位之分。随着历史的发展，罟罟冠逐渐成为皇族、显贵和官宦人家贵妇人的冠饰。汪古部景教徒还将不同材质的十字架装饰在罟罟冠上。由此可见，罟罟冠对于当时贵族妇女来说极其重要，也是显示家族地位和信仰的重要服饰。

元末时期，社会动荡，罟罟冠的高度逐步降低，其高矮变化直接反映出蒙元社会生活的荣与衰。在动荡、战争的年代，妇女们出门或有外人的场合下罟罟冠是必带的头饰。那时蒙古族妇女和男人在服装上没有什么区别，因此，罟罟冠也成为区别男人和妇女的主要标志。

二、貂皮服装

貂皮是一种贵重的服装面料,在古代的蒙古族社会,能够拥有一件貂皮服装,应该是有一定经济实力和社会地位的人。在《蒙古秘史》中对一件貂皮袍有过多次描写,几次提到它都表现出欢欣、感激的情绪。这件黑貂皮袍是在铁木真和孛儿帖新婚时,孛儿帖的母亲搠坛送给铁木真的母亲诃额仑的礼物。之后,铁木真又将这件珍贵的貂皮袍送给了当时蒙古草原上最有势力的客列亦剔部首领脱斡邻勒汗。脱斡邻勒汗受到铁木真如此重视,喜极而言:"必以聚汝溃散之国,为貂皮端罩之回奉乎!其存我肾之底、腔之隔乎!"这是铁木真第一次作为一个下属向一部之汗献出的厚礼,以表示其忠诚。这件黑貂皮袍具有喜庆、忠诚的蕴意。《蒙古秘史》中第3次提到是篾儿乞剔部抢走孛儿帖之后,铁木真求助于脱斡邻勒汗时,脱斡邻勒汗用这件赠予他的黑貂皮袄作为信任的象征,表达了他"今者必践此言,尽灭彼篾儿乞剔,救还汝孛儿帖夫人,为貂皮端罩之回奉"的决心。

在蒙古族早期历史中,从服装的款式、色彩上很难分出性别。这件貂皮袍起初是送给诃额仑夫人的礼物,应为妇女穿着,但铁木真又将其送给脱斡邻勒汗,由此亦可知当时的服装宽松、肥大,是不分男女的。作为一种忠诚、感激和权力的象征,这件貂皮袍对成吉思汗的一生都有一定影响。

貂皮至今仍是高档的服装面料,穿着它的人具有一定的地位、身份或经济能力。

三、织金锦

蒙元织金锦包括纳石失和金段子两类。金缎子是指我国传统加金丝织品，这种丝织物出现较早，唐宋时期织金技术已日臻成熟。宋朝、元朝是织金锦极盛的时期。加金织物中织金锦的技术含量和艺术水平最高，其特点是组织紧密、提花规整、天满地少、表面华美、光泽亮丽。织金锦的流行是由于蒙古族的习俗、爱好以及当时统治者为了满足和显示自身的华贵、奢侈而大力提倡的结果。在蒙元时期，蒙古贵族、统治者主要使用的是纳石失。加金丝织物正面手感相对较硬、柔软度较差，不宜贴身穿着，蒙古贵族一般穿的是貂皮做里子，织金锦做面的兜肚，这样既保暖，又能将华贵的织金锦显露在外。貂皮和织金锦都是贵重的服装面料，从穿着上可以看出人的身份地位。

蒙古族历史发展到成吉思汗时期，实力逐步增强，统一全国的前期，蒙古族统治者除了需要大面积土地、大量臣民外，更需要的是物质、财富作为战争继续进行的保障。为此，除了从大量陷落城市缴获外，"蒙古统治者在对各国和国内各地区的征战中，十分注意保护、搜刮各种手工业工匠，不许杀戮，并大多集中起来作为官府匠户"，特别是以生产纳石失为主的回族工匠。窝阔台在位时，回族人达鲁花赤哈散纳"仍命领阿儿浑军，并回族人匠三千户驻于荨麻林"，设局织造纳石失。《元史·百官志》则记载，元朝在全国各地几乎都设有织染刺绣机构，如"别失八里（今新疆吉木萨尔境内）局就掌织造御用领袖纳失失等段"。专职负责生产织金锦及金毛呢织物的还有"纳失失毛缎二局"，"弘州、荨麻林纳石失局"。可见当时蒙古族统治者及达官贵人们对织金锦的重视和喜爱，需求量之大在我国历史上是前所未有的。

织金锦的流行是中西长期交流的结果，草原丝绸之路的建立使草原文化与域外文化的交流更加广泛，为织金锦的流传和发展奠定了基础。举世闻名的丝绸之路，横贯北方欧亚大草原，这条大路把两河流域、波斯、印度、埃及以及希腊、罗马等地的文化艺术联结起来……在这块幅员辽阔、文化悠久、艺术发达的多民族地区，发展富有浓郁地方特色和民族艺术风格的多种艺术有着得天独厚的条件。多种域外艺术通过丝绸之路传到新疆、宁夏、内蒙古、甘肃、青海等地，并融入草原艺术之中，成为草原艺术的一部分。

蒙元时期对西域及中亚伊斯兰教国家的征服，使中西交流更加频繁和广泛。这些地区人们的审美观、艺术观、价值观等都对当时崇尚奢华的蒙古贵族有相当大的影响。《元史·舆服志》中记载，从天子冕服、质孙到百官所穿的袍服都使用织金锦，而别失八里局是专职生产御用袍服领、袖、衣缘等部位所使用的织金锦。自成吉思汗西征以来，大批西域工匠被俘东迁，后散居漠北、中原各地，立局造作，有织造金锦的纳石失局以及金玉等匠局。由于东、西贸易兴旺，输入中国的西域玉石、纺织品、食品以及奇珍异兽源源不断，满足了元朝宫廷、贵族、官僚、富豪的奢侈生活需要。

蒙古族对织金锦的喜爱一直延续至今。现在的蒙古袍中仍使用"库锦"作为衣缘的装饰。库锦（也称库金）是"云锦"的一种，是从织金锦发展而来的。不过现在蒙古袍中所使用的"库锦"并不是真正的织金锦，它是用现代工艺、原料、技术仿制的，是有古代织金锦的外观的化纤制品。从中可以看出，经过了800多年的历史演变，我国北方草原的广大蒙古族同胞仍保留着许多传统服饰文化。

第三节　蒙古族的酒文化

酒是人类发明的最早的饮料之一。无论是汉族,还是少数民族,都好酒。蒙古族也是一个好酒,甚至可以说是嗜酒的民族。蒙古族把酒视为饮品之首,无论何时、何地、何事,都要饮酒,出征前要饮酒,胜利后要饮酒,婚丧嫁娶要饮酒,节假日要饮酒,甚至无缘无故的也要饮酒。在蒙古族人的心目中,酒既不是苦的,也不是烈的,只是香的或甜的。酒是蒙古族人生活中不可或缺的物品之一。

蒙古族的主体部分主要生活在蒙古高原。蒙古高原位于中国的北部,包括蒙古国的全部,俄罗斯的南部和中国的北部部分地区,面积广大,一望无际,为畜牧业和农业的发展提供了广阔的天地。畜牧业和农业的发展,也为酿酒业的发展提供了优越的物质条件。可以说,蒙古高原也是中国酒文化的发源地之一。从古到今,蒙古高原有着令人称道的酿酒史和酒文化史。而它的缔造者之一就是生活在这里的蒙古族。

一、蒙古族常饮酒的类型

蒙古族是一个喜欢饮酒的民族,与酒结下了不解之缘,除了以上所说的生存的自然环境的因素外,还与当时的社会条件,自身的生活习惯和民族性格有关系。据文献记载,蒙古族主要有3种酒。

1.马奶酒

蒙古族自己用马奶酿造的马奶酒,叫忽迷思,也叫马湩、马奶子等。《多桑蒙古史》记载:"嗜饮马乳所酿之湩,曰忽迷思。"《马可·波罗游记》也记载:"鞑靼人饮马乳,其色类白葡萄酒,而其味佳,其名曰忽迷思。"马可·波罗来中国时,忽必烈曾在宴会上用马奶酒款待过他。

马奶酒的制作方法比较简单,一般是把新鲜的马奶挤入一个大皮囊中,然后用一根特制的棒用力地搅拌,再静静地放一会儿,使其发酵,就大功告成了。《黑鞑事略》对马奶酒的制作方法做了详细地记述:"马之初乳,日则听其驹之食,夜则聚之以沸,贮以革器,倾洞数宿,味微酸,始可饮,谓之马奶子。"因为马奶酒是发酵而成的,所以有一点儿酸,但不是酸酸的、涩涩的,而是酸中有甜,"味似融甘露,香疑酿醴泉",沁人心脾,令人回味无穷。马奶酒的度数一般都比较低,适量地饮用有健脾健胃的功效,能活血补气,舒筋通络,男女老少皆可饮用。

蒙古族人用马奶制作马奶酒有悠久的历史,是蒙古族世代延续的传统饮食之一。作为蒙古族的传统饮食,元代的许多文献中,都记录了马奶酒的用途。首先,马奶酒主要是作为祭品出现,而且是饮料类祭品中最重要的一种,分别用于祭天、祭祖和祭神。其次,马奶酒还用于宴席上的饮料,而且是宴席上最好的饮料。蒙古族人认为酒是食品中的精华,是五谷里的结晶,在宴席上,只吃饭不饮酒,是不能表达自己快乐的心情的。再次,马奶酒还可以用于疗伤。在《蒙古秘史》第145节就记录了马奶酒用于疗伤的最早的例子。有一次，成吉思·合罕在一次战役中颈部受伤，生命垂危，他的部下不顾自己的生命安全，冲入敌营为他寻找马奶酒，以救治成吉思·合罕。

2.黄酒

元代以前，有些靠近内地的蒙古族人已经掌握了酿造黄酒（米酒）的技术。在元朝一代，黄酒不仅是蒙古族人喜爱的一种饮料，而且被内地人民所喜爱，从而该词常被汉语借入，作打剌苏、打剌稣、打辣酥、嗒辣苏、嗒辣酥、打剌孙、答剌苏、答剌孙等。元代许多文学作品中的主人公都饮"答剌速"，说蒙古语。这说明元代各民族间文化联系的密切以及"答剌速"对其他民族的影响。"答剌速"也是元宫廷的主要御酒之一。元朝宫中专门设有掌管"答剌速"的官员。

3.葡萄酒

蒙古族人饮葡萄酒，初见于《蒙古秘史》第281节，原文作孛儿，旁译作葡萄酒。在元代，葡萄酒十分稀罕，作为宫廷饮品，只被蒙古汗、王及大臣饮用，被称作法酒。法酒与私酒相对，是按照官方规定的配方比例酿造的酒。在元代作为法酒的葡萄酒主要在山西太原等地酿造。

二、酒器

酒器是酒文化的重要组成部分，是酒文化的实物载体。可以说，专门的酒器的出现，是酒文化发展到一定阶段的产物，也是酒成为一种文化现象的典型特征。

蒙古族人喜欢饮酒，自然也会有制造一些专门的酒器。秃速儿格就是蒙古族人专门制造的一种酒器。蒙古族人喜欢饮酒，而且有酒量，所以，在古代蒙古，无论是汗、王，还是大臣，在宴飨时都会备有一种盛酒的器皿。这种酒器或用皮革、陶、木，或用金、银、铜、玉、石制成，其名称也因时代和地区的不同而不同，例如，克烈部叫作充或古鲁额，蒙古部叫作秃速儿格。还有一种酒器叫作阔阔充。阔阔充是以木为之的贮酒大器，即大桶。

三、酒风酒俗

酒风酒俗也是酒文化的重要内容之一。大多数酒风酒俗没有实物载体，是一种无形的酒文化。它们虽然没有实物载体，但依然具有地域性、民族性、传承性，几千年来代代相传，生生不息。

蒙古族的酒风酒俗，体现的是蒙古族人粗犷、豪放、乐观、热情、简约的民族性格。蒙古族人喜欢饮酒，视酒为知己，他们认为无酒不成席、无酒不成礼、无酒不成俗，酒给宾主带来了欢乐，表达了主人对客人的尊敬和深情厚谊。因此，凡是有客人来，他们必定热情款待，宴席上必定备上各种美酒，而且主人一定和客人开怀畅饮。在宴席上，如果客人喝醉了，或吵或吐或睡，主人不但不生气，反而特别高兴，他们认为那是客人喝好了，尊重自己，和自己一心了，即"客醉，则与我一心无异也"。普通的客人来了，他们尚且热情款待，那么如果遇上值得庆贺的事情，他们更是载歌载舞，不亦乐乎。在盛大的宴会上，酒不能少，歌和舞也不能少，歌舞助酒兴，能将欢乐的气氛推向高潮。这是蒙古族及其他草原民族所特有的酒俗之一。

元代蒙古族人的原始宗教信仰十分浓厚，他们认为天地万物都有神灵，而且对神灵非常虔诚，因此，"凡饮酒，必酹之，以祭天地"。萨都拉《上京即事》记载"祭天马酒洒平野"，即说蒙古族人用马奶酒祭天。祭祀的方法，是用手指蘸了马奶酒洒向天或地，也可以倾倒。这种祭祀的方法被称为洒祭。在祭天仪式中，主要是用洒祭马奶酒的方式。蒙古族人除了祭天外，还祭祖。在蒙古族的祭祖礼仪中，主要使用的饮料类祭品也是马奶酒。蒙古族人的祭祖礼仪富有游牧文化特色，是在也客·薛合札鲁里举行的烧饭祭祀。在祭礼中，用蒙语呼唤历代祖先的名字来飨食，然后把祭品包括马奶酒洒入挖好的祭祀坑中。除此以外，蒙古族还有祭敖包等原始宗教祭祀活动。但无论什么祭祀形式，酒都是必备的物品。

蒙古族人喜欢饮酒，久而久之，在长期的生活实践中，逐渐确立了具体而固定的标准和明确的礼仪。当然，这主要是指宫廷饮酒。宫廷饮酒伴有固定的礼仪——进酒，蒙古语称为斡脱。从成吉思汗到元代各位帝王，在宴飨时都进行这种仪式。

蒙古族人虽然喜欢饮酒，但也不提倡过度饮酒。过度饮酒，轻则误事伤身，重则酿祸乱，丧性命。据记载，成吉思汗的第三子翰歌歹在成吉思汗逝世后，继承汗位。他在位期间，南征北战，励精图治，深朝野上下爱戴，但他酗酒成性，不醉不休，结果最后瘫痪于床上，一病不起，终于因饮酒无度而丧命，逝世时年仅56岁。关于过度饮酒的害处，翰歌歹也心知肚明，他在论述自己的四功四过时说：奉父汗之命坐在大位上，朕承担着统治众百姓的重任，但朕沉湎于酒，这是朕的过错，是朕的第一件过错。禁止过度饮酒，这是蒙古族饮酒的禁忌之一。

第四节　蒙古族的那达慕文化

蒙古族的那达慕文化，是蒙古族丰富多彩的民族文化遗产中，综合反映蒙古族文化面貌的文化类型。传统那达慕文化的原始内容，应当首先包括布库，即摔跤。摔跤、赛马、射箭三项被称作蒙古族男子三项竞技或三项游艺。在那达慕文化的发展历史中，可以明显看出，它是从原始的军体文化逐渐发展为全民族的游艺文化的，它容民族体育文化、饮食文化、经济文化、宗教文化等为一体，形成蒙古民族经久不衰的独特的那达慕文化。

蒙古族的那达慕文化，说起它的发轫之初，至少在蒙古族人步入文明社会之后，在历史文献上即有记述了。其实蒙古族作为中国北方游牧民族的集大成者，他们所承袭的文化，尚须追溯到更古老的时代。仅从匈奴寻源，也要追溯到3000年以前了。今天的考古发现足以证明那达慕文化的源远流长。内蒙古考古学家田广金先生在《蒙古摔跤探源》中认为蒙古跤源于匈奴跤。当然也有学者主张蒙古摔跤源于古老的契丹族。蒙古族的赛马、射箭作为竞技比赛，起源于什么时代，我们尚不能确切回答。但是，从很古老的时代即有这项比赛游艺，是可以肯定的。中国明初史学家宋嫌说，蒙古族人早在唐代就有奔马射兔的竞技比赛了。但是，蒙古族与匈奴有历史渊源，我们还可以上溯到汉代。

《汉书·匈奴传》上记载说，匈奴"儿能骑羊，引弓则射鸟鼠，少长则射狐兔"，可见蒙古族的射箭活动至少在汉代就已盛行了。同时，在这些项目的发端之初，无不打上军事的烙印。

后世南宋人赵琪《蒙鞑备录》和彭大雅《黑鞑事略》等文献，对蒙古的骑术、箭术有更详细记述。《蒙鞑备录》记载，"鞑人生长鞍马间，人自习战，自春徂冬，旦旦逐猎，乃其生涯，故无步卒，悉是骑士"。又说，"鞑国地丰水草，宜羊马。其马初生一二年，即于草地苦骑而教之，却养三年而后再乘骑"。弓箭既是狩猎的工具，也是蒙古族骑兵的主要武器，他们都是由狩猎中得到优良训练的骑兵，可见蒙古族射箭比赛源于军事。所以，对古代蒙古族的那达慕，与其说它是游艺，倒不如说它是军事演习。平时的三项竞技活动，可说是军事训练，可以说那达慕就是蒙古族的军事演习。蒙古族战士平时受过长期的赛马、摔跤、射箭等训练，学习它的技巧，一旦军事指挥员让其战士实地练习以求纯熟，那自然变成军事演习。因此中国汉籍文献对蒙古族人的骑射之术，统称为教战。

关于13世纪蒙古族人自孩提时开始乘马骑射的情形，南宋人彭大雅在他的《黑鞑事略》里而说："其骑射，则孩时绳束以板，络之马上，随母出入；三岁，以索维之鞍，稗手有的执，从众驰骋；四五岁，挟小弓短矢。及其长也，四时业田猎。凡其奔骤也，直立而不坐，故力在附者八九，而在稗者一二，疾如飘至，劲如山压，左旋右折，如飞翼，故能左顾而射右，不特抹秋而已。其步射，则八字立脚，步阔而腰蹲，故能有力而穿孔。"当然，摔跤、赛马、射箭变成三项竞技比赛，那又是在很长的历史发展过程中逐渐形成的，它们无不有各自的漫长的发展历史。

现今那达慕的某些内容，虽说古已有之，但作为有组织的那达慕盛会，那还是入清以后的事情。而那达慕一词更是近代用语，是1947年内蒙古自治区成立以后的术语，古代蒙古族并非称作那达慕会。

史料表明，蒙古族人的三项竞技比赛，似乎在成吉思汗时代才具雏形。蒙古大汗召开的库里尔泰大会，届时要举行三项竞技比赛，但从《蒙古秘史》中我们看不到直接的佐证。不过，《蒙古秘史》确实为我们提供了丰富的草原游牧社会的民俗学内容，其中就有关于那达慕的内容，如《蒙古秘史》第140节中记述了成吉思汗的弟弟别勒古台，与主儿乞人不里·孛阔比赛阿巴邻勒都的故事，为我们提供了极好的一段摔跤赛的场面。《蒙古秘史》中箭筒称作豁儿，佩带箭筒的人叫豁儿赤。在成吉思汗时代，豁儿赤不仅是极高的职位，同时还象征武力、权威和武士的荣耀。蒙古汗国时代，唯有环卫可汗的怯薛，才有资格佩带豁儿进出大汗的斡耳朵。那时为了培养神箭手，常常举行比赛，狩猎和围猎是通常的手段。蒙古族的战士和猎人是没有分别的。那时，对有重大贡献的神箭手，成吉思汗要树记功碑，永远纪念。今天遗留下来的也孙格石就是成吉思汗为他的非凡的神箭手也孙格建的记功碑。始于成吉思汗时期的蒙古族男子三项竞技比赛，概想主要是军事性的，它的游艺内容并不突出。到成吉思汗的继承者窝阔台可汗时期，似乎作为那达慕游艺竞技比赛的内容才有所发展，并且窝阔台汗本人就是三项竞技的爱好者，尤其喜角抵比赛。据《多桑蒙古史》记载："窝阔台喜观角抵，延致蒙古、钦察、汉地之力士至多。闻波斯之力士善斗，乃命绰儿马罕遣送之来。绰儿马罕遣波斯力士三十人赴蒙古。中有著名者二人，一名比烈，一名摩诃末沙。窝阔台汗见之，颇赏比烈之孔武有力。窝阔台之将伊勒赤歹曰：'诚恐此辈之旅费与酬金虚耗。'窝阔台曰：'脱汝不信其能，可遣汝之力士数人至与角力。汝之力士者胜，我则给汝银五百里失。否则，汝负我马五百匹。'护翌日，伊勒赤歹以其队中一人至，与比烈角力。二人相扑时，蒙古力士投比烈于地。比烈戏曰：'坚持我，否则我将脱身而起。'语甫毕，巫反执蒙古力士而投之地，用力巨，闻骨骼相触声。窝阔台进前曰：'坚持之！'复回向伊勒赤歹曰：'其人报酬诚虚耗钦？'遂命其立付赌负物。因厚赏比烈，别赐银五百里失。"从这里可以看出蒙古宫廷娱乐角力已经出现，并且对优胜者的厚赏情景。

设立专门管理三项竞技的机关，并且对著名选手赐以荣誉称号，三项竞技走向规则化的游艺活动，即定制那达慕形式，那还是元代以后，尤其是清代的事情。据《元史》记载，元仁宗爱育黎拔力八达可汗时期，专管蒙古三项竞技的国家校署出现。《元史·仁宗本纪》载："延佑六年六月戊申（公元1319年），置校署以角抵者隶之。"这个校署很像中原唐王朝的相扑朋，即宋王朝的御前忠佐军头引见司。又《元史·英宗本纪》载："延佑七年六月庚申（公元1320年）赐角抵百二十人钞，各千贯。"由此可见元仁宗朝时阿巴邻勒都人数之多，又有专管机关，当然十分盛行。

元代作为定制仪式化的那达慕，似是届期举行的诈马宴。据元朝人记载，"国家之制，乘舆北幸上京，岁以六月吉日，命宿卫大臣及近侍，服所赐只孙珠翠金宝衣冠、腰带，盛饰名马，清晨自城外，各持彩仗，列队驰入禁中。于是上盛服，御殿临观，乃大张宴为乐。惟宗王戚里宿卫大臣，前列行酒，余各以所职，叙坐合饮，诸坊奏大乐，陈百戏。如是者凡三日而罢。其佩服日一易。大宴用羊三千，马三匹，他弗称是。名之曰只孙宴，只孙华言一色衣也，俗呼曰诈马筵"。这里把元代蒙古诈马盛会，描绘得十分引人入胜。参加诈马宴竞技优胜者，例如，参加贵由赤（长跑）比赛者，据《辍耕录》载，"先至者，赐银一饼，余者赐段匹，有差"。更甚者还获得蒙古包、马匹等。

明代蒙古统治者退居故土以后，照例举行那达慕。据明初叶子奇的《草木子》载："北方有诈马筵席，最其筵之盛也。诸王公贵戚子弟竟以衣马华侈相高也。"可见明代蒙古汗国时代，诈马宴仍在草原上盛行。据记载，每当蒙古族人举行征战或狩猎之际，举行三项竞技全能比赛之后，都要大奖兵士，"功轻者升为把都儿·打儿汗，功重者升为威静·打儿汗，再重者升为骨打·打儿汗，最为首功者则升至威·打儿汗"。由此可以了解明代蒙古族那达慕之概貌，从优胜者的称号来看，仍是军事性的。

到清初，蒙古族那达慕中，出现以善扑人为职业的专职运动员，这是蒙古族三项竞技发展的重要标志。同时，热河额鲁特蒙古与杜尔伯特的善扑人名手辈出，常常获得殊荣。据金梁《满文秘档》载："（天聪六年正月）阿鲁部之特木德黑力士与土尔班克库克特之杜尔麻，于会兵处角力，杜尔麻胜，特木德黑负；们都与杜尔麻角力，们都胜，杜尔麻负。令们都、杜尔麻，特木德黑三力跪于前，听候命名，赐们都阿尔萨兰·土射图·布库名号，并赏豹皮长袄一；赐杜尔麻扎·布库名号，并赏虎皮长袄一；赐特木德黑巴尔·巴图鲁·布库名号，并赏虎皮袄一。刀一、缎一、毛青八，并谕以后如有不呼所赐之名而仍呼原名者，罪。"这里所赐荣誉称号第一名获得阿尔萨兰（狮）的称号，第二名获得扎（象）的称号，第三名获得巴尔（虎）的称号，同中华人民共和国成立前蒙古地方优秀摔跤手争得的荣誉称号基本一致。今蒙古国仍延续使用这些传统称号，以褒奖优胜者。

元代蒙古族盛行的三项竞技比赛，到了清代重新兴旺和发展起来。从某种意义上说，蒙古族男子三项竞技，唯有清代以后才形成一种民俗学上特定内容的那达慕文化。清以前的蒙古族三项竞技，主要应视为军事上的教战或战阵。入清以后，尤其乾隆朝以后，战阵用的成分逐渐减少，而娱乐的成分逐渐增加，并列为清政府朝会与木兰行围的必比项目。据《啸亭杂录》载："定制选八旗勇士之精练者为角抵之戏，名善扑营。凡大燕享皆呈其伎。或与外藩部角抵者争较优劣，胜者赐茶增以族之。纯皇最喜其伎。其中最著名者，为大五格、海秀，皆上所能呼名氏。有自士卒拔至大员者，盖以其勇挚有素也。和相当轴时，令巡捕营将士亦选是伎。"清代，每年秋八月于木兰行围时，皇帝统领宗室亲王、内阁六部、王公贵族及八旗士兵，浩浩荡荡奔赴木兰围场围猎。巡猎完毕，蒙古族王公以最古老的仪式向清朝皇帝献诈马宴，举行隆重的那达慕大会，表演塞宴四事，即诈马，什榜、布库和教跳。据《承德府志》中记载,"兹札萨克于进宴时,择名马数百,列二十里外,束鬃尾,去羁精,驰用幼童,皆取其轻捷致远,以枪声为节,递施传响,则众骑齐骋,轰鸣山谷,腾跃争先,不逾暑刻而达,抢其先至者三十六骑,优贵有差,所以柔远人讲武事也"。参加赛马者多从卓索图盟、昭乌达盟、通辽市和锡林郭勒盟选送,是塞外最大的那达慕盛会。据清代文献记载,木兰诈马盛会所用马奶酒,是以上都、达布逊诺尔之牧马数百匹,交与木兰围场总管饲养,早已备置好的。届时,张大蒙古包6座,白骆驼18,鞍马18,骊马162,牛18,羊162,酒81坛,食品27席,布库20人,什帮90人,骑生驹20人,呈伎马250匹,为塞宴四事助兴。足见清代木兰那达慕之隆盛!清代著名文人赵翼,观木兰蒙古摔跤后,写下《行围即景·相扑》诗:"黄惺高张传布库,数十白衣白于鹭。衣才及民露两档,千条线缝十层布。不持寸铁以手搏,手如铁锻足铁铸。班分左右以祸进,桓桓劲敌碎相遇。未敢轻身便陷坚,各自回旋健踏步。注目审势睫不交,握拳作力筋尽露。伺隙忽为叠阵冲,持虚又遏夹寨固。明修暗度诡道攻,声东击西多方误。少焉肉薄紧交纽,要决雌雄肯相顾。翻身侧入若孽鹤,拗肩急避似脱兔。垂胜或败弱或强,顷刻利钝难逆睹。忽然得间乘便利,拉胁摧胸倏已仆。胜者跪饮酒一卮,不胜者愧不敢怒。由来角抵古所传,百戏中独近戎务。技逾跳鞠练脚力,事异拔河供玩具。国家重此有深意,所以习劳裕平素。君不见,教坊子弟也随行,经月不陈默相妒。"总之,以蒙古族男子三项竞技为中心内容的那达慕文化,到清代时,已形成完全意义上的蒙古游艺民俗文化了,它的军事内容似乎已消失了。

其实在古代,蒙古族聚居地方以旗为主的那达慕大会,多与祭敖包会相结合举行。祭敖包是萨满教的遗俗,这是蒙古族人甚至北方游牧民族的共同传统。祭敖包会中的那达慕,多在5~8月间举行,那达慕选在这一季节的原因,首先是从5月开始到8月,是蒙古草原最美的时候,所以自古以来,蒙古诈马宴也罢,敖包会也罢,那达慕大会也罢,都选在这一季节里举行。据《汉书·匈奴传》记载，"五月，大会龙城，祭其先、天、地、鬼、神。秋，马肥，大会趾林，课校人畜计"。又《后汉书·南匈奴传》记载，"匈奴俗，岁有三龙祠，常以正月、五月、九月戊日祭天神。……因会诸部议国事"。自古以来，从5月到9月其聚会、祭祀、课校人畜等，似乎是北方草原游牧民族的共同历史传统，伟大巨作《蒙古秘史》写完的时候，也正是蒙古汗国宗亲大会"正在聚会的鼠儿年七月"。入清后，各盟旗札萨克大会，皆在8月举行，故称札萨克八月会。届时旗内官员聚集一堂，商议一年的政务、财务以及官员换班等，会后举行保卫本旗神灵的大祭祀——敖包会。这一场祭祀是全旗总动员，也是全旗的娱乐聚会，盛大的那达慕会，各旗相继举行。其次是从5月开始到七八月以后，蒙古族五畜肥壮起来，乳液丰富，蒙古族人开始扎挤母马乳，是酿制马奶酒的好季节。全蒙古草原步入乳食为主的白色季节。

蒙古族称乳食品为白色的食物。13世纪或更早以前，蒙古族把6月叫草月，8月叫牛奶月，直到20世纪初，布里亚特蒙古人还沿用着这一历法称谓。饮马奶酒在8月，人们形容它为"味似融甘露，香疑酿酸泉"。自古以来，蒙古族以马奶酒宴作为迎送宾朋的高贵佳宴。据历史记载，成吉思汗的风闻军师耶律楚材，受到大汗马奶酒宴的招待后，诗兴大作，留下这样的诗句："天马西来酿玉浆，革囊倾处酒微香，长沙莫吝西江水，文举休空北海觞。浅白痛思琼液冷，微甘酷爱蔗浆凉，茂陵要洒尘心渴，愿得朝朝赐我尝。"8月是蒙古地方输出家畜的好季节。入秋以后，又是做远程贸易的时期，这是由官方、寺院主持组织或是个人之间的联合，编成商队。自古以来北方游牧民族与中原农业民族间的物资交流，都要经过长途跋涉，到很远很远的地方进行贸易活动的。明代的边市贸易在八月举行，清代兴起的旅蒙商们，也在八月行商入草地。历史上的交换与贸易，无论其方式为何，一般来说都是所有游牧民族最感兴趣的一件事。

入清以后敖包大会往往与物资交易会同时举行。在敖包南山下的一方是蒙古王公们支撑起来的巨大而华丽的大天幕和无数小帐幕。在大天幕中，札萨克或王公大喇嘛坐于北端向南正中的一个高台上，前面有桌，顶上悬挂五色的彩绸。各贵族、高级僧侣或外来的贵宾，依其地位的尊卑，南面坐于两旁。前面的空地，相对分成两组，各设若干排毛毡，在华丽的垫子之前，摆着低桌，上面摆满食品。这是各官员和次要来宾的席位。每排均由北而南，坐在最北端的为本排中之最高位者。在蒙古帝国时代，这是功臣们的席次，正中主坐之前，留一宽广的通路。通路尽处，置巨大的酒瓮数个，其中盛满马奶酒，有官员正装面北而坐，专司给参加盛会的人们随时满酒。贵宾的妻女们多半坐在大天幕旁边的帐幕之内，坐在那里比较随便，也比大帐舒适多了。而环绕这一场所挤满来自各地的一般牧民，在更远一点的地方，都是他们骑来的马、坐来的蒙古车和临时支搭的营帐。这是观赏那达慕的主会场。而敖包北面山下的另一端，则是来自北京帮、山西帮的旅蒙商们。由北而南的是家畜和皮毛，由南而北的则是粮食、布匹、丝绸及工艺品。茶是从16世纪后半期以后输入蒙古的主要物资之一。牧民在那达慕会上出售牲畜和畜产品，购买生活用品。农民通过商人，从牧区选购耕畜。每届那达慕都成为中国南北物资交流的大商会。

另外从民族习俗上讲，七八月的蒙古草原又是招福的季节。它虽是古代萨满教的遗风，但成为一种民族心理之后，希望七八月之后招来福分和丰盛，并为此而举行家庭马奶宴，这时人人都尽情地喝酒，边唱边喝，直到喝醉为止。8月的草原上大则有全旗的那达慕会，小则处处都是招福之马奶宴，整个草原沉浸在一派节日的气氛中。

第五节 蒙古族的说唱文化

蒙古族的说唱艺术全部是用本民族语言来表演的，即使是取材于汉民族或其他民族的说唱内容也是运用蒙古文字改编，再用蒙古语来表述的。

从说唱内容角度来看，蒙古族说唱艺术也更多地保持着民族化的本色，尽管讲唱的作品中也不乏对汉民族文学和历史经典文本的改编。乌力格尔的蒙古语意为说书，是蒙古族的一种曲艺形式。其中，胡尔沁说书是东蒙一带历史悠久的说唱形式。李青松撰著的《胡尔沁说书》中列有胡尔沁说书的书目，涉及的内容范围特别广泛。从夏商周到唐宋时代的重要人物和重要历史事件尽在胡尔沁的悠扬弦声中获得民族化的艺术演绎。但在蒙古包中或乡村炕头儿田间侧耳倾听胡尔沁动情讲唱的蒙古族父老最喜欢欣赏的还是一些民族特色的曲目：《成吉思汗传》《格斯尔汗传》《江格尔》《青史演义》《忽必烈传》《满都海斯琴皇后》《嘎达梅林》《陶格套呼》《骑兵之歌》《鄂尔多斯风暴》《茫茫的草原》《扎那巴拉吉尼玛》《草原烽火》，等等。

蒙古族人的另一种重要的说唱艺术形式就是好来宝，既有改编自《水浒传》《三国演义》等汉民族文学经典的曲目，更有传唱至今的民族曲目《燕丹公主》《僧格仁亲》《英雄陶克套》《两只羊羔的对话》《富饶的查干湖》

等。

蒙古族说唱艺术创作表演的主体和观赏的主体多为农牧民，讲唱表演的地域多为广袤的草原或田间农家。好来宝具有不受演出场地限制、演出形式灵活多样等特点，很适合在交通不便、居住分散的牧区流动演出，从而深受蒙古族群众的欢迎。绰邦、席恩尼根、琶杰、毛依罕等均为享有盛名的好来宝艺人。他们长年身背四胡在草原上流动演出，每到一地，均会给草原上的牧人带来欢笑和快乐。乌力格尔说唱与草原上的蒙古族群众生活习性一致，具有浪漫豁达的民间气息。它最初的形式与西方中世纪的吟游诗人相似，艺人们身背四弦琴或者朝尔，在大草原上随处漂泊，一人一琴，自拉自唱，精彩的说唱、长篇的传奇成为草原上最受人们欢迎的艺术形式之一。乌力格尔远古的琴声和传承人原生态的说唱，充分展示了草原的辽阔魅力，呈现出了较明显的民间气息和民族文化色彩。

蒙古族传统弹拨乐器所抒发的声音具有接近自然的质地，人嘶马鸣、风吹草动等自然、社会中存在的一些原生态的声音响动都可以在荡漾、流动的琴声中获得传神、写意化的艺术再现。蒙古族说唱伴奏乐器与演奏者内心以及讲唱内容所蕴含的思想、情感联系极为密切，或者说，在很多演唱情境中，琴与演唱者特定的生存体验、生存情感已融为一体，琴声担负起了抒情表意的艺术功能。蒙古族说唱中的乐器伴奏是无定法，演奏固然也存在着应遵循的总体套路，但对于每一个具体的说唱者，却有着处理此套路的极大的自由权，这种自由权存在的依据便是说唱者对说唱对象与内容的情感化理解与感悟。例如著名说书艺人查格德尔扎布（公元1912—1976年）的说唱强调音乐的感染力，人物的思想感情多以音乐来渲染。在蒙古族说唱表演中，时常会有不闻唱词的乐曲独奏，这往往是达到情感高潮时以琴声代为倾诉。

蒙古族说唱艺术活动因为大多存在于相对偏僻的牧区或半农半牧地区，而且是随机表演的，所以大都不存在一个规范的舞台，一人一琴便可开口说唱。蒙古族说唱艺人表演时大多取坐姿，说唱欣赏者聚拢于说唱者周围，甚至是并肩而坐，双方近在咫尺，气息相通，毫无台上与台下的空间隔阂与心理距离。这种特定的说唱姿势限制了其肢体大幅活动的可能性，却强化了表演者头部及头部各器官表情达意的功能。比如，乐·图雅巴图尔对著名艺人演唱史诗的情景，有如下描述，"乌梁海史诗艺人阿毕尔米德演唱史诗时在两三层毡子上盘腿而坐，以深邃的目光凝望远方，歌声轻盈洪亮，陶布舒尔琴的节奏逐渐加快，脸上也露出了笑容"；而在描绘山神阿利亚·洪古尔时情况突然发生了变化，"艺人显得很亢奋， 陶布舒尔琴的节奏逐渐加快，脸上也露出笑容"；在描绘山神阿利亚·洪古尔的骏马——神奇的黄骠马时，"陶而舒尔琴弹出了骏马奔腾的马蹄声，艺人的身躯也微微摇动，犹如他自己已经骑上了那匹神马一般。所有的一切，给人感觉好像不是艺人故意表演，而像是某种神秘的力量在驱使他这么做"。

  蒙古族作为北方少数民族，性格粗犷豪爽。特定的生存环境和经历又养成了这个民族尚勇好武的精神。英雄崇拜成为他们亘古以来所持有的一种挥之不去的"集体无意识" 情结。这种民族情结在满族和蒙古族的说唱活动中都得到了共同的艺术化的呈现。蒙古族说唱艺术自古以来有讲唱英雄的传统。蒙古族有许多英雄史诗，如《江格尔》《格斯尔可汗传》《镇压蟒古斯的故事》《英雄道喜巴拉图》《阿拉坦嘎拉布汗》《好汉阿里雅胡》《阿斯尔查干海青》《宝迪嘎拉布汗》等。这些英雄史诗大都成为蒙古族乌力格尔、好来宝等说唱艺术的惯常题材。此外，如有关成吉思汗的故事与传说，尹湛纳希《青史演义》中的英雄人物， 近代蒙古族作家恩可特古斯的《兴唐五传》等英雄类作品也都成为蒙古族说唱艺术常见的讲唱对象。而随着民族间相互交往和沟通的加深， 汉民族文学之中的一些英雄传奇类作品也走进了蒙古族说唱艺术中。叁布拉诺日布、王欣著有《蒙古族说书艺人小传》，书中记载了每一位艺人擅长的说唱书目，其中涉及的汉民族英雄传奇类作品有《三国演义》《水浒传》《西游记》《三侠五义》《薛刚反唐》《罗通扫北》《隋唐演义》《花木兰》《林海雪原》《烈火金刚》等。蒙古族说唱艺术中出现的大量的汉民族英雄传奇故事是"借他人之酒杯浇自己心中之块垒",表明英雄崇拜情结在他们心中根植之深厚。

中国古代社会政治形态是家国同构型的形态,国是放大了的家,而家则是缩小了的国。国有君主,家有家长、族有首领。君主、家长、首领维系着从国到家的绝对领导和统治权威,而且,这种领导和统治权威在不自觉中会渐渐得到不断的神化。同时,中国古代社会的经济形态是以较为封闭,自给自足的农业为主体的形态。这种经济形态具有依赖自然,年年岁岁重复操作的特征,这种重复操作若想取得持续的成功,便需要前辈经验的传承,在漫长的中国古代经济活动的重复演绎中,也培养和强化了中华民族的祖先崇拜心理。蒙古族为中华民族大家庭中的成员,在各自漫长的发展历史中,也代代承袭着祖先崇拜的民族文化意识。蒙古族说唱艺术活动中祖先崇拜也是一个重要的主题。蒙古族萨满教有翁衮崇拜的习俗。蒙古族初期是单纯崇拜祖先到后来逐渐变成了崇拜翁衮。所谓翁衮是蒙古族人祭拜的他们所尊敬或恐怖的死者对象……能够决定什么人的灵魂当翁衮的,只有萨满。因为不是一切灵魂都能作翁衮。这就是说:"对人民行过大善的人成为善翁衮,恶人就成为恶翁衮。"而善翁衮则成为人们祭拜和歌颂的先祖神灵。蒙古族有许多向翁衮祈祷的唱诵祝词,如东蒙科尔沁草原便有这样的祝词:"本自唐朝起／翁衮始周游／辽阔草原上／往来又倏忽／苍天赐符徽／逆师须戒律／宝木勒启机运／此乃承天意／青铜勇士是翁衮／阔出·把秃儿是我祖／虔诚信奉长生天／多方保佑赖后土／科尔沁蒙古是故乡／霍布台克·把秃儿是教主／黄膘骏马是坐骑／毒蛇挂带兜后头。"蒙古族英雄史诗有很多,同时也是祖先崇拜之作。乌力格尔中的许多篇目便同时兼有英雄崇拜和祖先崇拜的特征,如《成吉思汗传》《格斯尔汗传》《江格尔》《忽必烈传》等。

蒙古族有原始崇拜对象，如日、月、星、火、山、河、湖、鹰、鱼、熊等。蒙古族原始自然崇拜的意识和观念在漫长的民族历史发展过程中一直获得了延续和保持，这在说唱艺术中也得到了鲜明的体现。如火是萨满教的一个较为重要的自然崇拜物，因北方较为严寒的自然气候和渔猎、游牧生活的特性，使火成为北方各民族维持生存的一种更为迫切的需要，这就需要情感化、艺术化地呈现于他们的歌咏说唱活动中。蒙古族在举行萨满祭祀时有颂火祭词："以火石为母／以火镰为父／以石头为母／以青铁为父／青烟冲入云端／热力可达九天／脸像绸缎般闪光／面似油脂般发亮／那发明火的火神圣母啊／我们向你敬献奶油和肥肉／我们向你敬献醇香的奶酒／祈求你赐予最大的福分／让我们在这幸福中永生。"蒙古族自然崇拜的古老意识通过说唱艺术历时久远地广泛传播已深深植入广大民众的思想和情感中，并随时代发展和社会文明程度的提升，不断地衍化出新的内涵，关爱自然、关爱环境，人与自然和谐相处的意识在蒙古族民众中似乎有更朴实而自觉的体现。

第六节　蒙古族的图腾文化

说起蒙古族这个民族,我们必然不能忽视广袤无垠的大草原,正如提及草原,我们无论如何都无法压抑心底油然而生的那股浓烈的英雄情结以及对狼图腾的无限感慨。在草原文化所囊括的所有民族中,蒙古族可谓是最具代表性的典型民族。作为北方古老的游牧一族,蒙古族对草原文化的热爱和再诠释成就了它在草原文化圈中的独特地位。

图腾崇拜是远古社会一种十分原始和普遍的文化现象,在原始社会氏族部落时期,为有别于其他部落,一些民族就以某种动物形象来作为自己民族的精神标志,他们"相信群体成员与图腾之间存在血缘亲属关系,并由此而尊敬图腾……是图腾崇拜观念的基本核心"。于是他们对这种动物的崇拜变得无以复加,并对其进行朝拜,认为"图腾是宗族的祖先,同时也是其守护者",图腾崇拜因此而形成。

一、狼图腾崇拜

生活在我国北方大草原的蒙古族，于遥远的古代社会中就孕育了自己的图腾——狼，并伴随有诸多的图腾传说故事。蒙古族为什么会以狼作为自己的图腾崇拜呢？蒙古族是典型的游牧民族，过着逐水草而居的自然原生态生活，而草原上的狼危险有力，以结群为主进行活动，一些牲畜和人经常会受到它们的袭击。但对于天生好战、崇尚强者的草原人民来说，狼是一种非常神秘的动物，它们除了凶残好斗之外，更有着不外露的温存一面。正是这种多重的性格特征引起了草原民族对它的好奇和兴趣，在不断地了解中逐渐对这它们产生了敬重和崇拜的微妙情感。草原人民对狼的情感是在长期的生产和生活实践中日积月累而形成的，在充分了解了它们的精神实质之后将它们人格化甚至神化，以此来满足自己对它们的崇拜。这也是草原文化一种朴素的表达方式。

蒙古族还尊崇的一种动物就是狗。从进化论的动物演化角度来说，狗是后天由狼驯化而成的一种个性较温和的家畜，因此如果我们追溯到历史遥远的过去，其实狼和狗的区别并不是很明显。所以狗也可以看作是他们狼图腾崇拜中的一部分。正如汉民族对龙图腾的崇拜一样，蒙古草原民族时时表现出对狼的无比敬畏之情。如在蒙古族的历史记载中，先祖朵奔篾儿干去世之后，他的寡妇妻子阿阑豁阿又生下了3个儿子，正当人们对此大惑不解时，阿阑豁阿说道："每到深夜有一发光之人从天窗飞进屋内抚摸我的腹部，其光芒都透入我的腹内。待到天亮时，才同黄狗般的爬将出去'。"感生受孕是我国各民族神话中的一个重要母题，而在这些感生神话中使人类受孕的则是在本民族的集体意识里备受尊崇的存在物，人们用这样的方式来表明神授之意。通过图腾感生不仅表达人们对图腾物的膜拜，更能够增添所降生的英雄的神性和权威性。由此可见，在蒙古族的集体意识和民族认同中，此处的黄犬就是天子之息的化身和代表，并以此暗示出它与先祖之间密不可分的关系。

在蒙古族最重要的历史巨著《蒙古秘史》的记载中，成吉思汗身边不乏勇猛忠诚的英雄，其中首推四杰、四狗。在汉民族的观念当中，把英雄比喻成狗似乎是一件荒谬的事，细观中原民族的思维定式，凡是与狗有关的词汇多为负面意义，尽管他们也认为狗是一种非常忠诚的动物，但从未把对狗的认识提升到另一种高度上。而在蒙古草原民族中，这种现象则大大不同。除四狗之外，成吉思汗的三弟勇猛的合撒儿，就是以狗的名字来命名的。由此可见，蒙古族明显是将狗作为膜拜和推崇的对象。又如在《蒙古秘史》中描写成吉思汗与乃蛮部塔阳汗的纳忽崖之战时，作者借札木合之口对诸位英雄进行了描写："四条吃人的疯狗，挣脱其钢铁锁链，欲吃我人肉尸骨，垂涎三尺狂奔而来！饮朝露捕飞禽，骑乘风暴疾如飞，射弓箭舞刀枪，素以战器为伴友，此来四条疯狗者，乃为蒙古大战将者别、忽必来二人和者勒篾、速别额台也！"

狼作为草原民族的战神，以智慧和坚韧著称，它所向披靡的强悍气质使它成为蒙古草原民族的图腾，深刻地影响着北方民族的个性特征。在蒙古草原民族看来，把英雄比喻成狼或狗，正是因为英雄们有着狼勇猛无惧、奋力制敌的一面，又有着狗忠诚温和、一心护主的一面。而集这两点于一身，英雄的形象便更加完美，符合人们的审美感受。

在几经社会动荡和政权更迭的今天，蒙古人民对狼和狗依然有着深厚的感情，它们的精神已与游牧民族的精神内核密不可分。由于对图腾物神力的热衷崇拜，蒙古族对狼的认识不断概念化、符号化，使其由现实走向超现实、由实体存在转化为一种观念形态，充满神圣意义。他们深信图腾与自己的民族存在着一种内在的、特殊的关系，这也是狼图腾在草原文化中的内涵。

由于对图腾物神力的热衷崇拜，蒙古族对狼的认识不断概念化、符号化，使其由现实走向超现实、由实体存在转化为一种观念形态，充满神圣意义。他们深信图腾与自己的民族存在着一种内在的、特殊的关系，这也是狼图腾在草原文化中的内涵。

从社会历史发展过程来看，尽管经历了氏族社会的更迭，祖先和英雄崇拜也逐渐继图腾崇拜后占据了主要地位，但由于图腾形象所蕴含的民族原本的集体无意识和心理变化的历史真实并未消失，且被后世更进步的文化所融合吸收。如元朝蒙古族入主中原，在图腾信仰方面很快与中原达到高度融合，一方面汉族的龙图腾进一步强化；另一方面，本民族的原有图腾也继续保持。动物图腾的兼容与多元性使得其在民族文化发展中的持久保留且不可取代。

二、英雄崇拜

草原文化集中体现了北方游牧民族的个性和气度，恶劣的自然环境造就了他们坚毅勇敢、自强不息的精神品质，而这种民族精神正是使得蒙古民族持续繁衍发展的重要精神纽带。时至今日，这仍然是蒙古民族精神的动力源泉。

对英雄的歌颂和赞美是各民族文学中共有的核心主题和思想，但在这背后，不同的民族的文化心理却是不一样的。对于蒙古草原民族来说，他们历来崇尚英雄主义，把对英雄的效仿和追求当作人生的最高价值目标。草原是孕育英雄的沃土，英雄文化就是草原文化的精神内核，英雄主义是草原文化一以贯之的核心价值观，草原民族贵壮尚勇和重兵死、耻病终的价值追求，就是这种民族心理的历史与真实的写照。

蒙古族英雄不问出处，在蒙古族的草原英雄文化中，英雄的出身和血统似乎并没有像许多其他民族一样那么至关重要，英雄个人正如一块黄灿灿的金子，不论在哪里都无法阻止它发光发亮。例如在《蒙古秘史》中，许多英雄的出身是十分卑微的，如孛端察儿5兄弟在掳获游民的时候，抓获一名孕妇，之后孕妇生下了一个儿子，后成为札答阑氏的祖先。甚至后来在成吉思汗的妻子被敌人掳走又被救回之时已身怀有孕，之后生下身份颇有争议的拙赤，但成吉思汗仍重用培养，视其为自己的长子。由此可见，在蒙古族的英雄文化精神中，英雄的认定只因其个人能力和功德，而不问其出处。任人唯贤的用人准则为蒙古族保留了大量的将才之士，是使其不断地壮大的一个极为重要的因素。

蒙古族特别注重安答情义。无血缘关系的两个人因相互的赏识和惺惺相惜，通过结拜形式成为落地为兄弟的安答，是草原民族命遇知己最常见的做法。安答在蒙古语中意为义兄弟、义姐妹，结为安答便成了异姓的兄弟姐妹，是蒙古族的一种传统习俗，多发生在男性之间。客列亦惕部的首领王罕与其叔父因王位之争而被驱赶至以也速该为首领的乞颜部，在此与也速该建立了深厚友谊，并结为安答，也速该出兵助其夺回汗位，两个部落从此也结为同盟，相互帮助，不断推动二人的天下大业的发展。也速该的儿子铁木真与札答阑部的民族首领札木合两个人3次结为安答。札木合曾帮助铁木真夺回被掳走的妻子，两个人在不断的互帮互助中结下了堪比金坚的兄弟情义。

在这种特有的安答结拜现象中也蕴含着蒙古族独特的文化精神，作为一种假定的或人为的血缘关系，实际上是对家族血缘关系的一种拓展，它将骨肉之间的相亲相爱拓展到了更广阔的范围中，结拜为安答既使惺惺相惜的知己之间的情谊有了维系的纽带，更使得结为利益共同体的不同部落和睦共处，是战乱时期保全和发展自己，实现与盟友双赢的最佳方式。

蒙古族对英雄特别崇拜。英雄崇拜是一个民族审美文化观的体现，一代天骄成吉思汗，作为蒙古帝国的创造者，是广大蒙古族民众引以为傲的英雄，成吉思汗式的英雄崇拜一时盛行于整个蒙古族社会，使英雄崇拜正式以更加昂扬的姿态登上历史舞台。英雄崇拜中并不只是对成吉思汗或某一个人的崇拜，而是对像他一样有着英雄精神的一类人的崇拜，对在创立蒙古帝国中奋战沙场的所有人的崇拜，是对一种精神的崇拜。在蒙古族中，英雄主义住在每个人的内心深处。蒙古民族虔诚地崇尚英雄主义，执着地坚守英雄精神，把对英雄的效法和追求当作人生的最高价值和目标。英雄崇拜能够唤起人民强烈的民族意识，树立民族自信心和自强意识。

蒙古族有着无人能及的辉煌历史，成吉思汗时代的英雄是他们共同的骄傲，英雄的业绩和精神给予他们源源不断的精神动力，鞭策人们团结自强、再铸辉煌。蒙古民族是中华民族历史上统一过全国的屈指可数的民族之一，而他们之所以会有这样的成就，就是得益于他们民族的精神意识——勇猛顽强、团结一心、战斗力极强。对英雄的崇拜不仅体现在他们的尚武精神，也体现在崇尚智谋的传统和习惯。圣主成吉思汗训言："力猛乃一世英雄，智勇乃万世英雄。"他们不是不懂谋智地野蛮好斗，而是智勇双全的杰出典范，在战争中的排兵布阵就可以充分反映他们的智谋才略。蕴藏在蒙古民族精神骨子里的英雄文化在经历了历史漫长的厚积之后，终于在成吉思汗统一蒙古时期得到了爆发。13世纪的蒙古民族倍受世界的关注，他们通过自己的勇敢和智谋在战争中的大获全胜，激发了全民族内心深处的英雄主义精神，鼓舞了斗志，提高了民族的自信心和集体荣誉感。正是这种民族心理和精神为《蒙古秘史》中的草原英雄文化的发展提供了一方沃土。

解读蒙古民族文化心理的重要典籍，可以看到狼图腾崇拜带给草原人民的文化信仰以及英雄崇拜所带来的民族荣誉感和民族追求。某种程度上来说，此二者有着内在的、必然的联系；在英雄身上随处可见狼图腾的精神品质，并对其进行了更高层次的升华。这些表现共同构成了草原民族文化的精神内涵，是蒙古族传统文化的重要载体。

第七节　藏族的抱石文化

藏语称抱石头为朵加，是藏民族在生产劳动的实践过程中出现的竞技、娱乐活动，经过演变逐渐成为藏族独特的民族传统体育项目之一。

在高山深谷、雪山草原、江河湖泊错落其间的自然环境下，在人和自然相互作用下产生和发展了康巴藏族传统体育抱石头。康巴独特的自然环境致使这里的人从事农耕和牧业生产劳动，以种植青稞、小麦、土豆、玉米，放牧牛羊为主，住寨楼、帐篷。在对自然环境适应与抗争的过程中，藏民族自然朴素地认识到，要想生存就必须具有强健的身体以及高超的生产技能，只有这样，才能成为社会实践活动中的真正强者。从某种意义上讲，抱石头这项传统体育活动既是生产技能的锻炼，又是藏民族与自然环境之间另一种形式的生存竞争产物。据考古发掘到的炉霍、丹巴石器时代文化遗址以及州内多处石棺墓葬的发现、考证和藏汉史籍所载，康巴地区在远古时代，就已经有原始先民劳动、居住和繁衍，而且是民族频繁活动的走廊，也是古氐羌人活动场所。诸如旧石器时期的石锤、石砧、砍砸器、刮削器等再到新石器时期的穿孔石刀、斧、凿等，表明古人类与石头结下了不解之缘，在早期的康巴文化中融入了较浓厚的石头文化因子。据《贤者喜宴》记载，吐蕃赞普赤松德赞时，有大力士将一头牦牛举起。藏族史诗《格萨尔王传》有"手抓铁石练臂力，把大力野牛做对手"之句。

此时，康巴文化的精髓应该是纵横驰骋、勇于拼搏和生生不息的格萨尔人文精神。唐宋以来，汉藏人民通过茶马互市所建的深厚友谊，一直延续到元、明、清代。茶马古道常年活动着一支运送货物的团队，称为马帮，马帮成员长途跋涉、风餐露宿，往返行走于地形复杂、地势最高的古道上，在感悟生命珍贵的同时，迫切需要在精神上得到娱悦。将驮运物资抱起来放在鞍上的这项劳动技巧演变成抱石头比赛，既娱己又娱人。

经过长期的流传，渐渐形成壮力比赛，多在喜庆日子及集会时举行。藏族的举重 在早期是不分重量和级别的。在重约150千克左右的椭圆形石头上涂抹酥油以增加难度，具体方法是先弯腰蹲下将巨石抱起，然后逐级抱至双腿、腹部至肩膀上，挺直身体稳站数秒，获得优胜者即为大力士。但这样有时产生的大力士太多，不能角逐出最终的大力士，而且观众也不能尽兴，才有后来的抱石至肩，以把石头抛得远者为胜。抱石至肩或从腋下移到背上走圈多者为胜，或抱石至左肩头经过颈部移到右肩头再抱回胸部，周而复始，以次数多者为胜。

抱石头这项藏族民间体育项目在群众中喜闻乐见，是从城镇到乡村、农牧区，民俗节庆、劳动闲暇或赛马会上均要举行的活动。康巴藏族传统体育抱石头具有独特的民族风格，这与自然环境的艰难、恶劣造就了康巴藏族好动善武的彪悍民族性格相符。

康巴藏族经过千余年的文化、信仰、知识、经验、价值观、宗教和血缘等的融合与催生，逐渐形成较高文化实体，这就有了康巴藏族抱石头的体育文化符号。

从远古时代石器工具诞生之始到后来的生产、战争、宗教、建筑、艺术等方面的广泛运用，石头在人类的生存发展、文明创造和社会进步中烙上了深深的印记，创造了独特的康巴石文化。就建筑工艺而言，康巴建筑无论夯筑技术还是砌石技艺的成就都非常高。抱石头深深根植于康巴石文化氛围之中，有了康巴石文化沃土，石头才能给予藏族无比丰富的启迪，在诸般闲情逸致的日常生产劳动中创造了抱石头文化。

抱石头是康巴浓厚的本教与民间宗教信仰的客观体现，具有很强的族群认同。在藏族人民的心目中，获得抱石头比赛胜利的力士，是顶天立地的英雄，是扶正祛邪的神，他们一直是力的化身和心灵美的典范，其中以岭·格萨尔的崇拜尤为鲜明。在康巴地区，色达县拉则寺至今保存着造型形象最丰富的格萨尔壁画。丹巴县莫斯卡、石渠县松格嘛呢城以及色达县色尔坝、泥朵等地保存有格萨尔石刻。德格印经院珍藏有最精美的格萨尔王骑征像版画。

抱石头其实是藏民族顺应自然、改造自然的生产生活方式。换句话说，抱石头只有在与康巴藏族物质文化生活发生联系并成为生活中不可或缺的因素之后，才存在并衍生出抱石文化。康巴雪域草原的地貌构造并不缺少石头这种自然资源，这是抱石头得以创造的客观先决条件。由于历史、地理、经济和文化等因素的影响，抱石头的出现是直接为藏族的生存和生产劳动服务的。藏族以抱石头来表达他们对大自然的认识和思想情感，或作为一项重要的社会活动，在空间上遍布康巴地区。从精神文化上看，它积淀在藏族人的心灵深处，体现在藏族人民的生活方式之中。抱石头淳朴自然、贴近生活、简单易行的特点具有非常广泛的群众基础，无论是田间地头、牧场放牧、劳动间歇、茶余饭后，都可进行，或角力或娱乐。凡过年过节或农牧民运动会等大小集会都常有此比赛。经过历史积淀形成藏族传统美德和自然规范，也是藏族传统体育重要特征。

抱石头这项民间体育活动一直是精神功能大于物质功能，以传统节日为载体，经历了长期的文化积淀之后，成为康巴藏族节日文化的重要组成部分。藏族传统节日有宗教节日、农事节日和年节等。如康定四月八转山会、丹巴墨尔多庙会、巴塘央勒节、九龙游海节、甘孜迎秋节、色达金马节、炉霍望果节与藏历新年等节日期间都会举行抱石头比赛。传统体育与传统节日紧密结合，相互渗透，形成了传统体育的节日依附性特点，由此也实现了民族传统体育文化生活的长期稳定。如赛马、弈棋、摔跤、掷石、赛牛、抱石头等传统体育以其独特的健身、消遣娱乐和竞技形式，在特定的节日与氛围中，将人们从几十里外吸引至此，接受本民族传统体育文化的熏陶，从而使民族文化得以传承。

抱石头是藏族人民喜闻乐见的体育活动，传统节日为抱石头提供了良好的场所，抱石头又为节日内容增添了纷繁多姿的色彩，两者相得益彰。

第八节 柯尔克孜族的毡房文化

毡房曾经是草原游牧民族的主要住所,其历史非常悠久。柯尔克孜族作为一个世代逐水草而居的游牧民族,长期居住在毡房里。柯尔克孜族多数居住在新疆维吾尔自治区南部克孜勒苏柯尔克孜自治州。柯尔克孜族逐水草而居,其住房也是围绕着游牧和半游牧的生活而建造的,毡房在漫长的历史过程中,经过不断地改进与完善,越来越适应游牧的生产生活条件。它不仅可以在短时间内搭建和拆除,而且冬暖夏凉,外形美观,内部舒适,结构合理,如同一首浪漫的音乐凝固在广袤的深山草原上。

如同农耕民盖新房一样,游牧民建造新毡房是家庭的一件大事,需要多种行业的工匠和族人的共同参与。其中男性手工匠人制作木骨架,女性制作毡房所需的全部遮盖物和装饰品。在毡房组装时,要严格遵循祖辈留下的规则和习俗。

制作毡房的材料主要是木头、芨芨草帘和毛毡。毡房的骨架为木制,多随地取材,使用柳树、桦树、楸树等。柯尔克孜毡房下半部为圆形,上半部为塔形,共由4部分组成:顶拱(又称天窗架)、弯头斜撑(俗称撑条)、格构架（俗称栅栏）和门框。顶拱的圆形木骨架是一个封闭的圆环，用圆木弯曲而成，直径1.5米，圆环中间是相互穿插的4条或6条硬质木料的弓形窗顶。圆环上面有许多插孔，用来连接毡房上半部的弯头斜撑。顶拱上插孔的数量由弯头斜撑的多少来决定，而弯头斜撑的数量又由毡房格构架的扇数决定。弯头斜撑一端笔直，一端弯曲。笔直的一端插入顶拱的圆环，弯曲的一端与格构架的顶部交叉固定。格构架由若干个单独的扇面组成，是毡房的承重主体，扇数的多少决定着毡房的大小、高矮和形状。制作格构架的杆件一般用宽4厘米左右的扁形木条，工匠在杆件与杆件交点处打孔，用细骆驼皮条进行连接和加固，使之组成一个单独的扇面。格构架本身还有大方格和小方格之分，大方格格构架的接点间距为20厘米左右，小方格为18厘米左右。小方格格构架的接点密，结实耐用。大方格的接点疏，拆装方便。一座中等毡房通常有6个扇面组成，直径约5米，高33.5米，大型毡房有8～12个扇面。每扇格构架都由长、中、短三种不同长度的杆件互相搭配组成，将重量分解到每一根杆件。毡房的门框高1.8米，宽0.8米，与过梁和门槛合成一体，位于毡房的东部或东南部，是毡房骨架的一部分，同格构架一起承重和分力。柯尔克孜族工匠将木骨架的杆件均涂成红色，以前使用矿物颜料，现在多使用油漆。

  根据俄罗斯学者和探险家的记载，19世纪末20世纪初，柯尔克孜族的主体仍然居住在毡房里。中国新疆境内的柯尔克孜族人在20世纪50年代以后开始较大规模的半定居过程，但是直到前不久才实现了真正意义上的全民定居。据作者对柯尔克孜族工匠的访谈资显示，目前柯尔克孜族民间还有极少数工匠在使用矿物燃料。柯尔克孜毡房骨架的构成，汇总了游牧人在长期生产生活实践中积累的各种知识与经验，其中有力学、数学、天文学等学科的原理。格构架外层是2～4块芨芨草编帘，夹在遮盖毡和木骨架之间，有带图案和素色两种，起着稳固格构架形状和装饰的双重作用。毡房外面的白色盖毡和篷毡，因遮盖位置的不同，形状也不同。遮盖天窗的毡子叫顶毡，一般为方形，多用补贴花毡,夜晚遮风挡寒,白天用顶杆挪开,起着窗户的作用。毡房本身用围毡、篷毡、大毡和小毡互相搭配补充,将毡房木骨架从上到下严严实实地遮盖起来,外面用毛绳进行加固。有些讲究的人家,还在围毡和篷毡的交接处,再挂一条宽约0.5米的长形补花毡条,毡条下沿系数十个类似鸡冠花的红缨,起装饰作用。毡房内部,在格构架和弯头斜撑以及弯头斜撑和顶拱交叉处的每一个接点上,都用毛织绦带捆绑和装饰,这些绦带宽窄不一,尺寸多在10厘米以内,可以长达数十米。另有两根稍宽的绦带从顶拱的两边垂下来,固定在毡房的地面,加强毡房的抗风性和稳固性。柯尔克孜族人喜欢在这两条绦带上悬挂各类小饰品。他们的门帘也非常讲究,夏季用芨芨草花帘,冬季用厚实的花毡。

柯尔克孜族毡房内部装饰极为讲究,地面铺设传统的补贴花毡,在毡毯上面有的还要铺设织花毛毯。有客人来时,便从门对面靠格栅墙摆放的一骡被褥中取出若干条绣花褥,铺在花毡上面。柯尔克孜族人的毡房式样虽然存在地域上的差异,但是室内布局和装饰风格并没有太大差别,装饰材料和图案风格具有很高的共性。地面铺设的补贴花毡或擀制花毡通常以暖色调为主,上面以三角形、菱形、正方形或长方形等作为组合图案的大小边框,里面填充变异的角骶纹、鹰纹、几何纹等。悬挂在进门右后角和左后角格栅墙上的杂物袋,通常为正方形,或用彩色草帘,或用织花毯,或用素色布等刺绣、缝缀而成。毡房本身及其室内装饰是一件高质量的实用艺术品,独特的色调,精致的布局,反映出人民的艺术品位。

毡房装饰集中了以下这些艺术门类:木雕和金属雕刻与绘画,艺术羊毛布及其制品,毡子、布匹上面的图案装饰与贴花法,刺绣和花纹编织品等。每家的女主人都竭尽全力在家里几乎所有能进行刺绣的地方绣上图案,从毡毯、门帘到被褥枕头,从帽子、衣服到鞋袜,从各式盖帘、鞍垫到荷包、手巾、锅垫、碗兜,上面均绣满了极具民族特色的装饰图案,使之成为一件件艺术品。克州境内的柯尔克孜族绣品在针法上存在地域的差异。克孜勒苏河以北的阿合奇县、阿图什市所属哈拉峻乡、吐古买提乡等地、乌恰县的大部分山区均以辫针绣和植绒绣为主，克孜勒苏河以南的阿克陶县和乌恰县部分地区则以平针绣为主。在色彩选择和构图方面，全民族具有一致爱好，均以红、白、黑、蓝等颜色为主色，整体色调以暖色为主。大件绣品多以黑色或深色做底衬，图案排列规整、有序，多呈二方或四方连续，单个图案多以圆形为边缘。小型饰品主要用于遮盖和盛物，多以白棉布做底衬，以十字绣和平针绣为主，构图活泼，以适时纹样为主，以花束、小鸟等写实性内容为多。

柯尔克孜族最具代表性的传统羊毛花毡之一补贴花毡，柯语音译希尔达克。由两层构成：底层为深色毛毡，表层用图同色不同的三角形构成的菱形毡块缝缀而成，然后和底毡缝缀，因其工艺而称为补贴花毡。这种花毡在柯尔克孜族民间极为普及。这种织毯在柯尔克孜牧区多随南疆维吾尔族名称帕拉斯。所不同的是，维吾尔族人使用立体宽幅织机一次性编织完成，而柯尔克孜族人则使用自制窄幅织机，只能织出幅宽在30厘米左右的绦带，然后再根据需要将几个绦带连缀成毯。柯尔克孜族人的褥子和汉族人褥子的概念不完全相同。柯尔克孜族褥子的填充物是羊毛或驼毛，一般重3~4千克，面料多用深色天鹅绒或条绒等厚重布料，上面满绣图案花纹。褥子的宽度多为0.6~0.7米。将其铺在花毡上，人坐跪其上。晚上睡觉时，将其铺在宽幅的褥子上面。

柯尔克孜族最具代表性的传统花毡之二擀制花毡，柯语音译阿拉克依孜。其起源应早于补贴花毡。这种花毡因图案和地毡采用擀制方式一次性完成，所以被称为擀制花毡或压制花毡。此类花毡目前在南疆柯尔克孜族民间已经较少使用，而在北疆柯尔克孜族居住地区，特别是特克斯县阔柯铁热克柯尔克孜民族乡仍较普遍。柯尔克孜族毡房的手工制品以补贴花毡、织花带和各类刺绣、编织袋、门帘为主要种类，而壁挂、围帘和盖帘等多用于固定房屋的装饰。

柯尔克孜毡房里的物品摆放，各安其位，井井有条，使得整座毡房显得整洁、干净、美观、舒适，反映了柯尔克孜族人乐观和随遇而安的生活态度。

学者们根据文献记载、考古遗迹和民俗学资料来追溯柯尔克孜族先民的宇宙观，并且一致认为游牧民对宇宙的看法和认识与其居住的毡房是一体的。毡房的结构与布局承载了游牧民在漫长的历史过程中形成的自成体系的宇宙观和价值观内涵。柯尔克孜毡房具有与自然环境极为协调的特性，它在牧民心中就是宇宙的缩影和模型。柯尔克孜族先民根据天体，特别是太阳的运行轨迹，将空间分为东西北南四个方位，分别称为日出方向、日落方向、天窗方向和日午方向。北方被视为高处，称为天窗，与毡房的天窗合二为一；日午方向被视为南方；日出方向是东方；日落方向为西方。这种方位的划分与柯尔克孜族人的宗教信仰紧密相连。柯尔克孜族人继承了突厥语民族尚左的传统，左和右的方位观念不仅影响到本民族的社会制度和部落组织，也渗透到毡房的空间秩序安排中。柯尔克孜毡房里每一件物品的摆放，每一个家庭成员的"位置"都和传统的空间方位观念有密切的关系。

历史上，毡房是柯尔克孜族社会组织、生产组织和军事组织的基本单位，是家庭的象征，它充分体现在搬迁时间、地点、安置方式等每一个环节中。直到19世纪末，柯尔克孜族人依然保持着聚众而居的大规模居住方式。星象家和萨满根据星辰的变化，风向的变幻，飞鸟和其他生物的迁徙判断季节交替的时间，部落长老们集体商议搬迁的具体时间和地点。根据俄罗斯旅行家扎格亚斯基的记载："柯尔克孜人总是以庞大的阿寅勒形式居住，毡房达200顶甚至更多。"究其原因，除恶劣的自然环境方面的因素外，更多的是和部落之间的经常性内讧以及频繁的外敌入侵有关。同一部落或氏族的人集中居住在一起，有利于自我保护，并且能够在最短的时间内投入战斗。

毡房是柯尔克孜族人重要的生活和交际场所，社会秩序折射在毡房里每一件物品和每一个家庭成员身上。柯尔克孜毡房内部的物品摆放具有严格的规定，这种规定既是对毡房内部有限空间的合理利用，也是民族传统文化的组成部分。与此对应的，是家庭成员在毡房中位置安排的严格习俗规范。

柯尔克孜毡房的中间地面放置火炉，用于做饭和取暖；进门右侧为储藏室，放置食物和厨具，用彩色芨芨草帘隔开，这里由女性掌管和出入；左边属于男人，格栅墙上悬挂马鞭、鞍鞯、猎具等。以前，新出生的羊羔和牛犊也放在这里；进门正对面，放置木箱和条凳等笨重家具，上面码放毡毯和被褥枕头等用品。被褥前面的空地是客人或长者的位置，被称为尊贵之地。根据方位，柯尔克孜族人将毡房空间分为上座、男方、厨房和门边4块区域。长者和老人在上座方就座，即进门正对面靠近被褥的地方，年轻人在门边方位，妇女在右边，男人在左边。幼年子女的床铺在进门右后角悬挂毛袋的前面；左后角的毛袋前则是家中老人的铺位。座位的安排反映出柯尔克孜族人社会秩序观念和性别观念，任何时候都不能马虎。包括家人去世，尸体也要摆放在生前固定的位置上。

柯尔克孜族人对秩序的追求，还突出地表现在装饰品的图案构成上。柯尔克孜族的花毡子和壁挂，留给人印象最深的便是构图和布局的规整与严谨。这是该民族与其他民族，包括哈萨克族传统图案的明显差异。无论是壁挂还是花毡，其图案的排列和布局都非常规整，这种规整不仅表现在作品的整体布局上，更体现在单个图案的构成上。柯尔克孜装饰图案多为左右或上下相同纹样的重复构图，每个图案都相对独立，图案和图案之间互相呼应。中亚游牧民以血缘关系为特征结成基层社会组织。19世纪末20世纪初，中亚柯尔克孜族依然保持着这种传统的社会结构。20世纪以后，随着俄罗斯统治的深入和稳固，阿寅勒的规模越来越小。

柯尔克孜语音译为朱克，这是柯尔克孜族财富观的重要表达方式，即朱克越高，表明这家物质财富越多。朱克摆放的整齐程度以及上面的刺绣图案是否美观则是民间评价女主人的重要价值尺度。南疆柯尔克孜族人与北疆柯尔克孜族人在女红刺绣制品的构图、纹样偏好、色彩搭配诸方面目前存在着一定的差异。南疆柯尔克孜族图案布局规整、严谨以及对称为主,色彩喜好红、白、黑等。北疆柯尔克孜族长期与哈萨克族、蒙古族等民族杂居相处,其图案以写实性软花纹为主,图案布局多以"中心—边缘"组合为主,在色彩方面,除了喜好红、白、黑等色彩外,还大量使用蓝色和绿色。刺绣图案形成一个极其规整的整体,在平衡和有序中体现出对稳定与秩序的追求,在对等与平衡中展示出整齐、稳重、细腻、沉静的审美观念。

色彩的选择与偏好,承载的是民族的审美观念,表达着族群对所生存的自然环境的看法与认识,被赋予了丰富而独特的文化内涵和观念内涵,体现在民族共同体的物质和精神用品上,在各民族的精神世界中扮演着重要的角色。毡房内实用艺术品的色彩搭配和使用集中展示出柯尔克孜族的民族色彩观和审美观。这种观念在该民族的传统文化中具有历史的延续性、独特性和变异性。柯尔克孜族毡房装饰艺术图案的色彩选择,以白、黑、红、蓝出现频率最高。这种对色彩的选择与喜爱,带有明显的族群偏好和文化意义。白色是柯尔克孜族具有标志性的颜色,也是该民族最喜爱的颜色之一。柯尔克孜族人认为,白色具有神圣、神秘、圣洁的意思。在民间,它是富足、吉祥、幸运的代名词。如巫术活动中的白绸巾,汗王登基时的白毛毡,具有神力的白战袍以及白马、白鹰、白天鹅、白山羊、白骆驼、白虎,待客的白餐巾等。在柯尔克孜族实用艺术品中,白色占据着醒目的位置。在传统花毡图案的色彩搭配中,白色是使用最多的一种颜色,经常被用于各类大小图案的边缘,起着分割和边界的作用,可以和任何颜色搭配组合。白色的重要性,还突出地体现在柯尔克孜族民间习俗文化中。毡房外层的毛毡一定是白色的,象征着连绵起伏的雪山;男性一年四季戴的毡帽卡拉帕克是用白色羊绒擀成的细毡,和黑色卷边的天鹅绒布料搭配缝制而成,被认为是圣帽。已婚女性戴的传统帽饰艾列切克,用软质的白色布料缠裹而成;中老年妇女多披白头巾;婚礼时,女方家要向每一位进入毡房的客人肩上撒一点白面等。柯尔克孜人对白色有根深蒂固的感情。孩子出生后，人们会祝福他们"有白色的话语相伴随"，愿"白头巾给他们带来福运"；用白宫、白房子、白宫殿、白毡房等词汇祝福家庭；用白心、白心肠、白心眼、白额头、白路形容心地善良、福星高照之人。对白色的崇拜以及对白或者白色东西的珍爱后来变成了民歌中主要的比喻方式之一。至今为止，在帕米尔柯尔克孜人当中以白字开头的歌谣保存的较为丰富。在柯尔克孜族的传统文化中，白色早已经超出了单纯的颜色的范畴，被赋予了深刻的信仰层面与哲理层面的含义。

黑色在柯尔克孜民族中具有神秘、勇敢、高大、灵验、坏人等多种意思。根据语言发展变迁的一般规律，这种多层面的意义，应该有一个从单一到多样的发展过程。随着与其他民族文化交流的增多，黑色具有了和其他民族共同的一些含义。现代柯尔克孜族人绣品中，黑色多以底衬的形式出现，通常和白色以及其他颜色搭配，构成柯尔克孜族民间刺绣品色彩组合的一大特征。在民间，黑色多用于丧礼服饰。亲人去世，家人要穿黑色衣服，妇女戴黑色纱巾，门外竖黑旗。黑色除拥有力量、死亡、不吉祥、罪恶等共同意义外，在柯尔克孜族民间装饰品中更多地保留了其正面的意义，即象征着光明与黑暗这一对生命延续过程中不可缺少的二元对立元素。从这个意义上看，柯尔克孜人最具代表性的传统手工艺品花毡子多用这两种颜色搭配和衬托，可能与该民族历史上曾经信仰过祆教和摩尼教有一定的关系。从美学的角度看，白色与黑色搭配构成的图案，简洁明了、朴素有力，给人一种稳定感，具有很好的视觉传达能力。

蓝色是草原游牧民普遍喜爱的一种颜色，被赋予天空的象征，深邃、悠远、恬静、永恒。在柯尔克孜族人心中，蓝色还是力量的象征。玛纳斯的蓝色战靴、居住的蓝色帐篷，玛纳斯的异性兄弟阿里曼别特使用的蓝色弓弩等，都含有力量的意思。在柯尔克孜族实用艺术品中，蓝色也常被用作底衬，起着和黑色相同的作用。柯尔克孜人喜欢在蓝色底衬上搭配红色、橙色、白色等颜色。在所有色彩中，蓝色是最为清爽和超脱的一种，与柯尔克孜族的民族性格十分吻合。

红色在柯尔克孜族人中使用相对较少。但柯尔克孜族对红色的喜爱却延续至今，而且毫不掩饰地表现在各类实用物品和服饰上。在克州境内的柯尔克孜族绣品中，大红色被广泛使用，特别是近十多年最流行的黑红两色搭配的满铺式辫针绣壁挂，以黑色为底衬，以大红丝线或毛线刺绣图案，使整幅绣品高贵大气。同属红色系列的还有橙色、橘红、枣红、紫红等，它们共同组成毡房实用艺术品的主色调。被褥枕头等卧室用品的纹样刺绣，也以黑地红绣图案最为普遍和醒目。

色彩的选择与固化，是人类情感的表现，它不仅是创作者本人的真实情感，更是全民族情感的选择。从审美的角度看，创作者创作出审美对象，欣赏者通过审美对象达到审美愉悦，在柯尔克孜族民间，这两者达成了高度的一致。明快、暖和的色调为茫茫戈壁、连绵群山、漫长冬季里萧索、单调的自然景观和生活，注入了希望和欢乐，使乏味的生活变得多姿多彩，满足了牧民在艰苦封闭环境下对美的享受和渴望。

柯尔克孜族毡房文化，以草原游牧文化为内核，在漫长的民族化过程中，与周边其他民族频繁互动，不断地吸收新的养分。然而，柯尔克孜族在吸收外来文化的时候，并不是完全照搬，而是遵循对生产生活有益的行为准则，有选择地吸收和保留了其中的一部分，并根据自身的环境和生产生活需要加以变动和改造，使其符合本民族的传统文化理念，逐渐形成本民族独有的文化内涵和特征。雪山、草原、动植物以及根深蒂固的对多种神灵的敬畏和崇拜，是柯尔克孜族传统文化萌发和形成的根基。

伊斯兰教对其影响既是整体的、全面的，也是局部的，后发的。从毡房实用艺术品看，伊斯兰教文化元素更多地表现出与柯尔克孜族传统技艺及审美情趣的协调和重合。比如色彩的选择，柯尔克孜族人固守着祖先的色彩偏好，增加了绿色的运用，但是并没有发生色彩选择的实质性改变。黑、白、红、蓝4色的搭配与使用，传达着该民族来自远古的观念与情趣。在纹样构成方面，花毡图案普遍以动物角骶纹、鹰纹和三角纹为主，这些图案被国内外学者追溯到了遥远的图腾崇拜时代。大型绣品的构图（壁挂、围帘等）多以单个的圆形图案组成，彼此之间留有一定的空隙，这些与伊斯兰教几何图案以及不留空白的构图原则均有所不同。几何纹样与变异的植物纹样反映出伊斯兰教审美原则对柯尔克孜传族统文化的顺应与强调。伊斯兰教文化对柯尔克孜族传统文化的影响，更多地体现在游牧生产生活领域之外的，与定居有关的文化领域，如语言、建筑、丧葬等。

毡房作为游牧民躲避自然灾害、保护生命、补充能源的小小福地，逐渐地由原初的社会基层组织演变为牧人及其生命的象征，成为游牧民心中的圣地。在柯尔克孜族民间文化中，有很多与毡房有关的内容。搭建毡房时，天窗这道工序一定要由一位德高望重的人或自家的长辈来完成，还要在上面缠一团棉花或白布条，以示吉祥。在民间，至今还认为天窗是福运降临的孔洞和通道。婚礼时，女方家有一个顶天窗的仪式耐人寻味。届时，由新娘家的男性长辈将一包用白布包裹的糖果，用一根长木棒挑起从毡房的天窗抛出。该仪式的完成，标志着婚礼的正式开始。时时处处存在的民间习俗和信仰，造就了柯尔克孜族毡房文化与生活的合一。大量的谚语，浓缩了毡房的这些功能。在柯尔克孜族祝福语中，经常使用"希望你的毡房天窗常可见到炊烟""希望你的天窗高耸入云"等。在这里，毡房的天窗被赋予了指代家人生命延续的意义。与此相对应，是对生命的诅咒，如"希望你的天窗掉在地上"。

此外，还有许多与毡房有关的禁忌，与祝福共同构成柯尔克孜族毡房文化的组成部分。比如，毡房门忌朝西或其他方向开，进出毡房要先迈右脚，不许踩踏门槛，不许跨越毡房顶杆等，透视出毡房在游牧民心中的崇高地位。

毡房是牧民居住和生活的地方，更是心灵的家园。它是文化与自然的和谐统一，内容与形式的完美结合，是柯尔克孜族传统文化的展现场所。从实用与欣赏合一的角度看，毡房作为一件精美的艺术品，是柯尔克孜族民族的生活态度和艺术文化的展现，它给每一个生于斯、长于斯的柯尔克孜族人以美的教育、熏陶和享受，培养出柯尔克孜族人独有的欣赏水平。柯尔克孜毡房文化植根于该民族特定的传统文化之中，通过全体成员的共同建设而不断得到丰富和发展，带有深刻的民族传统文化的烙印。毡房能够唤起每一位漂泊在外的柯尔克孜族人的家园感和归宿感。"进入任何一个柯尔克孜人家里，我看到这样的（即地上铺着补贴花毡，墙上挂着刺绣壁挂）毡房，我有回家的感觉。你到了城里以后，可能每个家都一样：他的家，你的家，都是一样的。但是作为这个民族，回到那样的地方，就是回到自己家了，心里踏实了。是的，那是你的家。"艺术形式与情感生活、生命感受，艺术话语与文化世界之间在这里、在这一刻达到了直接的融合与统一。

柯尔克孜毡房是民间技术、制度、艺术、知识、信仰、观念等文化的集大成者，承载着传统手工技艺和自然、人文知识的诸多内容。如果把毡房作为一件艺术品，它其实就是一个完整而独特的艺术世界。它能给人们带来丰富而充实的美感享受以及由其独特深刻的思想蕴涵而深化人们对生存世界的认识，它甚至还带给人们精神价值观念的变化。柯尔克孜毡房在追逐水草这个漫长而特定的时空背景下，以外显和内隐的形式营造出一种浓郁的游牧文化氛围，并且在传统文化的元素中，不断地透露出时尚的色彩。随着柯尔克孜族全民族转入定居以及社会文化转型的深入，毡房的实用功能逐渐退却，其族群文化的象征性功能则逐渐上升。

第九节 哈萨克族的马鞍文化

哈萨克族是典型的游牧民族，深受草原游牧文化熏陶，被称作骑在马背上的民族。马鞍作为马具中的代表器物，是牧民不可或缺的用具。马鞍在游牧活动中起着至关重要的作用，一直贯穿于草原民族的历史与文化形态之中。

哈萨克族马鞍经过2000多年的发展，其制作工艺已经非常成熟，而且在构造形态上也已经形成一个完整的体系。马鞍是马具配套器物中的主体物，马鞍一词在哈萨克语中发音为"也尺"，这一语音不但与中亚草原文化圈诸多国家的语言发音相似，而且如果沿丝绸之路的地理指向展开，就会发现从亚欧大陆延展至小亚细亚的土耳其再至欧洲的匈牙利等地区，马鞍一词一直有着类似的发音。这种情况与中亚的草原游牧文化密切相关。从现实中来看，包括哈萨克族在内的中亚各游牧民族一直以游牧生活为传统的栖居方式，在文化形态上也形成了自己的独特标准及观念。

哈萨克族牧民对马鞍特别重视，这既是游牧生活的重要劳作器物，也是民族审美情结的集中体现，作为民间马饰系列工艺品的集大成者，它体现着哈萨克族文化的鲜明特色。

作为游牧生活不可或缺的用具，哈萨克族马鞍的工艺形制是民族化风格的典型体现。从马鞍装饰制作材质来看，可分为木制雕刻漆画鞍、木制包皮铆钉鞍、木制包皮烤花鞍及木制镶玉鞍4种类型，它们分别具有不同的特征。其一，木制雕刻漆画鞍选用优质木料制成，在马鞍鞯上雕刻各式花纹图案，并用多种色彩的油漆进行装饰。其二，木制包皮铆钉鞍为木质鞍鞯，包裹以上等牛皮，用铜制铆钉铆制而成，这些铜钉在加固结构的同时也细密地组成各种图案，在两侧则装饰鲜艳的丝绦或绳带，整体坚固耐用，美观大方。其三，木制包皮烤花鞍同样以结实的木料制成，只不过鞍鞯上的装饰纹样是用烙铁或火筷之类烧烙而成，既有生活气息，所形成花纹图案又具有别样的美感。其四，木制镶玉鞍则是以核桃木等优质木料为原料进行精细加工而制成，鞍的前舌后舌上镶有各色玉石、玛瑙等，鞍鞯的两侧则装饰以绳带。玉石自身的绚丽多姿与马鞍独特的造型结合起来，使得该样式马鞍成为一件极富民族特色的工艺品。除了以上4种装饰华丽的马鞍之外，还有一种比较简单的马鞍，哈萨克族称其为白鞍，是用白桦木和红松木打制而成。

材料是工艺设计与造型艺术的第一要素，从实物原型考察哈萨克族马鞍就会发现，无论哪种马鞍的制作都离不开细密、结实、耐磨的木材，这也正是它的材料特色。哈萨克族马鞍主要采用桦木、榆木、松木以及核桃木进行制作，这些材料既符合上述特点又便于就地取材，这也是与人们生活环境资源条件密切相关的。从现实自然地理来看，哈萨克族生活在北疆伊犁地区，伊犁河谷流域植被丰富森林茂密，恰好提供了制作马鞍所必需的木材。从这一点来说，它也成了这样一条明证，即作为民族民间手工艺的杰出范型，它必须与当地物质文化条件紧密结合，才具有长久的发展与生命力。这本身也是传统地域文化的一种典型表达方式。

哈萨克族在草原游牧文化的影响下形成了刚强雄健、热烈单纯的艺术心理与审美观。这种审美观反映在色彩上，就是在马鞍的装饰纹样中使用强烈的对比色，如红与绿、黄与紫、青与橙等色相在色彩结构中以同面积同纯度的方式出现，其热烈、单纯、明确的民族性格在装饰艺术的表达中获得了深层次地诠释，体现了哈萨克族人民的审美情操和艺术情趣。

在马鞍制作中，哈萨克族的讲究颇多，其目的还是在于讲求马鞍与人的贴近。对于哈萨克族牧民来说，人一天中大部分时间的生产劳作，如放牧、转场，都是在马鞍上进行；生活中的其他活动，如外出行旅、娱乐、体育竞技，也都是在马鞍上进行。因此马鞍根据不同类别的人就细化为男式鞍、女式鞍与儿童鞍3种。从造型功用角度来看，男式鞍要比女式鞍尺寸小一些。这样在奔跑时男式鞍就会给马减轻一定的负载力。另一方面，女人的臀部比男人大，游牧及转场期间要长时间在马鞍前部驮一个孩子，因此女式鞍的尺寸就相对较大些。哈萨克族马鞍设计通常是前高后低，女式鞍前面是一个半月形的鞍头，而男式的鞍头较小，是一个类似猴头的形状。再从马鞍造型的实用角度分析男式鞍与女式鞍就会发现，它们极其符合男性与女性的身体生理机能。女性身体弱，宽大的鞍头可以抵挡草原上的劲风，使身体免受伤害。尽管这种鞍头设计平面化、空间接触面大，容易降低奔跑速度而不利于疾驰，但通常状况下女性在马上的活动主要是运输和转移物体以及较长距离转场时在马鞍上护送照看小孩。因此，女式鞍的安全舒适性是其首要功能。与此相反，草原上的男性承担大部分的野外放牧活动，需照料庞大的羊群及应付各种突发的复杂情况，这种状况下人的反应速度和马的奔跑速度就起到决定性的作用。这样一来，男式鞍头较小并尽量做成圆滑流线型的样式是符合空气动力学原理的。它在形成有效保护的同时也确保了行进速度，在人、马之间起到稳健的固定作用。由此可以看出，哈萨克族马鞍的设计非常符合人机工程学的设计要求，它的形式与功能通过不同的造型深刻完美地体现出来。这也是游牧民族在马鞍制作上一直秉持的工艺造诣与文化底蕴。

儿童马鞍在哈萨克语中称为阿夏玛依，这也与哈萨克族的即行礼仪密切相关。哈萨克民间传统中有一项专门针对儿童的骑马礼仪，就是草原上的男孩子在5～7岁时要举行一次骑马仪式，这天小孩头戴插有鹰羽的帽子，骑上备有特制乙形小马鞍的马前去拜见亲友，亲友们除赠送奶疙瘩、包尔沙克等民族食物外还要赠送马肚带、马镫、马鞍等礼物。这一整套过程也是哈萨克族的重要传统育幼习俗。

儿童鞍的整体造型是乙字型，也是遵循前低后高的哈萨克族马鞍模式，但它的前后舌构造又极具个性特点。它们用长度约50厘米、宽度约5～10厘米的木板条交叉架构，前后鞍头都形成一个高高竖起的十字形支架。这一明显区别于成人马鞍的设计构件的独特之处在于，它可以从前后两个方向对儿童形成保护，而更为关键之处还在于人们可以将儿童用布带或绳绦绑在这个支架上。这样，儿童就可以安然乘坐于马鞍之上，在长距离的行旅如搬家转场时在马鞍上睡觉也不至于跌落下来。从这里亦可看出，马鞍的任何一个设计组件都是与其实用功能紧密相关的。从另一方面来说，无论它的结构样式还是造型风格，都是从草原上的生活过程中演化形成的。这个过程不单是一个长期发展的过程，它也与哈萨克族民族风俗、民间信仰这样的文化礼俗结合在一起的，就是说，这也是一个草原文化仪轨介入和现实例证的范式。

新疆地处中亚，为温带大陆性气候，酷寒极暑的季节变化和一天之中的骤然温差培育了哈萨克族豪爽热情、大气蓬勃的民族性格。历史上古代塞族人、匈奴、大月氏、乌孙、蒙古族在哈萨克民族形成过程中几度钩沉，并起到重要作用。这些草原民族之间交流密切，在族群的起源及文化渊源关系方面都有着内在关系，直到今天哈萨克族仍然保留着乌孙、康里、葛逻禄、钦察、克烈、乃蛮、弘吉剌等部落的名称，足以说明哈萨克族复杂多元的民族成分与文化成因。这些民族在制作乐器、生活用具、手工艺品的种种方法以及审美偏好也都深刻沉淀在哈萨克族马鞍制作工艺的整体形态中。应当说，马鞍作为典型的民族民间手工艺，其源泉还应追溯到丰富、深厚的民族文化形态，它们表现为口头方式，也表现为行为方式，依然存留着它无法断裂的随时可能萌发的根。它所提供的象，不是视象的单纯反映，而是心灵的幻象，并沉积着民族文化心理的种种意向投射着民族传统思维方式。这就是数千年来在北疆草原上凝结而成的草原文化。这种文化也铸成了一个特殊"场景"，即自然、社会和艺术样式的场景。在哈萨克族的生活状态中，自然环境既是人们的生存依托，也是艺术地观照这个世界的审美对象与审美载体。哈萨克族的工艺品、服饰、民间游艺都充满了浓厚的草原文化气息，在其装饰艺术中明确地表现为对大自然的贴近感。马鞍是哈萨克族民间手工艺的典型样式，也是特色民族文化的代表。哈萨克民间文化具有极强的适应性和包容性，这在马鞍的艺术形态中可充分体现出来。这似乎可以理解为，从很早开始哈萨克民族心目当中就有着独特的民族化审美风尚，这表现为在人们的潜意识深处仍然隐藏着表现形象，反映事件，设计图案，搭配色彩的某种模式和追求美好事物的逼真。正是在草原文化的影响下，马鞍的繁复构造及独异特色在牧民生活中体现出了它的重要性，它也因此成为游牧活动中风俗礼仪的载体。实际上，马鞍荟萃了哈萨克族的民族历史与文化风情，很大程度上也囊括了哈萨克族的民间工艺水准、艺术形态和民族审美心理。

第十节　哈萨克族的舞蹈文化

草原文化从本质上讲是一种民族文化，是北方诸多游牧民族在漫长的历史过程中共同创造、承传、发展的，以一种薪火传递的接力形式承传和递进的。哈萨克族是新疆草原文化的集大成者。舞蹈艺术是草原文化的重要组成部分和重要内容，是草原文化在该领域的集中表现。舞蹈艺术以其独特而多样的表现形式、自然人体的本真表现，深化了草原文化的思想内涵，拓展了草原文化的审美视角，也为草原文化的研究提供了深邃内容和广阔空间。同时，草原文化博大厚重的底蕴，又为舞蹈艺术提供了润泽的文化生态环境和丰厚的创作土壤，使之具有鲜明的地域特质和民族特色。

中国的哈萨克族有130万人，主要分布在伊犁哈萨克自治州、巴里坤哈萨克自治县、木垒哈萨克自治县、昌吉回族自治州，此外，有少数居住在新疆维吾尔自治区乌鲁木齐市、克拉玛依市、石河子市和甘肃省阿克塞哈萨克自治县等地。哈萨克族是一个跨国界的民族，除我国外哈萨克斯坦共和国、乌兹别克斯坦、俄罗斯等国家也有分布。

哈萨克这一名称最早出现于中世纪，在汉文、阿拉伯文、波斯文、突厥文的典籍中都有记载，此称呼具有多种释义。在哈萨克族的历史传说中，它与天鹅相关。据说,哈萨克人迁徙时的部落队伍,似天空中列队飞翔的天鹅群。也有传说是天鹅仙子救了哈萨克英雄而生出了哈萨克各个玉兹部落,故把哈萨克比喻为天鹅。也有人把哈萨克解释为自由的人、战士、避难者与脱离者等。

哈萨克族源和公元前7世纪的塞种部落有关。春秋战国时期,新疆伊犁是塞人的游牧地。塞种部落联盟崩溃后,公元前3世纪至公元5世纪,乌孙部落联盟和康居部落联盟是古代哈萨克民族的基础,他们世代居住在伊犁河流域和伊塞克湖西部地区。秦汉时期,被匈奴所占据,三国时属于鲜卑,魏晋南北朝时柔然成为这里的主人。隋唐时突厥人发现了伊犁的富庶。宋时乃蛮部落在此安营。蒙元时代成吉思汗西征后属其为三子窝阔台的领地。明清时代伊犁分别成为卫拉特蒙古瓦剌部和厄鲁特蒙古准噶尔部的历史舞台。15世纪中叶,哈萨克族中玉兹的可烈汗王和贾尼别克汗王,以从前的白帐汗国领土为基地,联合哈萨克部落,建立起了一个哈萨克汗国,自此哈萨克民族共同体形成过程完成,哈萨克开始了哈萨克民族的名称。哈萨克汗国几经变迁,至19世纪才解体消亡。公元1755—1757年,清政府出兵平定准噶尔叛乱,哈萨克汗国阿布赉积极配合清朝政府,率部表示归附,清政府封阿布赉为大汗。18世纪60年代,经清朝政府同意,哈萨克部众重返阿勒泰、塔尔巴哈台、伊犁故地,最终形成现在哈萨克族的人口分布状况。

从多瑙河向东越过黑海一直绵延到乌苏里江,这块欧亚大陆地带是游牧民族自由驰骋的天地。正是这块广袤的土地哺育了世界三大民族:雅利安游牧民族、阿勒泰语系游牧民族、闪含游牧民族。这三个民族叱咤音鸣、纵横捭阖,推动了人类历史的不断发展。生活在这个地带的各个民族的文化无不烙有很深的文化印记。无论是历史上广义的西域或狭义的西域都属于这个地带。在中国的土地上,最强烈、最鲜明显示草原文化特色的就是新疆。而在新疆始终处于游牧生活方式的民族中极大成者当属哈萨克族。

哈萨克族舞蹈普遍具有简朴和纯真的特性,充满着勃勃生机和生命力。

著名学者孟驰北说"草原文化的最大特色就是表现幻觉世界的文化,从整体上显出强烈的文艺色彩。牧人就生活在幻觉世界中。耳濡目染,生就了众多的艺术细胞。所有的游牧民族都是能歌善舞的,肯定他们的歌舞只是接触到问题的一面,有高强的虚化能力才是草原民族的专长。当然这不是草原民族独有的,他们是承传了原始初民千万年积累起来的宝贵心理禀赋。而农业民族恰恰抛弃了这个文化遗产"。正是这独特的虚化能力和心理禀赋,使哈萨克舞蹈的审美价值有着独特的意味。

草原文化从类型上说是属于生态型文化,强调崇尚自然、顺应自然、秉持与自然和谐相处、永续利用的观点。哈萨克族先人以游牧方式为基础的文化形态,是目前为止唯一不破坏生态环境的生产方式。它是人们顺应自然的理想选择,是人类早期自我牺牲精神和可持续发展思想无意识的具体实践。以敬畏和爱慕的心情崇尚自然、将人与自然和谐相处当作行为准则和价值尺度,是哈萨克民族所坚持的亘古不变的真理。他们认为天与地是万物之源,人类与天地万物处在一个不可分割的宇宙统一体中,大自然是人类赖以生存的摇篮。这种质朴的自然观使哈萨克人形成了强烈的归顺自然、顺应自然、适度师法自然的价值观。游牧的哈萨克人和原始初民一样,投身在大自然的怀抱,生在草原、长在山间、玩在河畔,生命成长的每一个仪式都由天地作证,马羊相伴,当生命归于终点又皈依大地,"生命的一切荣耀都归于大地(草原)母亲"。大自然献给牧民的是无限风情、无限仪态、无限景观,随着季节的更迭交替,气象的阴晴圆缺,再加之四季的风霜雨露,生命景色变幻出千姿百态。逐水草而居的哈萨克游牧民在自然的迁徙中,走进、融入自然的胜景,领略一切自然旖旎风光。他们朝夕陶醉在自然的美色当中,养成了灵敏度极高的审美神经和天然禀赋般的审美创造力。哈萨克舞蹈不仅仅是用身体感官感觉自然,而是通过身体和心灵去理解自然、体味自然、解读自然。在这个心灵历程中,就会感受到自然的深层奥秘,每当感受到这种超自然力量在冥冥之中的安排,牧民的心绪便会飞扬，于是就有了诗的冲动、歌的冲动、舞的冲动。而在每个阿乌勒（由若干家庭组成的具有血缘关系的部落）中，牧民间充满了牧歌式的真诚与纯朴，人与人是真情对接、心与心是真爱相连，由此而衍生出的缕缕情愫，其精微处也难以用语言表述，于是就有了诗的冲动、歌的冲动、舞的冲动。重峦叠嶂、河流蜿蜒、马羊成群、鸟兽齐鸣、草原的辽阔、壮美，让哈萨克人情潮起伏，不由得赞美自然、赞美生命、赞美生活、赞美家园。可是语言是那么的贫乏，于是就有了诗的冲动、歌的冲动、舞的冲动。由是，在哈萨克牧民中形成了一种诗性思维、音乐思维、舞蹈思维，时时处处都在用诗歌吐诉内心隐秘，用歌声抒发内心的心迹，用舞蹈来宣泄内心的情潮。哈萨克舞蹈效法自然，决不单纯是模仿自然的表面形象，而是效法自然的和谐以及由这种和谐而导致的生生不息的生命发展过程。正是从这个意义上说，人与自然和谐相处是哈萨克族人的行为准则和价值尺度，成为哈萨克族最为宝贵的文化结晶，代代相传。在哈萨克族舞蹈中我们可以看见，不论是民间舞蹈还是现实创作的舞台舞蹈，其核心价值体现依旧是以生态和谐互动为本质，追求人与自然、人与牲畜的自然相融。哈萨克的舞蹈艺术同自然一样，都是哈萨克人本来意义上的家园，这也就不难理解为什么在哈萨克毡房中，一旦舞起《卡拉交了嘎》，我们就能感受到驰骋草原，与天地、自然融为一体的生命本真感。

"原始初民和后来的游牧民族的艺术都是属于'我'的艺术，艺术因'我'而生，因'我'而发，具体地说，因'我'而歌，因'我'而舞，艺术就是为了自我情感的宣泄、外化和自我生命的激励、张扬、关照而存在。"哈萨克族人具有强烈的"英雄情结"，这源于哈萨克族人对"力"的崇拜。大自然给予了哈萨克人极其敏感的审美神经和极富创造生命力的同时，恶劣的自然气候也极端考验着哈萨克人的生存意志。严峻的生存环境，生命也会暴露出它的负面因素，如怯懦、柔弱、慵懒、畏惧。一旦这些负面因素处在生命的轴心，生命就会暗淡、萎缩。即便是到了今天，哈萨克族牧民们驾驭自然的能力已是古代初民无法企及的地步，但是在草原上一旦风雪吹散羊群，野兽惊散羊群，洪水冲毁了家园，牧民和大自然的搏斗和对抗，依然不亚于真刀真枪的冲杀。这就要哈萨克族人不仅调动全身的力量，更要充分地唤起心灵的坚定、勇敢、睿智，以此来鼓动生命的野性。"少数民族文学艺术经常表现在行为的广阔时空中奉献自我的崇高精神，在想象的自由领域里表达生命的热切渴求，似乎醉心于怪异的、遥远的、奇迹般的、幻想的目标，表现出一心想超越自我的努力，而实际上正是以人性自我去通化外部自然，最后达到人性自我的升华，并与宇宙精神、与无所不在的生命精神合二为一。"

在哈萨克族舞蹈中我们可以清晰地读到哈萨克人利用身体语言来表达对力量的渴望、对生命野性的呼唤和对生命自我超越的渴求。《熊舞》暗涵着舞者能拥有熊的力大无穷；《天鹅舞》深隐着舞者能如天鹅般灵动轻盈的欲望；《鹿舞》寓意着舞者能拥有矫鹿般敏捷的身形；《鹰舞》则内隐着哈萨克族人心灵深层的力量诉求；《马舞》更是直接征兆着哈萨克族人渴望内心强大、勇猛果敢。"马背是一个特殊的空间，游牧民族的生命进入这个空间，马上就振作起来，抖擞起来，便有了一股冲力使生命锐不可当。"在哈萨克族的毡房中或者草原上，一旦如马蹄驰踏草原的冬不拉声响起，哈萨克族人便会自觉置身于马背上，典型姿态是双腿前后屈膝、交叉，重心下降，上身保持直立，似坐于马背之上，随着马的驰骋而变化着身体姿态，舞蹈时舞者与舞者之间会有竞技似的互动，两两之间面对面，前后动肩、扭臂、向内翻腕的倾轧，像似角力的两只山羊，比试炫耀着自己的舞姿——力量。在舞蹈进入情绪高潮时，舞者往往像斜挎在马背上的青年一样，前胸直挺、双肩大幅扭动、翻腕用劲，抑或舞者躺倒在地，以背为支点，双脚交替为动力，双手伸向身体两侧转腕，在地面做移动旋转。表演过程中舞者的情绪会迅速地扩散至全场，使每个人都受到感染，顽强的生命由此获得鼓动和激励。当问及表演者和参与者，为何会有如此超然、沉醉的表现时，他们解释道："没有理由的，天生的嘛……不管在哪里舞起卡拉交了嘎,只要我想起马背,眼睛和胸膛里看到和想到草原无限神奇的风光,那么,我跳的就非常用心、快乐,没有想到其他的。"从这质朴而感性的言语中,我们可以捕捉到:其一,哈萨克族舞蹈艺术产生于哈萨克族这一马背民族特有的生产生活方式和置身其中的大草原这一特定自然环境,离开了这特定的生活、文化空间,舞蹈艺术就成了无源之水、无本之木;其二,哈萨克族人强调舞蹈的乐生、表现的功能,强调舞蹈对人性的表达、抒发,通过舞蹈把人感性的生命本质扩张到自然万物、大千世界里,在他们的舞蹈思维和审美意识中,我即草原,草原即我。

游牧的哈萨克族人有英雄情结,也有天鹅传说,更有骏马情怀,之于舞蹈的发生和本源,主要有三种阐释。其一是神话说,认为美丽的天鹅仙子创造了舞蹈艺术;其二是英雄说,认为是部落的英雄创造了舞蹈艺术;其三是动情说,认为舞蹈是在草原生活中不可遏止的情感蓬发。看似不相一致的说法,实际上贯穿了一个基本一致的认识,即舞蹈艺术产生于创作主体生命自由的呼唤。"生命需要用艺术的强刺激呼唤、起搏、激励、促动,使生命昂扬起来,冲动起来。但是生命又不能一直处在进击的紧张状态,'一张一弛,文武之道'对保持生命的最佳状态也是正确的。"冬不拉虽然只有两根弦,却能模仿出马慢行、疾走、轻颠、小跑、狂奔等不同步态,节奏复杂多变、旋律丰富多彩。奏响冬不拉,音调或缓或疾地流淌而出,哈萨克族人便会在这一旋律中通过身体舞蹈沟通彼此、体认族群、追求自由、诠释生命、实现人与自然的和谐融合。哈萨克族舞蹈表现的和谐以及由此导致的可持续发展过程,不仅是自然的规律,也是一种极高的生命智慧,因而也是草原文化得以繁荣和发展的关键。能够感受并领悟这种可持续发展过程的人,也就领悟到了生命中最高的智慧,也就获得了进入真正意义上的和谐生命之机会。

由此可见,哈萨克族舞蹈艺术之于哈萨克人绝对不是我们认为的玩物,而是和谐之源,从中流淌而出的是涌动不息的生命之泉。"一个社会或一个人能否达到可持续发展的重要标志,是是否具有一个海纳百川、时刻准备与异质事物对话的开放心理和心态,而艺术恰恰是造就这种心态的重要途径"。游牧的哈萨克族人逐水草而迁徙,流动性强,生活空间相对自由宽广得多,因而他们需要随时观察、学习、收集各种信息。

由于生活环境艰苦而充满变数,"只要想靠游牧业生存和发展,就必须做好随时去冒险和战胜艰难险阻的精神准备。好奇是对新的陌生事物的兴趣和对知识的渴求。不断游动的生活方式,经常把牧民带入陌生的环境和未知领域,探究未知事物,直到弄明白才肯罢休"。勇敢、坚毅、好胜、开放、包容的性格使哈萨克族人的开拓进取精神十分强烈,他们对外来文化从不排斥,而是积极吸收,为我所用。由于游牧性质的生产生活方式,哈萨克族舞蹈并未经过一个高度艺术化过程,呈现出更多的质朴性和民生性,导致舞蹈语言的贫乏和不足,但在进入现当代,尤其近些年,在哈萨克舞蹈舞台表演的创作中,哈萨克族文化开放、包容的特质表现十分突出。哈萨克族的舞蹈工作者创作出了女子群舞《少女美姿》《可爱的一朵玫瑰花》《倒马奶》等,男子群舞《山鹰》《七月草原》等,独舞《我心爱的冬不拉》《圆月》《燕子》《燃烧的青春》等,双人舞《美丽传说》《爱到分手》等,大型舞蹈诗《阿嘎加以》、舞蹈风情诗画《伊犁河》、歌舞诗剧《迁徙之路》等。

中国少数民族文艺思想和审美意识,与其所形成的创作的基础相一致,具有对活生生的富有生命的感性的人的执着追求和强烈呼唤。不管是曾经游牧的哈萨克族人民创造的民间舞蹈,还是现代哈萨克族编导们创作的舞台表演舞蹈,其中一脉相通的是共同的民族文化和心理审美意识,都是通过舞蹈来表现生命本质、呼唤生命自由、实现民族文化的传递、繁衍。

舞蹈艺术既是文化的一种特殊表现形态,又是文化的有机组成部分。在草原文化的流布过程中,有相当一部分文化传统是通过舞蹈艺术形式流传下来的。在这浩如烟海的歌舞艺术中,镌刻和展现着那个时代的风貌、特性,同时又受那个时代特殊自然环境和生产生活方式的影响，表现出它的独特性和原生性。如哈萨克族民间以自然衍生形式传递、保存、延续下来的各种舞蹈，不仅彰显着原生文化的真情、真性、真趣，同时还凝聚着哈萨克族的民族精神。这些民族精神流传至今，也影响至今，潜移默化地影响着整个民族的性情和品格。舞蹈是了解哈萨克族先民早期精神活动的重要窗口。其中，展示了原始社会哈萨克族先民对开天辟地、万物起源、日月水火生成等自然现象的感性认识和朴素诠释。如流传于新疆哈萨克族人的民间传统舞蹈《卡拉交了嘎》（黑走马）、《天鹅舞》《鹰舞》《山羊舞》等就很具有代表性。这些模拟动物的舞蹈都起到了激励生命的作用。尤其是《马舞》《天鹅舞》，在哈萨克族人部落聚会等重要时刻，男女老少都会在冬不拉的弹奏下，跳起这两支舞，随着铿锵的节奏、扭动臂膀、尽情舞动。

马是游牧民族不可或缺的伴侣，汉书《西域传》记载"神马当从西北来，得乌孙马好，名曰天马"。伊犁是天马的故乡，哈萨克族人中有"马与诗歌是哈萨克族人两只飞翔的翅膀"的谚语，关于马的词汇在哈萨克语中有2000多个，由此我们可以明白"马"在哈萨克族人生命、生活中的地位，也就知道了哈萨克人缘何钟爱舞蹈《卡拉交了嘎》。

《天鹅舞》源于一个哈萨克族人族源产生的美丽传说。传说中，白天鹅救了一位叫作哈里恰·哈德尔的勇士，并且变成了美人，与勇士共同的生活，并且生育了哈萨克民族的各个玉兹。在哈萨克族人中总是将天鹅与神仙联系在一起。传说古代哈萨克族巫师们的先驱诸神之父巴巴依·吐克德就曾与白天鹅结亲。还说中世纪的著名英雄叶德盖就是白天鹅。哈萨克人严禁捕猎和杀害白天鹅，否则就会受到诅咒。古代哈萨克族人的民间乐器胡伯孜琴的形状恰似一只飞翔着的白天鹅，人们还用这种乐器演奏悦耳动听的《白天鹅之歌》。这些神话显示出哈萨克先民对于宇宙和人类诞生的解释和想象，以其雄浑诡谲和博大壮观，在人类的神话世界中增添了一抹奇特的神采，也反映了古代哈萨克族人对万物生成的认识和他们的宇宙观。《天鹅舞》从它产生之时起,就成为哈萨克族人民的精神财富,伴随着哈萨克族人民前进的步伐,贯穿了他们的全部历史过程。此时的舞蹈亦非简单的闲余消费或是娱乐助兴,而是附着着深厚的民族情感记忆,蕴藏着深厚的民族文化意义的身体语言。哈萨克族人在跳起《天鹅舞》时,找到了族群文化和情感记忆,他们在舞蹈中,实现对自我身份的族群体认,完成对民族传统文化的繁衍、承继、丰富、发展。

著名学者考林乌德认为,"艺术是人类最原始和最基本的活动,其他所有的精神活动都得从它的土壤上生长起来。宗教、科学、哲学都不是最原始的形式,艺术比它们更为原始,它构成了它们的基础,使它们的发生成为可能"。从历史直至现在,哈萨克族人聚居在天山山脉的伊犁河谷、阿勒泰山、塔尔巴哈台山一带的草原,以游牧为主要生计方式,多居毡房,且随季节的不同而移动。居住的不稳定性、对自然条件的依赖程度较强导致哈萨克族文化的不稳定性,文化多以口承、印记等形式传承,模糊而粗糙。这种传承方式使得文化不易保存。某一种文化也许会转变,某一种文明也许会消失,但只要有那一个时期的具有文化传承意义的艺术(舞蹈)存在,这种文化或文明就会被记录、被定格、被传递下去。舞蹈艺术不仅记载着文化,而且是不同文化互相沟通的基本媒介之一。哈萨克族舞蹈所承载的身体语言和文化信息,是整个哈萨克族群文化的有机组成部分,在其族群文化的传衍、发展中,舞蹈所扮演的作用极为巧妙。

哈萨克族民间存在着《熊舞》《斗熊舞》《瘸熊舞》等关于熊的舞蹈。演员模拟熊出洞时左顾右盼、步履蹒跚、窥视四周的样子,跳出爬行手,甚至模仿熊梳鬃毛、威胁吼叫的形象。人们跳熊舞,是传播与熊斗争经验,同时也在祈求着拥有像熊一样的力量,从而更好地在草原上生存繁衍。

哈萨克族人对鹰也喜爱有加。如今,如果去伊犁哈萨克自治州附近的大草原,你还能看见哈萨克族人家养的老鹰。经过哈萨克族主人的调教,这些鹰已经被驯服，并能帮助主人抓捕野兔和起到空中卫士的作用。人们希望跳起《鹰舞》能获得搏击长空、翱翔蓝天的力量；人们期望像鹰一样警觉，像鹰一样勇猛，像鹰一样自由。舞蹈模仿出鹰在寻食、锁定目标、展翅飞入云霄、俯冲、威胁猎物、拍打翅膀、撕裂猎物及变现犀利鹰嘴等动作。哈萨克族人惟妙惟肖地模仿鹰的同时，也自此获得鹰的精神和力量。这又是一种对力量祈求的转换。

哈萨克族人崇拜鹿，鹿以角为美，所以有"鹿角手"的姿态称谓。在伊犁草原发现的大规模游牧族群居住遗址地，许多墓室前都立有鹿石，面向东方，反映了墓主人对太阳的崇拜。鹿石图案多为矫健的鹿的身影。原以为遗失在历史深处的文明，却在舞蹈的身体语言记忆中找到了活的衣钵，为研究当时的社会经济形态、崇拜信仰、艺术水平等，提供了活的证明。也许，那些没有留下任何个人信息的原始舞蹈家，并没有意识到他质朴的舞蹈动作对于后世的文化艺术研究有何意义，更不会想到他们为人类文化做出了多么巨大的贡献。

从某种意义上讲，哈萨克族舞蹈是构成草原文化这座大厦的基本构件，对于草原文化的研究，舞蹈文化研究工作者不应长期失语。离开了这些生动鲜活的哈萨克族舞蹈，草原文化的研究必然有所缺失。正是舞蹈这种"集体无意识"的传衍和承继方式，使得我们不得不重新审视，以往被我们解读为只是娱乐和美化生活的舞蹈的作用、地位。对于游牧民族的哈萨克族人来说，舞蹈之于他们的作用绝非简单的歌不足而舞之、蹈之，而是其族群文化的记录、承载、传播的一种方式，是其民族文化生活中的一部分，是其认识世界、接触世界、融入世界的一种态度和途径。

草原文化博大厚重的底蕴，为哈萨克族舞蹈提供了润泽的文化生态环境和丰厚的生活创作土壤。而哈萨克族舞蹈又以其质朴、阳刚、热烈、沉静、凝重、苍茫的审美价值取向、独特多样的表现形式，深化了草原文化的思想内涵，拓展了草原文化的审美视野，丰富了草原文化的艺术形式，为草原文化的研究提供了丰富的内容和广阔的空间。舞蹈艺术是草原社会生活的动态反映，是草原民族心灵记忆的自然流露，更是草原民族悠久历史文明的实体证明。作为世居新疆的13个民族之一，哈萨克族人在新疆草原文化历史上具有主要地位和作用。

历史上的哈萨克族人曾经信奉原始萨满教、拜火教、景教、佛教，及至13世纪蒙古图古鲁克时代，哈萨克族人才逐渐接受伊斯兰教。但因哈萨克族人在草原上的游牧方式，居无定所，随季节流动性较大，在草原上没有固定的清真寺或者礼拜场所，所以哈萨克族人受伊斯兰教文化的影响，不如同时期皈依的以农耕为主要生活方式的维吾尔族人深刻。哈萨克族人在皈依穆斯林教后依然保持着大量的与伊斯兰教义不相冲突的仪式和信仰，甚至在很多生活习俗和惯习上受原始宗教萨满教的影响更为浓重。

萨满教是哈萨克民族的哲学思想、道德观念、思想意识的重要来源之一，这一点在哈萨克族诗歌艺术和舞蹈艺术中表现得尤为突出。哈萨克族舞蹈多以模拟动物形象为主要选材内容，是萨满万物有灵观念在哈萨克族舞蹈文化中活的体现。今天，在伊犁哈萨克游牧部落当中，我们依然可以找到专门以从事萨满活动为生的巫师。他们手持羊胛骨，为生病的人或者祈福的人进行祈祷。祈祷时口中唱着神歌，分别祭拜大地、山、水、火，这个过程中经常伴有大幅度的身体动作，还会又喊又跳或在地上不停地翻滚。哈萨克族人喜欢在未婚女子的帽子上装饰猫头鹰毛，以此来避邪、祈福。这源于部落始祖的起源传说：有一对多年不孕的夫妇，其妻挤奶时，一只猫头鹰飞入她裙下，随后其受孕，孩子生下来叫沙热乌克，意为黄猫头鹰。这个部落的后人，从此视猫头鹰为祖先崇拜。在哈萨克族女子舞蹈中，较多手部动作摸鹰毛、摸耳环、波浪手、腕花、花儿赞和顺风花等，都是模拟猫头鹰毛的质感，强调轻盈飘逸的动作造型，而且，这些动作大都是单手在头顶运动做抚摩羽饰状。所有这些不难看出，人们对猫头鹰羽毛的庇护作用深信不疑。而《卡拉交了嘎》《熊舞》

《鹰舞》《天鹅舞》《山羊舞》《黑牛舞》的典型动作也都带有这层寓意。这些广泛散播于哈萨克族人群中的舞蹈，不但反映了古哈萨克族人社会的思想观念、人生理念，而且对哈萨克民族的精神世界产生过重要的作用，成为我们了解古代哈萨克族人宇宙观的生动教材。

从远古时期萨满仪式，到美丽传奇的《天鹅舞》，再到充满草原和地区特色的《卡拉交了嘎》《鹰舞》《鹿舞》，哈萨克族舞蹈以其丰富多样的形式和内容点点滴滴地记录了草原文化在漫长的历史进程中一路走来的足迹，也形象生动地反映了哈萨克族人的思想情感。哈萨克族人作为伊犁草原文化的集大成者，继承了伊犁草原此前各游牧民族的文化传统，哈萨克族舞蹈的意义和价值决不限于艺术本身，更重要的在于它们是全景式再现哈萨克族游牧社会生活的重要形式，集中承载和保存了历代草原文化的载体。

第十一节　满族的猎鹰文化

满族是以渔猎、鹰猎著称的民族，满族先民们很早就懂得猎鹰，并摸索出由蹲鹰、熬鹰、过拳、跑绳等为内容的驯鹰步骤。海东青经猎人驯化后，把它作为猎户捕获猎物的助手，俗称放鹰。早在唐代，海东青就已是满族先世朝奉中原王朝的名贵贡品。唐代大诗人杜甫在《王冰马使二角鹰》中，曾有诗："角鹰翻倒壮士背，将军五帐轩勇气。"台北故宫博物院收藏有宋人绘《出猎图》《回猎图》画中皆有手擎鹘鹰的形象。高句丽壁画中也有驯鹰的画面。明代李时珍的《本草纲目》中记载："雕出辽东，最后者谓之海东青。"辽、金、元、明、清各代均设有类似鹰坊的机构，专司捕取和饲养鹰。满族人把鹰用于狩猎，统治者则以鹰捕鹅雁，作为享乐消闲的手段。清朝康熙帝曾经写过一首名为《海东青》的诗，对这种猛禽大为赞赏："羽虫三百有六十，神后最数海东青。性秉金灵含火德，异材上映瑶光星。"此诗不仅宣扬了武德，激励军勇，更夸耀了海东青性情刚毅而激猛，其品质之优秀可与天上的星星相辉映，其力之大，如千钧击石，其翔速之快，如闪电雷鸣。猎鹰文化的内涵丰富、有渊源的历史。鹰还有博大精深、激流直上、奋力翱翔、自强不息的凶猛精神，体现出猎鹰文化的一个显著特征。

满族说部中有大量的文字记载着海东青猎鹰文化描写，还有满族的先人与动物和谐相处的细致的描述。满族说部《女真谱评（上）》有阿骨打献海东青的描写，道宗皇帝问阿骨打，什么叫海东青，阿骨打说："有个渔猎的八岁孩子叫海东，在海里拣了只受伤的大鸟，拿家饲养，伤好后能捕获大鱼，还能捕获禽兽，又找个雌鸟和它一样，产卵抱崽，取名海东青，也有叫海东的，流传下来，现在女真人家家饲养"。

满族说部《阿骨打传奇》中有阿骨打对海东青的描写：阿骨打对海东青情有独钟。哪知契丹皇帝与贵族也酷爱海东青，本来大家都是从草原上来的，喜好打猎也没错，但是也不能这么欺负人，"每岁大寒，必命女真发甲马数百至五国界取之，往往争战而得，国人厌苦"。满族说部《八旗子弟传闻录》中有关于曹雪芹逮鹰、驯鹰的描述：逮着鹰后，先给鹰带上僧帽，胳膊上带上皮套袖，鹰腿上拴上脚绊子，然后几个人轮流熬鹰。在大自然中，刚生下来的小鹰的存活率非常低，这与老鹰的喂食习惯有关。老鹰一窝能生下4～5只小鹰，由于鹰筑的巢穴很高，所以，一次猎捕回来的食物只能喂给一只小鹰吃，瘦弱的小鹰吃不到食物就会被饿死，力大凶猛的鹰便能存活下来，这充分说明了大自然中强者生存的道理。鹰一般在正午饿的时候才会出巢打食，一旦发现猎物便闪电般扑下来，以迅雷不及掩耳之势一攫到手，要是看不到食物，鹰就会饿得在天上叫唤盘旋。满族还有这样的传说：鹰年老的时候，它们会选择一条炼狱之路。在50天里，它不断地用长嘴撞击岩石，猛烈撞击直至折断并长出新嘴。在下一个50天，它要用新嘴啄尽老茧，让双爪灵活锋利。直到150天，它要用新嘴拔去身上所有的羽毛，待鲜血淋漓的身体结痂、脱皮，再长出一身丰满轻灵的羽毛。终于，苍穹之王再生了，它将再活30年！从此鹰开始一个更新的美好未来生活。这是需要有自强不惜的勇气与再生的决心的。

满族及其先世，在长期的社会生活中，主要靠口碑传承生产、生存经验。在《雪妃娘娘与包鲁嘎汗》中努尔哈赤介绍了海东青捕猎的真实情节，把海东青捕捉猎物的情景生动再现出来,留下人们对猎鹰捕猎过程的记忆。努尔哈赤还介绍了海东青体形较小,但它飞得特别高、特别快,视力非常好,有很大的俯冲力。海东青还拥有一对捕杀猎物的利爪,而且长着一只足以撕裂对手的鹰钩嘴。通过《雪妃娘娘与包鲁嘎汗》中对海东青栩栩如生的描绘,可以确信,满族说部中真实地记录了人与自然融合的可能性,表现了人与动物的情感和人对自然的崇拜,展示和记载了人与动物生活在一起的真实情况。因此满族传统说部,展现了满族及其先民等北方诸民族沿袭弥久的生产生活景观、满族猎鹰文化这一的民俗景象。

在历史上,历代的鹰猎过程都是无形中提高了人们的精神素质,强化了原住民的生存精神,使得生活在这里的满族人充分领略了鹰猎文化的强劲和丰富。人与动物相处,人才是真正地融入了大自然,这使得人充分地意识到生命与自然的关系,也感悟到人与这种文化的相依相存的意义。鹰猎文化直接影响了人的生存观念和态度,形成东北草原人的性格和气质。北方民族基于大自然崇拜观念形成的朴素的生态伦理观念,视自然及栖息其中的生物为有灵性之物,人与它们彼此和谐相处,相互依存,长期积淀出一套调节生态平衡、协调人与自然的关系、自然与人类共生的生态调节机制,富有科学的因素和真理的意义。

满族说部史诗《乌布西奔妈妈》中多次提及的鹰战,亦充分表现了乌布西奔高超的智慧。满族先民还根据鹰能驯化的特点,对它们进行特殊的驯化,使之成为部落战争的武器。这种训练方式非常特殊,即平时用与敌方服装、旗帜颜色一致的布包裹肉食,带着布包哺喂饿鹰,久之使鹰形成条件反射。打仗时,将战鹰放出,一见敌方的服装颜色,便猛冲入阵,利嘴尖爪,常使敌人遍体鳞伤,溃不成军。史诗《乌布西奔妈妈》记述的珠鲁罕部以鹰奴及其所驯化的鹰作为攻伐黄獐子部作主力的鹰战,即是狩猎民族的一个创造,在战争史上具有独特的意义。

满族说部里对鹰的描写很多，北方各民族对鹰都有各自崇拜的方式。特别是东北地区，凡信奉萨满教的民族，几乎都有自己与鹰相关的神话传说以及对鹰的各种禁忌和礼仪。《天宫大战》中，鹰首女身的阿布卡赫赫命令神鹰从天空飞来，用翅膀上的羽毛给人类带来了太阳之火，温暖并拯救了人类，最后鹰变成了萨满。鹰是萨满的第一护卫神，在萨满教信仰中是火、光明、生命的象征，也因此满族有崇拜鹰的传统，并且把鹰作为民族图腾加以崇拜。鹰、雕、鹏等，均被奉为雄健、俊勇、锐目、疾恶如仇、叱咤风云的动物中之大神、首神，它的英姿可遮日月之光，高居于九天金楼银舍之中。满族各家大神帽的鸟，就是神谕中讲唱的神鹰。满族说部《两世罕王传》口碑传讲，女真人多鸟大神帽相传千载，是不少部族的祖先徽号，又长期是女真诸部不少部落联盟的造型标志与力量的象征物，具有非凡的号召力与组织效益。

由于萨满是由神鹰孕化而来的，所以鹰便成了萨满始祖灵的象征物。萨满神帽除了安装鹿角饰品作为法力标志外，那铜制的飞鸟就是神鹰的标志。鹰是萨满神圣家族中独具特色的圣鸟，也是北方狩猎民族和游牧民族英武吉祥的象征。乌布西奔把鹰作为战斗武器，更加证明鹰是猛禽猎鸟，它有着高超的飞翔技术、凶猛的擒拿本领，让人感到神奇而叹赏。在残酷的自然环境面前，狩猎民族幻想着有鹰一样的本领。随着狩猎业的发展，狩猎民族驯养鹰作为自己的助手，鹰已成为他们不可缺少的依靠。从世界各民族对禽鸟的崇拜来看，鹰占有很大比重。鹰是满族崇拜的图腾，因为鹰凶猛善战。

《萨布素将军传》中的小鹰哥为了救主而耗尽心血，能看出它对主人的忠诚，故事中用拟人化的描述方法，把小鹰哥描写成有思想感情的动物，其实鹰和猎人生活相处时间一长，它自然通人性，它们知道知恩图报，知道为主人献身。鹰这种奋不顾身的顽强精神，体现了不屈不挠的拼劲，锲而不舍的韧劲，不达目的誓不罢休的恒劲，因此，鹰是满族人们最为崇尚的动物。满族说部《七彩神火》故事中写到天雕来自享滚河以东，满族话叫它松昆罗，意思是天雕从亨滚河飞来的。汉语把它译成海东青。海东青又叫白尾海雕，它虽然大小如鹊，但天性凶猛，可捕杀天鹅、小兽及狐狸。在满族民间有许多关于海东青的传说。《七彩神火》中说：残暴的辽王采雕使在密林里包剿"达敏包"（鹰户），年年逼迫女真部落的达敏包替辽王捕捉鹰雕。采雕使怕捉鹰人半路逃走，扣下他们的妻女做人质，如不按时交鹰就砍杀活埋。《七彩神火》中有满族讲究鹰马并重、家家养龙驹，户户藏名雕的风俗，在阶级的、民族的高压下，描写了老鹰达父女三人为解救全部落百姓前往黑龙江以北的费雅哈达冰山上捕雕——海东青的故事。故事中所提到的鹰户和辽王采雕的斗争，都和史载相符。珍贵的还有史籍上所没有的细节，有的部落靠捉雕谋生，赶着大车，携儿带女，朝着北方追随鹰的踪影，过的是流徙的生活。

吉林的满族猎鹰习俗有着悠久的历史。早在公元1658年清廷在松花江边的吉林乌拉设立了打牲乌拉总管衙门，作为皇室贡品基地。这里便成为清朝"狩猎八旗"兵丁世居的基地。自此，为清廷驯养猎鹰并进贡就成为渔楼村满族男子光耀门楣的使命。几百年间，渔楼村传承了渔猎文化，培养了诸多驯鹰和养鹰能手。吉林至今仍然传承着满族这一古老的猎鹰习俗，并成为新的满族说部故事。渔楼村已成为中华民族古老的猎鹰生态基地，并且有了另外一个名字——鹰屯。

满族渔楼村最优秀的鹰把式是赵明哲，已被认定为中国民间文化"海东青驯养"的杰出传承人。他从小聪明勇敢，不到10岁就和爷爷上山捕鹰驯鹰，13岁就能自己独立捕鹰驯鹰并用鹰狩猎。他捕鹰、驯鹰、使鹰、架鹰技术极其娴熟，形成了厚重的鹰猎文化。他不但掌握了繁多的驯鹰技艺，还把人类尊重生命的品质融入这种行为中去。这是人与动物和谐相处的典型范例。赵明哲等猎手们，在和猎鹰相处一冬天之后，必须完成祖先们流传至今的规矩，特别是生活在这里的民族还创立了鹰狩猎之后将鹰重新放飞蓝天的习俗。早春时节把海东青放回大自然，让它们完成种族的繁殖。猎手们会给跟了自己一冬天的鹰喂很多鲜肉，这是猎人和鹰之间最真挚的情感交流，也是他们分别前最隆重的告别宴。海东青认识自己的主人，放归山林时常常待在家附近的树上不走。人与鹰长时间的接触，使得鹰对人产生了浓厚的感情，有的还会依依不舍地飞回屋里，常站在自己熟悉的鹰架上，迟迟不肯飞走。

今天，狩猎已经被禁止了，但是，吉林的鹰屯还保留这一古老的习俗，这并不是为了狩猎，而是为了使这种记忆延续下去，让后人知道，在这块土地上曾经存在着猎鹰文化。现在在吉林的鹰屯百户的人家当中，有50多个鹰把头，依然在政府和非物质文化遗产政策的保护下，进行着鹰猎文化的传承与发展。他们驯服了非常凶猛的苍鹰，而他们驯养的海东青被沈阳机场、深圳机场请去，用来驱赶鸟群，保护机场，以民间猎鹰文化的特长和技艺服务于社会。因此，人们在盼望着吉林长白山鹰猎文化的同时，更加希望东北草原这种文化记忆能够持久地发扬光大，永远绽放出灿烂独特的光芒。

第五章
草原民族的经典文献

第一节 《格萨尔王传》

一、《格萨尔王传》的基本概述

《格萨尔王传》是一部伟大的英雄史诗，由藏族人民集体创作，有着绵长悠久的历史、宏伟的结构，卷帙浩大繁重，内容多彩丰富，气势宏大磅礴，流传非常广泛。

《格萨尔王传》从生成、基本定型到不断演进，涵盖了草原藏族全部原始的文化内核，学术价值很高，也具有很高的美学价值和欣赏价值，是研究古代草原藏族社会的一部百科全书，被称誉为东方的荷马史诗。《格萨尔王传》是一部活史诗，而且是世界上唯一的一部活史诗，至今在中国的西藏、内蒙古、青海等草原地区，仍有上百位民间艺人在传唱格萨尔王的伟大功绩。

迄今，世界上发现的史诗中演唱篇幅最长的英雄史诗即《格萨尔王传》。它既是草原族群文化多样性的集合，也是多民族民间文化不断持续发展的见证，是草原游牧文化的综合结晶，代表着古代藏族、蒙古族民间文化与口头叙事艺术的最高成就。藏族、蒙古族等许多游吟歌手世代传承沿袭着有关它的吟唱和表演。《格萨尔王传》作为一部不朽的英雄史诗，是在藏族古代神话传说、诗歌和谚语等民间文学的厚重基础上产生和发展起来的，包涵着丰富且宝贵的原始社会的形态和资料，是古代藏族文化最高成就的代表，同时也形象化地展示了古代藏族的生存历史。

《格萨尔王传》经过几个世纪的演唱流传，不断有所发展演进，卷帙也在不断增加。《格萨尔王传》产生的社会历史背景，是草原藏族社会在一个相当长的历史阶段，处于分裂割据、动荡不安的局面。一方面，统治者之间为了争权夺利，彼此征战不息；另一方面，统治者对广大人民群众进行着残酷的压迫和剥削，迫使人民遭受了极大的灾难，在如此艰难的生存状态下，藏族人民盼望有一个既爱护百姓又英勇聪明、既能够外御强敌又可以内修政务的贤明国王出世。在这样的条件下，《格萨尔王传》也就应运而生了。

据考证，《格萨尔王传》产生的确切年代，大约是在古代藏族氏族社会开始瓦解、奴隶制国家政权逐渐形成的历史时期，即公元前二三百年至公元 6 世纪之间；吐蕃王朝建立之后，即公元 7 世纪初叶至 9 世纪，有了进一步的发展；在吐蕃王朝崩溃、藏族社会处于大动荡、大变革时期，藏族社会开始由奴隶制向封建农奴制过渡，即 10 世纪至 12 世纪初叶，史诗得到广泛流传并日臻趋向成熟与完善。11 世纪前后佛教在藏族地区开始复兴，僧侣们也逐渐介入《格萨尔王传》的编纂、收藏和传播。《格萨尔王传》的基本框架由此开始形成，并且在此期间出现了最早的手抄本，主要是由宁玛派的僧侣编纂、收藏和传播，还有一部分是掘藏大师们所编纂、传抄的《格萨尔王传》，最初被称为伏藏的抄本。

在很久远的时候，草原藏区遍及天灾人祸，妖魔鬼怪横行霸道，黎民百姓遭受荼毒煎熬。观世音菩萨为了普度众生出苦海，显现大慈大悲，向阿弥陀佛请求派天神之子下凡降魔。神子推巴噶瓦当即发愿到藏区，做黑头发藏人的君王，即格萨尔王。为了让格萨尔能够完成降妖伏魔、抑强扶弱、造福百姓的神圣使命，他被赋予了特殊的品格和非凡的才能，被塑造成神、龙、念三者合一的半人半神的英雄。

史诗的具体内容是，在很早以前，岭国出了一个穷孩子，起名叫觉如，这个孩子在奇异境界里诞生并长大成人。在岭国英雄云集，赛马争夺王位时，力战群雄，得胜称王，尊号为格萨尔。藏语称甲吾格萨尔纳特或格萨尔阿种。格萨尔王的一生充满着与邪恶势力斗争的惊涛骇浪，为了铲除人间的祸患和弱肉强食的不合理现象，他受命降临凡界，镇伏了食人的妖魔，驱逐了掳掠百姓的侵略者，并和他的叔父晁同——叛国投敌的奸贼展开毫不妥协的斗争，赢得了部落的自由和平与幸福。格萨尔一降临人间，即遭到多次陷害，但由于他本身的力量和诸天神的保护，不仅没有遭到陷害，反而将祸害人间的妖魔和鬼怪全部杀死。格萨尔王从诞生那日开始，就担负起为民除害、造福百姓的重任。格萨尔王5岁那年，同母亲一起迁移到黄河之畔定居。8岁那年，他统领的岭部落也迁移到此追随他。格萨尔王12岁的时候，在部落的赛马大会上赢得胜利，获取王位，并迎娶森姜珠姆作为王妃。自此开始，格萨尔王施展天威，东征西讨，南征北战，降伏了入侵岭国的北方妖魔，战胜了霍尔国的白帐王、姜国的萨丹王、门域的辛赤王、大食的诺尔王、卡切松耳石的赤丹王、祝古的托桂王等，先后降伏了几十个宗。人间妖魔被降伏之后，格萨尔王的丰功伟绩获得圆满，从此离开人间，与母亲郭姆、王妃森姜珠牡等一起重返天界。《格萨尔王传》这部规模宏伟的史诗也到此全部结束。

《格萨尔王传》全诗内容主要分成三个部分：第一部分，降生，即格萨尔王降生的故事；第二部分，征战，即格萨尔王降伏妖魔的过程；第三部分，结束，即格萨尔返回天界的结尾。全史诗的三部分中，以第二部分征战的内容最为丰富精彩，篇幅也最为宏大瑰丽。第二部分征战的内容中，除了著名的四大降魔史——《北方降魔》《霍岭大战》《保卫盐海》《门岭大战》外，还包括18大宗、18中宗和18小宗的故事，每个重要的情节和每场战争的画面均相对独立，构成一部小的史诗。

《格萨尔王传》源于草原藏民族的社会生活，但也蕴含着极为丰厚的藏族的古代文学精华，特别是有着古代民间文学做坚实的基础。在史诗《格萨尔王传》产生之前，藏族的文学种类，特别是民间文学种类，诸如神话、传说、故事、诗歌等已经齐全，且内容丰富，数量繁多。因此，《格萨尔王传》无论是在作品主体、创作方面、作品素材、表现手法等方面，还是在思想内容、意识形态、宗教信仰、风俗习惯等方面，都从之前的民间文学作品中汲取了丰富的营养，继承了优秀的传统，各类民间文学作品及其素材均在史诗中有所表现。在语言修辞上，《格萨尔王传》引用了数不胜数的藏族谚语，全书所容纳谚语的数量之多，令人惊叹。有的原文引用，有的则经过了加工，如："春三月若不播种，秋三月难收六谷；冬三月若不喂牛，春三月难挤牛奶；骏马若不常饲养，临战逢敌难驰骋。虽饿不食烂糠，乃是白唇野马本性；虽渴不饮沟水，乃是凶猛野牛本性；虽苦不抛眼泪，乃是英雄男儿本性。"

在《格萨尔王传》中，还保留着各种各样，数量繁多的赞词，如：酒赞、山赞、茶赞、马赞、刀剑赞、衣赞、盔甲赞等。例如，著名的酒赞是这样的："我手中端的这碗酒，要说历史有来头。碧玉蓝天九霄中，青色玉龙震天吼。电光闪闪红光耀，丝丝细雨甘露流。用这洁净甘露精，大地人间酿美酒。要酿美酒先种粮，五宝大地金盆敞。大地金盆五谷长，秋天开镰割庄稼。犏牛并排来打场，拉起碌碡咕噜噜。白杨木锨把谷扬，风吹糠秕飘四方。扬净装进四方库，满库满仓青稞粮。青稞煮酒满心喜，花花汉灶先搭起。吉祥旋的好铜锅，洁白毛巾擦锅里。倒上清水煮青稞，灶膛红火烧得急。青稞煮好摊毡上，拌上精华好酒曲。要酿年酒需一年，年酒名叫甘露甜。酿一月的是月酒，月酒名叫甘露寒。酿一天的是日酒，日酒就叫甘露旋。有权长官喝了它，心胸开阔比天大。胆小的喝了上战场，勇猛冲锋把敌杀。喝了这酒好处多，这样美酒藏地缺，这是大王御用酒，这是愁人舒心酒，这是催人歌舞酒。"

此外，《格萨尔王传》还是民间文学素材的摇篮，它的许多内容取自民歌、神话及故事，反过来，它也成为后世文学、艺术创作采集素材、借取题材的丰盛园地。如后来发展变化的民间歌舞许多曲调均取自《格萨尔王传》，有些歌调就是直接歌颂格萨尔夫妇的。再如题材丰富的神话传说和民间故事，也取材于《格萨尔王传》，著名的《七兄弟的故事》就是将七兄弟为人们盖楼房的故事与格萨尔王的故事交织在一处，浑然一体，相映成趣。还有为数众多、独具特色的绘画与雕塑也以《格萨尔王传》的故事情节为依据，绘成壁画，或者将格萨尔王当作护法神，雕塑其身加以供奉。《格萨尔王传》采用散文与诗歌相结合的文体，其中的诗歌部分，在藏族文学发展史中的诗歌史上，起着承前启后，沟通古今的作用，它表现在意识形态、修辞手法上，特别突出地表现在诗歌格律上面。例如："猛虎王斑斓好华美，欲显威漫游到檀林，显不成斑纹有何用？野牦牛年幼好华美，欲舞角登上黑岩山，舞不成年轻有何用？野骏马白唇好华美，欲奔驰徜徉草原上，奔不成白唇有何用？霍英雄唐泽好华美，欲比武来到岭战场，比不成玉龙有何用？"诸如此类的诗歌在《格萨尔王传》中随处可见，比比皆是，它不仅继承了吐蕃时代诗歌的多段回环的格局，而且突破了吐蕃时期的六字音偈句，成为八字音偈句。这种多段回环体的诗歌格律，在11世纪前后基本形成并固定下来，直到现在也没有大的变化。在藏族民歌、叙事诗、长歌、抒情故事中的诗歌、藏戏中的诗歌以及文人学者的诗作中被广泛采用，成为藏族诗歌中最流行、最为重要的格律。

《格萨尔王传》运用诗歌和散文、吟唱和道白相结合的方式将现实生活中的故事、神话、诗歌、寓言、谚语、格言等融为一体，成为藏族民间文化的大集成。

《格萨尔王传》的主题思想主要表达的一是为民除害，保护百姓；二是反对侵略，保卫家乡；三是扩大财富，改善生活。史诗中格萨尔经过一系列惊心动魄的斗争并取得胜利体现了这一主题，并使得格萨尔成为人民心目中最高大、最理想的英雄典型。为了使格萨尔这个英雄人物更丰满、更典型，每一卷都调动了各种艺术手段，安排了生动的情节，进行了精心的塑造。

《格萨尔王传》之所以家喻户晓，经久不衰，除了具有积极的思想内容，代表了人民的愿望之外，还由于它具有高度的艺术成就。《格萨尔王传》就像一个能装乾坤的百宝箱，一座文学艺术和美学的大花园。它植根于当时社会生活的沃土，不仅概括了藏族历史发展的重大阶段和进程，揭示了深邃而广阔的社会生活，同时也塑造了数以百计的人物形象。其中无论是正面的英雄还是反面的暴君，无论是男子还是妇女，无论是老人还是青年，都刻画得个性鲜明，形象突出，给人留下了不可磨灭的印象。尤其是对以格萨尔为首的众英雄形象描写得最为出色，从而成为藏族文学史上不朽的典型。

史诗在第一部《天岭卜筮》中，明确授予格萨尔降伏妖魔、抑强扶弱、救护生灵、使善良百姓能过上太平生活的使命。格萨尔也宣称"世上妖魔害人民，抑强扶弱我才来"，"我要铲除不善之国王，我要镇压残暴和强梁"。在格萨尔一生的活动中，也的确实践了自己的诺言。例如，在《降服妖魔》中，格萨尔力排臣属的劝阻，不顾爱妻的挽留，毅然奔赴北方去消灭那个以"一百个大人作早点，一百个男孩作午餐，一百个少女作晚饭"的魔王。另外，还可看到，格萨尔每当打败入侵的敌人之后，所惩办的也只是挑起战祸的个别罪魁，对敌国的一般臣民并不杀戮和骚扰，而且还要救济贫苦人民，任用忠臣良将。格萨尔去北方降魔时，曾嘱咐岭国臣民："不要挥兵去犯人，但若敌人来侵犯，奋勇抗击莫后退。"这些话，始终是格萨尔和岭国英雄的行动准则。如霍尔入侵岭国时，受格萨尔委托代理国政的贾擦协尕尔召集臣民宣告："国家有难，大家要团结起来，同心同德，努力杀敌，为民除害，为国立功。"他本人身先士卒，勇敢杀敌，最后战死沙场。又如《保卫盐海》之部，当姜国出兵夺取岭国盐海的消息传来时，格萨尔说道："姜地兵马犯边疆，寸土不让不投降。花岭大战紫姜国，维护公益图自强。保卫岭国救百姓，保护饭食万民享。"这次战争，尽管敌人十分强大，但是格萨尔率领众英雄和人民，经过8年苦战，取得最后胜利。

通过人物本身的语言、行动和故事情节来实现塑造人物形象，是《格萨尔王传》史诗的特色之一。因此人物虽然众多，但没有给人雷同和概念化的感觉。同是写英雄人物，却各不相同，写格萨尔是高瞻远瞩，领袖气派；写总管王则是机智、仁厚，长者风度。嘉察被写得勇猛刚烈，丹玛则是智勇兼备。史诗中人人个性突出，个个形象鲜明，对妇女形象的塑造更是语言优美之至，人物形象栩栩如生。例如，史寺《霍岭大战》之部描述霍尔国三王兴兵去抢岭国格萨尔的王妃珠姆时，是因为霍尔国白帐王派霍尔国四乌去遍寻天下美女，乌鸦给他带回了消息："美丽的姑娘在岭国，她往前一步能值百匹骏马，她后退一步价值百头肥羊；冬天她比太阳暖，夏天她比月亮凉；遍身芳香赛花朵，蜜蜂成群绕身旁；人间美女虽无数，只有她才配大王；格萨尔大王去北方，如今她正守空房。"珠姆虽然生在富有之家，但富有正义感，不肯嫁给大食财国的王子，宁肯爱恋备受迫害、穷苦潦倒的格萨尔，即使受到父母的斥骂也毫不动摇，集中显示了藏族女性的美好的心灵。当格萨尔前往魔国征战、霍尔寻隙进犯的紧急时刻，她能团结岭国英雄和人民奋起抵抗，在被围困的3年中，她巧施妙计，稳住敌人，等待格萨尔回师，在被俘之后，她忍辱负重，毫不丧失信心。这一切，都较深刻地表现了藏族妇女的聪明勇敢和顽强坚贞的性格。

史诗以其雄浑磅礴的气势，通过对几十个邦国部落之间战争的有声有色的叙述，表现手法起伏曲折，跌宕有致，反映了6—9世纪以及11世纪前后藏族地区的一些重大历史事件，表达了藏族人民厌恶分裂动荡、渴望和平统一的美好理想，是史诗现实主义的积极方面。同时，史诗又以绮丽的幻想赋予格萨尔以超凡的本领，把他塑造成天神的化身，能够役使鬼神、支配自然的英雄人物，没有不能战胜的敌人，没有办不到的难事。其他如魔国的设想、地狱的描绘、鸟兽的特殊贡献，也都充满神奇色彩，像马能忠谏、乌鸦能侦察等、给史诗增加了浓郁的浪漫主义色彩。史诗充分采用群众喜闻乐见的说唱形式，深深植根于藏族人民心中。唱词大量吸收鲁体民歌和自由体民歌的格律，使用了许多民间谚语和民间诵词，因而生动活泼，富有生活气息。

《格萨尔王传》在口头说唱中，艺人根据自己的理解与喜好，随时对史诗进行增减，导致史诗内容不十分固定。藏族历史上，通晓文字音律的人，尝试对《格萨尔王传》进行整理、记录成书，并辗转传抄，最终刻成木版印刷，经过多位研究者的心血付出，最终使其许多名篇逐渐形成固定或半固定的书面文学。由于这些刊本出自多人之手，便形成了不同的版本，再由艺人在传唱时不时加工，内容愈加丰富，情节也更加生动。

现在流传于世经常演唱、比较重要的《格萨尔王传》大约有30部，即《天岭卜筮》《英雄诞生》《十三轶事》《赛马称王》《世界公桑》《降服妖魔》《霍岭大战》《姜岭大战》《丹马青稞国》《门岭大战》《大食财国》《蒙古马国》《阿乍玛瑙国》《珊瑚聚国》《卡切玉国》《香雄珍珠国》《朱孤兵器国》《雪山水晶国》《白利山羊国》《阿塞铠甲国》《米努绸缎国》《中华与岭国》《松岭大战》《提乌让玉国》《打开阿里金窟》《开启药城》《地狱与岭国》《西宁马国》《射大鹏鸟》《安置三界》等。其分别叙述了天神降生人世、扫除一切暴虐势力、拯救黎民百姓；格萨尔在赛马会上夺魁，成为岭国国王；格萨尔率领大军降服霍尔、救回王妃珠姆；格萨尔降服姜国、保卫盐海；格萨尔打开阿里金窟，救济人民；格萨尔与周围各国交战，取得青稞、马匹、牛羊、珊瑚、玉石、兵器、绸缎、玛瑙、珍珠，壮大了岭国；格萨尔老年将王位传给侄子，自己重返天界的故事。史诗中的格萨尔有超人的智慧和本领，一生征战，打败了遇到的所有敌人，取得了一系列胜利，成就了许多丰功伟绩。

《格萨尔王传》用幻想式的夸张手法把格萨尔神化，表达了藏民族人民的一些祈求愿望，也曲折地反映了历史上藏民族社会比较复杂的部落和民族之间的关系。这是《格萨尔王传》的大致轮廓。

在《格萨尔王传》分部本流传的同时，另有分章本也在流传，即把格萨尔一生的主要事迹写在一个本子里，其中分为若干章。这种分章本，产生的时间可能早于分部本，是较早的传唱记录。流传到现今，珍贵的版本有青海贵德分章本，共分5章，包括天神章、降生章、结婚章、降服妖魔章和降服霍尔章。这种分章本显然是很不完整的，只能算史诗的一个雏形。在拉达克地区，也有一个分7章的分章本流传。

流传于西藏、青海、四川、甘肃等藏族聚居地的曲艺品种"《格萨尔王传》说唱"，以主要说唱表演藏族民族英雄格萨尔的英雄故事而得名。

《格萨尔王传》本为藏族篇幅宏大的民族英雄史诗，在这部英雄史诗的长期创作和流传过程中，其口耳相传的传承方式，由实用而逐渐艺术化，形成了一种内容专一的口头性曲艺说唱的表演形式。换言之，说唱《格萨尔王传》的英雄史诗，不仅成为传统意义上的历史文化传承，更是艺术意义上的审美活动。艺术化了的传承方式，不仅使英雄史诗得以更加深入人心，而且在历史传承中生发出一枝曲艺表演的独特的艺术之花。这种情形不仅藏族的曲艺说唱有，蒙古族的史诗《江格尔》说唱和柯尔克孜族的史诗《玛纳斯》说唱，同是这种情形。从而构成了史诗说唱类曲艺的一个形成规律。

《格萨尔王传》说唱，作为一个曲艺品种，即作为一种艺术表演形式，其表演方式为采用"一曲多变"式的专用曲调演唱，唱中穿插说白，有时还配以图画讲解。用藏语表演，常采用牛角琴伴奏。由于史诗内容十分丰富，结构体制非常庞大，故一般的艺人通常只是截取某一部分或片断表演。《格萨尔王传》说唱的艺人，藏语称作"仲肯"。他们的职能，早期主要是传承民族历史，活动方式很像欧洲古代的行吟诗人。

《格萨尔王传》说唱的艺术传授充满了神秘色彩，除向前辈艺人学得即藏语称此类艺人为"退仲"的情形外，还有两类。一类艺人的表演故事多为自己心中想出来的，藏语称作"酿夏"。另一类比较令人惊奇，是一种藏语称作"包仲"的艺人，他们艺术技能的获得方式，为梦传神授，亦即艺人在从艺之前根本未学过艺，突然有一天在睡梦中梦见有神人传授，并且一做梦就昏迷多日，神志迷乱，苏醒后即能滔滔不绝地说唱表演《格萨尔王传》的史诗故事

历史上的"仲肯"代有才人。20世纪以来，著名的《格萨尔王传》说唱艺人，已故的有藏族的扎巴和蒙古族的琶杰。另有藏族的才让旺堆、桑珠、玉梅和蒙古族的罗布桑等艺人享名民间。由于其艺术主要存留在他们的口头，因而他们与他们所表演的故事一样，都被视为本民族的瑰宝。

《格萨尔王传》之所以能够流传百世，至今仍活在民间，应该归功于史诗的最直接的创作者、继承者和传播者，那些才华出众的民间说唱艺人们起着巨大的作用，他们是真正的人民艺术家，是最优秀、最受人民群众欢迎的人民诗人。这些民间艺人，在漫长的岁月里，用他们的才华，进行着辛勤的创作活动，用他们的心血浇灌着《格萨尔王传》这支文学奇葩，他们代代相传，人才辈出。在他们身上，体现着人民群众的聪明才智和伟大的创造精神。那些具有非凡的聪明才智和艺术天赋的民间艺人对继承和发展藏族文化事业做出了不可磨灭的贡献，永远值得我们和子孙后代怀念和崇敬。试想若没有他们的非凡才智和辛勤劳动，这部伟大的史诗将淹没在历史的长河中，藏族人民乃至整个中华民族，将失去一份宝贵的文化珍品。

在大规模的抢救工作中，通过考察，发现了近百位活跃在农村、牧区的说唱艺人，藏语称"仲堪"。其中有十多位是在群众中享有盛誉的优秀艺人。他们在说唱前要举行各种仪式，或焚香请神，或对镜而歌，说唱时还要头戴作为道具的帽子，帽子上插有各种羽毛，手拉牛角琴或手摇小铃鼓。1984年8月雪顿节期间，曾在拉萨举办过7省区格萨尔艺人演唱会，与会艺人40多名，其中包括著名艺人扎巴、女艺人玉梅等。

西藏著名说唱艺人扎巴将自己的毕生精力献给了《格萨尔王传》的传唱事业。他于1986年11月去世，在他临终前的几个小时，依然在孜孜不倦地说唱《格萨尔王传》。他虽然去世了，却给后世留下了一份极其珍贵的文化遗产。

他生前共说唱《格萨尔王传》25部，近60万诗行，共600多万字，相当于25部《荷马史诗》，相当于15部印度史诗《罗摩衍那》和3部《摩诃婆罗多》，如果按字数计算，相当于5部《红楼梦》。这是个惊人的数字，是一笔巨大的精神财富。他留下的是迄今为止最完整、最系统的一套艺人说唱本。这套说唱本凝聚着扎巴的智慧和艺术天才，是他生命的结晶，体现了老艺人对祖国、对人民、对艺术的无限忠诚和热爱。这是他对祖国、对民族文化事业的巨大贡献，是新时期《格萨尔王传》抢救工作中最重要的成果之一。这样重要的成果，不但在我国民族史诗搜集整理的历史上未曾有过，在世界各民族史诗搜集整理的历史上也未曾有过。

从艺人的类型来讲，有"神授"说、"托梦"说、"圆光"说、"伏藏"说等多种形式。同别的民间艺人不同，《格萨尔王传》的说唱艺人不承认师徒相承、父子相传。他们认为说唱史诗的本领是无法传授的，也是学不了的，全凭"缘分"，靠"神灵"的启迪，是"诗神"附体。他们认为，一代又一代的说唱艺人的出现，是与格萨尔大王有关系的某个人物的转世。这种观念与藏族传统文化中"灵魂转世"的观念，"活佛转世"的观念是相一致的。

与世界上一些著名的史诗，如古希腊的《荷马史诗》、印度的《罗摩衍那》和《摩诃婆罗多》相比，《格萨尔王传》有几个明显特点。一是史诗至今活在人民群众之中，在青藏高原广泛流传。二是被称之为"奇人"的优秀民间说唱艺人，以不同的风格从遥远的古代吟唱至今。三是规模宏大。从目前已经搜集到的资料看，《格萨尔王传》有120多卷、100多万诗行、2000多万字。仅从字数来看，远远超过了世界几大著名史诗的总和。《荷马史诗》中《伊利亚特》共24卷，15693行；《奥德修记》24卷，12110行。印度史诗《罗摩衍那》全书分为7篇，旧的本子约有24000颂，按照印度的计算法，一颂为两行，共有48000行。最新的精校本已压缩到18550颂，37000多行。《摩诃婆罗多》是一部内容十分丰富的史诗，全书分成18篇，一般说有10万颂，20多万诗行，在

《格萨尔王传》被外界发现和认识之前,曾被看作是世界上最长的史诗。

早在吐蕃王朝时代,《格萨尔王传》这部古老的史诗就传播到喜马拉雅山周边的国家和地区,约在13世纪之后,随着佛教传入蒙古族地区,大量藏文经典和文学作品被翻译成蒙古文,《格萨尔王传》也逐渐流传到蒙古族地区,成为自成体系的蒙古族《格萨尔王传》,称《格斯尔王传》。14世纪下半叶,即元末明初,《格萨尔王传》在更大范围内得到传播,同时也流传到土族、纳西族、裕固族等与藏区接壤的兄弟民族之中。国外介绍和研究《格萨尔王传》已经有200多年的历史。《格萨尔王传》的部分章节,早已被译成英、俄、德、法等文字。外国读者了解并开始研究《格萨尔王传》,是从蒙古文本入手的,1716年(清康熙五十五年),在北京刻印了蒙古文本《格萨尔王传》之后,外国学者有机会接触到这一史诗。1776年,俄国旅行家帕拉斯首先在《蒙古历史文献的收集》(圣彼得堡版)一书中介绍了《格萨尔王传》,论述史诗的演唱形式和与史诗有关的经文,并对主人公格萨尔做了评述。1836年,俄国学者雅科夫·施密德曾用活字版刊印了这个蒙古文本,后又译成德文,于1939年在圣彼得堡出版。这是最早的关于《格萨尔王传》的外文出版物。此后,国外学者开始关注《格萨尔王传》,并陆续有介绍研究的文字问世,如:俄国席夫纳院士在圣彼得堡出版的《鞑靼的英雄史诗》论著中,将鞑靼的英雄史诗与《格萨尔王传》进行比较。自19世纪末,国外开始注意藏文本《格萨尔王传》。1879年到1885年,印度人达斯先后两次到我国西藏地区,搜集了《格萨尔王传》等大批藏文资料,其后开始发表关于《格萨尔王传》的论文。藏文资料的发掘,无疑为国外的研究者拓宽了视野,并由此产生了东西方学派。东方学派(指苏联、蒙古及东欧各国)中对《格萨尔王传》研究的佼佼者要首推蒙古人民共和国的策·达木丁苏伦。从某种意义上讲,他的研究成果可以代表整个东方学派的水平。他的主要代表作是《论〈格萨尔王传〉的历史源流》。西方对《格萨尔王传》的研究要晚于东方,从20世纪30年代起步,20世纪60年代进入其全盛时期。西方学派的主要代表人物是两位法国学者，即亚历山大·达维·尼尔女士和石泰安教授。达维·尼尔曾两次来中国，在四川藏区住过很长时间，其间，在云登喇嘛的帮助下，直接听民间艺人说唱《格萨尔王传》，并记录整理，同时搜集手抄本和木刻本。回国后，她将其搜集的资料整理成格萨尔故事，名为《岭·格萨尔超人的一生》，于1931年在巴黎出版法文本。该书于1933年被译为英文在伦敦出版。该书的出版使更多的西方人士开始了解、认识《格萨尔王传》。石泰安教授是当代著名的藏学家，一生著述颇丰，对《格萨尔王传》的主要贡献是1958年出版的《格萨尔生平的藏族画卷》。他1959年出版的《藏族史诗格萨尔王传与说唱艺人的研究》，全面系统地论述了史诗《格萨尔王传》及其说唱艺人。可视作西方各国关于《格萨尔王传》研究的一个总结。

20世纪50年代以来，受现代化进程的影响，藏、蒙等民族的生活方式发生了变化，职业化的艺人群开始萎缩。近年来一批老艺人相继辞世，"人亡歌息"的局面已经出现。《格萨尔王传》受众群正在缩小，史诗传统面临着消亡的危险。

但近年来，国内外的《格萨尔王传》研究还是取得了长足的进展。我国学者的研究成果已在国际学术界产生了积极的影响，得到一些专家的高度评价。

总之，《格萨尔王传》的传承这一藏族乃至全中国的伟大事业正在沿着一条逐渐拓宽又充满光明的坦途上迈进。

二、《格萨尔王传》的文化背景

  藏族格萨尔史诗是中国的三大英雄史诗之一,也是世界上最长的且至今仍在流传的活形态史诗。史诗说唱艺人说唱前要举行仪式,其形式多样,程序或简或繁。举行仪式的目的,据艺人解释,是为了招请史诗中的某一个或几个英雄人物降临,获得说唱的智慧或灵感。说唱前举行的仪式实际上是艺人举行的降神仪式,降神仪式渊源于巫教,衍生于巫师与神交往的方式之一,即请神附体,即巫师请鬼神附着在自己身上,代表鬼神说话。说唱现场布置的图像、白石等代表的是艺人招请的神化了的史诗英雄,是降临的神的变现,或者说是艺人为降临的神祇提供的看得见的依止。说唱艺人举行降神仪式的目的、形式、程序等,与巫师的请神附体仪式一脉相承,这显然不是简单的形式模仿。因此,说唱史诗前举行降神仪式的文化根源在于史诗的巫文化特征,而史诗的巫文化特征是由史诗与神话的关系、史诗与巫师的关系、史诗流传带有的宗教文化背景所决定的。

  格萨尔史诗具有浓厚的神话色彩。藏族古老的神话传说、谚语、宗教思想等都是格萨尔史诗的重要内容。如史诗中格萨尔及其坐骑、13个威尔玛战神幻变的动物、史诗人物佩带的武器的来历和威力等都被描写成了一个个神话故事。史诗关于主人公格萨尔来自天界,为天神白梵天王的爱子,具有半人半神双重性格的描述与藏族关于吐蕃王国的国王赞普来自天界的神话一脉相传,充分说明了格萨尔史诗对藏族古老神话的继承。格萨尔史诗表现出来的史诗与神话的关系并非格萨尔史诗所独具,而是史诗的共同特征,这一特征是由史诗的形成过程所决定的。史诗多是在广泛地吸取歌谣、神话、传说、故事、谚语等基础上形成的,因此史诗和神话从来都不是截然分开的,史诗必然会具有神话的特点,在某种程度上承袭着神话的功能。古代神话是全民口头传承的原始文化的结晶,它是继古歌谣之后人类解释说明自然的一种以幻想为主要特征的文学形式。它以神为中心,用幻想和想象去支配自然、征服自然,带有浓厚的主观、幼稚、虚妄、荒诞的色彩。它产生的原因在于童年时代的人类无力征服自然,却又渴望征服,最后只有通过想象去实现征服自然的梦想。它与巫教植根于同样的土壤,所以它在孕育更高形式的文学的同时,又是原始宗教的载体,行使着维系氏族、增强部落意识、沟通人与人之间的灵魂、思想、感情的社会功能。神话的这种功能,在藏文典籍《国王遗教》《贤者喜宴》中有明确记载。神话的这些特点和功能决定了它在巫术仪式中的不可或缺性。在氏族社会重要的成年礼仪式上,在庆祝收获的仪式上,在丧葬仪式上,在婚礼上,巫师都要大量地说唱神话故事,将神话与仪式融为一体。正因如此,衍生于神话、以神话为重要内容构成的史诗自然不可避免地具有神话的特点,行使着神话的功能。说唱前举行降神仪式是格萨尔史诗曾经的宗教功能在其传承中的文化遗存,是人们对其宗教功能的历史记忆。

格萨尔史诗与巫师有着千丝万缕的联系,它们的关系不仅反映在史诗的描述中,而且反映在史诗说唱艺人的角色扮演通常由巫师担任。例如,果洛艺人昂日的父亲格桑多吉是巫师兼说唱艺人;西藏那曲的说唱艺人阿尔达是那曲一带有名的拉哇,被当地群众尊称为巴窝钦波,意为大降神者、大巫师,他后来虽然不再降神,但一直在用哈达为周边的群众治病。在格萨尔史诗说唱艺人传承中,只有神授产生的艺人才被视为真正的艺人,说唱艺人由巫师担任可谓是藏族的传统。格萨尔史诗与巫师的这种关系,从史诗的形成和史诗曾经的功能中找到原因。纵观人类文化发展史,从图腾神话在巫师的祷求词、祭词、咒语中演变出了传说故事、史诗等种种形式的民间文学。这些作品即使不是巫师祷求词、祭词、咒语等的直接产物,史诗与神话等人间宗教的传承关系也无法否认。许多著名史诗都出自巫师之手,如格萨尔史诗中就存在有大量的来自巫师的祷告词和祭词。

史诗与巫师的关系还在于史诗通常是巫师尊奉的经典。如纳西族的《崇搬图》，它既是民族的创世纪史诗，也是东巴（纳西族的巫师）的重要经典，只在东巴举行的祭祀仪式上演唱。史诗除了被巫师奉为经典外，从历史角度看，还是民族的编年史。历史的记录者、传播者往往是巫师，巫史是不分家的。如商代的贞人，既是主持占卜的巫师，同时又是通晓文字、掌管文书的史官。也正因如此，掌握历史是一个巫师从事巫术活动时所必需的。可见，史诗是巫师为请神酬神而举行的仪式中的产物，它的传播者往往又是巫师，巫师的传播场地又是在各种仪式中。这就决定了史诗与仪式在某种意义上具有内容和形式的不可分割性。由此可见，说唱史诗前举行降神仪式实际上是巫文化在格萨尔史诗传承中的延续。

史诗流传带有的宗教文化背景也是史诗说唱至今保留有浓厚的巫文化特征的重要原因。史诗流传的主要区域是青海的果洛、玉树，四川的甘孜，西藏的昌都、那曲地区，这些地区是藏族本教传承时间最长、保留最好的地区。本教在吐蕃社会的统治权为藏传佛教取代后势力迅速衰微。在经历过若干次兴佛灭本之后，为了保存自己，本教徒被迫从西藏腹心地带转移。由于上述果洛、玉树、甘孜等地区地处西藏边缘，远离藏传佛教统治的腹地，藏传佛教的统治相对要弱，因此有大量本教徒流入。后来这些地区的本教也受到了佛教的冲击，很多本教寺院改宗藏传佛教，但本教仍在这些地区保存了相当的势力，有着很大的影响力。到了清代，本教不仅盛行于西藏东部的波密、工布、三十九族地区，而且盛行于川西甘孜藏区的白利、瞻化、巴底、巴旺及德格、打箭炉等地。据20世纪40年代初的调查，在藏北的羌塘等地尚有蒲姆寺、思满日寺、雍仲寺、喀尔纳斯寺，安朵藏区有思那奇寺、巴底墨经寺、琼山寺、公巴寺、绰司甲寺、苟象寺、对河寺，康巴地区有东潜寺、丁青寺、几生寺、九堆寺、扎鲁寺、益西寺等规模较大的本教寺院。据阿坝州的一个调查报告显示，20世纪50年代初，仅四川省阿坝州就保存有62座本教寺院。

本教的发展经历了3个阶段。初期的本教与原始巫教没有严格的界定，甚至有观点认为，初期的本教实际上就是巫教，类似于萨满教。至于第二、三阶段的本教，虽然已过渡到人为宗教，但与巫教的传承关系仍是很明显的。本教九乘理论中的前四乘，也就是因乘，是巫教的东西。巫教的很多神、仪式在本教中也得到了很好的传承。正因如此，藏北、康区、安朵等藏区的文化至今还保留着次生态、甚至原生态巫教特征，如川、滇藏区迄今还有敬奉龙神的习俗。甘孜嘉绒藏族每年阴历正月初一、十五都要给山神煨桑。果洛藏族每到一定的时节都要举行规模盛大的桑祭祭拜神灵。藏北一直到20世纪70年代，还有巫师举行降神仪式，用哈达、箭等吸虫治病。紧临康区的四川西昌市一个叫樟木乡响水村西番的聚落，村民信奉原始宗教气氛非常浓厚，直至当代还保持着原始的降神、跳神仪式。

史诗流传带还是宁玛派寺院分布最多的地区。以果洛地区为例，在众多的藏传佛教教派中，宁玛派是最早传入的。1958年前全区共有藏传佛教寺院47座，其中宁玛派寺院39座，占全区寺院总数的75%。再看德格地区，8世纪末叶，莲花生大师到康区俄洛传教途中，曾在金沙江东岸收徒传教。著名的绒戈寺就是宁玛派名僧白马绒多扎于唐贞元十一年建造的。到清末，德格土司兼法王在辖区内拥有宁玛派寺庙60余座，僧侣近2万人，拥有了与西藏宁玛大寺、多吉扎寺和敏珠林寺齐名的竹庆寺。中华人民共和国成立初期，宁玛派仍是德格地方势力比较大的教派之一，而宁玛派在教义上、形式上都很接近本教。正是在这样的宗教文化背景下，格萨尔史诗的巫文化特征得到了保持甚至加强。

史诗流传带的宗教文化背景对史诗巫文化特征的保持不仅提供了适宜的土壤，还营造了特殊的文化氛围。史诗流传带的听众一直生活在原始宗教、本教气氛浓郁的宗教文化背景下，原始的神灵观念、英雄崇拜、祖先崇拜已深深地植根在了记忆的深层。因此，在说唱史诗前举行降神仪式以迎合听众的文化心理需求，成为说唱艺人吸引更多的观众、找到更多的说唱机会的必要手段。

关于史诗艺人举行说唱仪式的必要性，我们从说唱史诗的功能和禁忌中可见一斑。关于说唱史诗的功能，石泰安教授在《西藏史诗与说唱艺人研究》一书中说，史诗说唱因史诗的巫文化特征和浓厚的宗教色彩已变为一项能够满足听众功利要求的宗教活动，说唱已与一种强烈的巫术魔法结合在一起。在听众看来说唱史诗有助于获得各种有利条件，尤其是能成功地狩猎和进行战争。在狩猎时，说唱艺人成了能够吸引猎物的一名巫师。正是因为史诗说唱成了具有功利目的的宗教活动，所以史诗说唱有了种种禁忌。在藏族民众中，说唱史诗并不是一件随意的事，

说唱人的年龄、说唱的时间和地点都有很多讲究。格萨尔故事是在下述情况下说唱的：由蒙古尔人的萨满于春节的夜间说唱，在殡葬筵席上说唱。这种习惯已在热贡的霍尔人和果洛人中得以证实。在说唱之前，大家要准备一块于其面上撒上糌粑的场地，听众们环场坐成一圈，说唱艺人在数日期间说唱史诗。据说，大家会在这块场地中见到格萨尔的马蹄印。可见，说唱史诗实际上是人们招请被视为神的史诗英雄，得到他们的庇佑。

说唱内容、说唱时机等方面也有种种禁忌。格萨尔艺人不能轻易说唱地狱篇，认为说完这部就意味着这位艺人即将离开人世。

不仅史诗说唱，就是史诗的抄本和绘画也被赋予神秘的力量。青海塔尔寺主体建筑大金殿的壁画中，有一幅格萨尔像，关于这幅画像有一段传说。据说当初修建塔尔寺时，白天砌墙，夜里就倒塌，房子怎么也盖不起来，请人占卜后得知，是因为妖魔捣乱，只有请格萨尔才能镇住妖魔。寺主于是主持祈祷大会，迎请格萨尔做塔尔寺的护法神，并在大金瓦殿的壁画上绘制格萨尔的画像，寺院才顺利建成。甘孜扎呷寺中收藏的一个版本，无论版本、裱褙、打蜡等方面都与一般的藏文手抄本或印刷本迥然不同，其风格与过去的藏族寺院、神庙、玛尼房或家中供奉的金、银、铁、墨汁抄写的《大藏经》或《大般若波罗蜜多经》等完全一致。这说明这部史诗的手抄本已被当作供养品与依怙处

所。

正因为史诗说唱被视为能实现功利目的的宗教活动,可以为说唱艺人赢得听众,因此说唱艺人为吸引观众,必然会通过举行降神仪式等方式来刻意增加史诗的神秘性和说唱的宗教性。此外,神圣的仪式也是艺人取得良好说唱状态所需要的。

史诗产生的时代、史诗的内容构成、史诗的功能决定了史诗的巫文化特征,而史诗流传带的宗教文化背景则决定了史诗的巫文化特征在史诗传承中得以保持。说唱史诗前举行的降神仪式是史诗巫文化特征的表象和史诗巫文化的延续。

三、《格萨尔王传》的原型内涵

格萨尔王传是古代草原藏族人民心目中的英雄,他降魔驱害,造福藏族人民的光辉业绩,早在10—11世纪,就在我国有雪域之称的西藏草原、风光绮丽的青海湖边、巍峨的日月山下、丝绸古道的陇原大地、天府之国的四川盆地、美丽的孙雀之乡云南等省区民间广泛流传,至今人民依然怀念歌颂着这位民族英雄。

相传格萨尔王是莲花生大师的化身,一生戎马,扬善抑恶,弘扬佛法,传播文化,成为藏族人民引以为豪的旷世英雄。

《格萨尔王传》中,英雄格萨尔王生于公元1038年,殁于公元1119年,享年81岁。格萨尔自幼家庭贫困,到现阿须、打滚乡等地放牧为生。由于叔父挑拨间离,迫使母子俩漂泊在外,相依为命。格萨尔王16岁那年在赛马选王比赛中赢得冠军,并登上王位,之后进住岭国都城森周达泽宗,并娶了珠姆为王妃。自此,格萨尔王开始了一生降妖伏魔、除暴安良、南征北战的生涯。他统一了大小150多个部落,致使岭国领土归于统一。格萨尔王去世之后,岭葱家族将都城森周达泽宗改为家庙，纪念与彰显他显威迭事和赫赫功绩。岭葱土司翁青曲加于公元1790年在今阿须的熊坝协苏雅给康多修建了格萨尔王庙，后来遭到破坏。中华人民共和国成立之后，国家在格萨尔王庙的原址上出资重建为格萨尔王纪念堂。格萨尔纪念堂64根梁柱、16根通天柱构成主体构架，四周以墙相围，堂正中塑格萨尔王骏马驰骋的巨像，背塑十三畏马战神，正墙左右方塑岭国12大佛，其左右两边分立将士如云及烈女翩翩。整个纪念堂庄重典雅，雄奇壮观，实乃凭吊览古的圣殿。

《格萨尔王传》史诗是一部内容宏富、卷帙浩繁的藏族人民的大百科全书。史诗涉及内容众多，反映的范围极为广阔，政治、经济、军事、文化、历史、宗教、艺术、哲学、伦理等都在史诗中有很多记载。《格萨尔王传》史诗原始性、英雄崇拜、部族意识等拥有独特内涵。这一独特内涵的深刻开掘凸显了史诗的本真价值。

原始性是《格萨尔王传》史诗最为本真的一个特性，这是由史诗所反映的历史内容及其产生时代所决定的。史诗始终洋溢着神秘的气氛，原始时代的文化与思维和今天仍在传唱的艺人们的文化心理与精神，共同铸就了史诗永恒的品格。人类学认为，返回到神圣开端，是一切宗教、仪式和神话的一个基本的主题和模式。永恒回归的思维发生于史前人类朴素的世界观和神话思维方式，是初民对宇宙自然和人类社会中一切循环变易现象的神话式概括和总结。源于史前信仰的永恒回归原型，在藏族人民步入文明时代之后，在传唱的过程中熔铸为一种精神内涵。维柯在《新科学》中称，原始人类是世界童年时期的崇高的诗人，他们的感觉、智慧都是诗性的。在这一点上，《格萨尔王传》史诗是最好的例证。诗一般美妙的唱词，让人们享受到了原始感觉的魅力。《格萨尔王传》作为英雄时代的人，无疑是想象力的产物，是诗性智慧的结晶。泰勒在《原始文化》中指出："诗歌中充满了神话，那些想要分析诗歌，读懂它们的人，就应该从人类学的角度入手，才能更好地加以研究。"《格萨尔王传》中充满了浓郁的神话色彩。要想分析和研究《格萨尔王传》，就应该从人类学的角度入手。

诺思洛普·弗莱认为，神话即原型。他说："神话是一种核心性的传播力量，它使仪式具有原型意义，使神谕成为原型叙述。因此，神话就是原型，虽然为了方便起见，我们在提到叙述时说神话，在提到意义时说原型。"所谓原型"是无数同类经验的心理凝结物，是一种典型的、原初性的、反复出现的、具有约定性的语义联想的意象、象征、主题或人物模式"。《格萨尔王传》作为藏族人民集体创作的一部伟大的英雄史诗，其文本充满神秘的神话色彩，可以说就是一部典型的神话文学。"史诗是在民族意识刚刚觉醒时，诗领域中的第一颗成熟的果实。史诗只能在一个民族的幼年期出现，在那时期，民族生活还没有分成两个对立方面——诗和散文，民族的历史还只是传说，它对世界所抱的概念还是宗教的概念，而它的精力和朝气勃勃的活动只呈现在英雄的业绩中。"《格萨尔王传》是藏族人民的一部英雄史诗。格萨尔大王是一个半历史性半神话性的人物，具有鲜明的传奇色彩。"作为这样一种原始整体，史诗就是一个民族的传奇故事、书或圣经。每一个伟大的民族都有这样绝对原始的书，来表现全民族的原始精神。在这个意义上史诗这种纪念坊简直就是一个民族所特有的意识基础。如果把这些史诗性的圣经搜集成一部集子，那会是引人入胜的。这样一部史诗集，如果不包括后来的人工仿制品，就会成为一种民族精神标本的展览馆。"史诗是一个历史范畴，不是说哪个社会形态、哪个历史时期、哪个时代都能产生史诗。一般而言，史诗只能产生于人类从原始社会解体到奴隶社会形成的野蛮时代的高级阶段——英雄时代。作为观念形态的史诗，是特定历史条件下的产物，是英雄时代社会生活在人类头脑中的反映。《格萨尔王传》是一部典型的史诗文本，具有史诗独特的美学特质，其中沉积着丰富的藏族原始文化内涵，体现了史诗的原始性特征。《格萨尔王传》中有关于天地宇宙起源的神话传说。例如"什巴是从太古始，什巴成于混沌中。先有风摇火蔓延,接着海洋大地生。""什巴形成有父亲,什巴形成有母亲。沟脑飞出一只鸟,什巴太初是它名。沟口飞出一只鸟,什巴无极是它名。太初无极造鸟窝,生下十八颗鸟蛋。""三颗螺卵去上界,上方神界形成做基础。三颗金卵去中界,中空念界形成做基础。三颗松石卵滚下方,下部龙界形成做基础。六颗鸟卵滚人间,形成藏人六大族。"有关卵生三界的说法,为《格萨尔王传》史诗所独有。混沌初开,大鹏生卵,卵生宇宙天地,再生人类万物。另外,史诗中的有关情节,还把世间万物的生成跟大鹏和黄牛联系在一起。比如说:"大鹏上喙蓝而往下包,因而虚空蓝而向下扣。下喙形成灰白色,因而大地灰白而广阔。双眼红而向上翘,因而日月悬挂于高空。"藏族先民把天地日月和大鹏鸟的身体某一部位特征联系了起来,进行了想象和联想。这些天地宇宙神话传说,指证出了史诗的原始特征。

  原始部落的图腾崇拜也是《格萨尔王传》原始性的一个明显特征。史诗中有很多关于图腾崇拜的描写。如描写白岭六大部落的共同灵魂鸟白仙鹤,表明白仙鹤是其共同图腾。在史诗中往往以鹏、龙、狮、虎等动物作为单个部落的图腾,甚至有的家族和个人都有自己的图腾。如"父亲僧伦以狮来命名,叔父超同以虎来命名,英雄僧达阿冬以熊来命名,总管叉根以鹞来命名"。这4人中,僧伦、超同、叉根是亲兄弟,僧达阿冬属于另一部落。他们以狮、虎、鹞、熊来命名,表明这4种动物是他们各自家族或者个人的图腾。在岭地三十英雄中,亦有"鹞雕狼"三猛士,即长系部落的尼奔达雅、仲系部落的阿努巴桑和幼系部落的仁钦达鲁。这也是个人图腾崇拜的表现。另外,史诗中还有以图腾形象的保护神出现的"战神"畏尔玛,这是部落战争时代图腾崇拜的一种新的表现形式。总之,《格萨尔王传》中的原始图腾崇拜反映了史诗中藏族先民们的原始文化心理,从而折射出了原始文化的辉光。在《格萨尔王传》中,有关原始部落的"央"观念贯穿于史诗的始终。"央"是看不见、摸不着的,但藏族人民却坚信它的存在。"央"这个词,翻译成汉语,有着"福气、福运、灵气、宝气"等意思。比如一个藏族牧民，他要卖掉一头牛或者一只羊，在牛或者羊被牵走之前，他要撕下牛羊身上的一撮毛，把它带回家，精心保存起来，目的是把牛羊的"央"留下来，不要被买主带走。他们认为，留下了"央"就意味着留下了牛羊继续繁殖发展的运气，否则就会畜群不旺，家境败落。藏族牧民把绵羊称为"央嘎尔"（白福运），就包含着招运进宝的意思。格萨尔大王所领导的每一次战争，不外乎两个目的：一是降魔，保护本部落人畜财产安全，使自己所拥有的"央"不被人抢走；另一个就是霸占其他部落的草地和抢夺他们的牛羊财产，招引其他部落各种牲畜财宝的"央"，以发展本部落的财富。格萨尔大王还在幼年的时候，就曾经许下这样的心愿："要招来霍尔的勇士运，要招来萨当的食物运，要招来南门的六谷运，要招来大食的财宝运，要招来甲那的茶叶运，要招来蒙古的骏马运，要招来阿扎的玛瑙运，要招来奇乳的珊瑚运，要招来突厥的兵器运……"这实际上也表达了原始藏族游牧部落人们的愿望。他们渴望招来这些牲畜、财宝、食物、兵器、用品等的福运宝气，从而能够永远发财致富。这种理想在史诗中有着很好地体现，比如每次战争开始，格萨尔大王在向部落民众发布动员令时，总是以降伏某某妖魔、招来什么福运为口号，激发人们战斗的热情。当战争结束后瓜分战利品的时候，又要借助有威望的长者之口，做一番招"央"的吉祥祝愿，期望招来福运宝气，随着那些夺来的牛羊财宝，在自己的部落里留下来。这种原始的"央"观念，是藏族先民独特认识的体现，有一定的迷信色彩。

另外，《格萨尔王传》史诗中带有浓郁的原始部落的灵魂观念色彩，这反映了藏族先民们的认识。他们不仅认为万物有灵，而且还认为人的灵魂可以离体外寄，把它隐藏到其他物体上去。灵魂外寄是为了保护自己的生命，寄魂的同命物体就是自己生命的坚强堡垒，越强大凶猛就越具有神力，就越有保护力。这说明当时人们的认识能力还处在原始认知的水平，是史诗原始性的一个很好指证。史诗的原始性特质还表现在其民俗的原始性上。史诗中的民俗事象尽管被代代传唱者随社会的发展进步而进行时代性地改造，但原始风俗的影子依然清晰可见。原始风俗的顽强保留，构成了《格萨尔王传》民俗的原始性特征。《英雄诞生》部本开篇描述了一个故事。很早以前，有一个秘密的黑暗地区，那里是一个不知善恶的罗刹地区，也是一个畜生地区，互相残噬，相互吮血，是名副其实的罗刹。就在这里，有一位观世音菩萨的化身——猴子菩萨，在雅隆的水晶石洞中静坐修行。一天，忽然有一个非常美丽漂亮的女罗刹跑到猴子菩萨的身边说："我们俩同居到一块儿吧！应终生相伴才对！"表现出情欲勃发的种种淫态。猴子菩萨听后说道："我是猴子之身，臀部拖着尾巴，身上长着兽毛，脸上堆着皱纹，我不愿做你的丈夫，供你情欲所用，你最好去找一个比我更好一些的男罗刹满足你的欲望好了。再则，我已在普陀山观世音菩萨之前受了出家人之戒律，一个人一生不能有两个身子呵！"罗刹女不肯，一再要求猴子菩萨做丈夫，且说："我若去找一个男罗刹做丈夫，那将生下许多罗刹小娃娃，因父母都是罗刹，仍将会产生不良后果。我只有和你才能生下一个聪明的小孩，他精通正法，会使黑暗的藏区升出正法的太阳来。"当猴子菩萨增进修炼，没有任何动心时，罗刹女一直赖着不走。她一连7个昼夜露出乳房和下身，缠着猴子菩萨不愿离去。猴子菩萨无奈便跑到普陀山上师处，将这个罗刹女的一切言行做了禀报并请示上师："因果与神变究竟怎样？应该如何对付？"上师说："这说明了藏族人类要从你猴子的后裔中演化而出因缘，情况非常良好。与她同居，将使黑暗的藏区可以现出善法的太阳来，可以完成巨大的利他事业，应该照她的要求办。"这样，猴子菩萨回来之后就照上师的吩咐与罗刹女同居，生了许多孩子。不难看出，这里有着明显的宗教渲染色彩，但透过这则生动故事的宗教外衣，看到的则是其真实婚俗的原始性。这则故事同样也表现了葬俗方面的原始性。接续上述故事来说，过了一段时间，猴子菩萨和罗刹女的长子东·喇察格保的后裔中生了3个儿子，他们长大后和东方玛嘉邦喇山神议亲，玛嘉将3个女儿分别许配给喇察格保的3个儿子，他们各自建立帐篷，分成3户居住。但在一次搬家中，爸爸被凶狼围困咬死，三儿子找到爸爸的尸首往家背的途中，见一条像苍龙似的河水流过，于是他将尸首葬了下去。这里"在那水的一旁，生长着不可思议的各种各样的草木和花卉"，"征兆因缘配合的极为佳妙"。这是史诗关于水葬缘起的神话叙述，其间烙有灵魂超度的明显印迹。史诗中也有关于火葬、天葬的描述，这些都表明了藏族先民灵魂观念的原始性特征。

《格萨尔王传》中大量有关祭祀、祈祷、占卜、巫术等众多习俗事象的记述，亦充分地体现了史诗的原始性特征。在岭国，素日人们祈求丰收，祷劝灾异；战时，祈求胜利，攻克敌军。格萨尔一称王就统领将臣、英雄和众兵马到他的寄魂山——玛卿雪山煨桑祭神，祈祷天地神祇佑助他伏魔治国。比如，岭国和果部落之战，岭国为了能获得战争的胜利，就曾在格卓神山上举行过煨桑祭祀以求神佑。又如格萨尔将降生人间为岭国之王时，岭国总管王曾得到梦兆，岭国为了庆贺这一神子降生的祥梦，便在玛底雅达堂（美虎滩）举行了大煨桑。史诗如此描述："仲夏月初这一天，岭尕部落的大众们，在玛底雅达堂来聚齐，礼赞畏尔玛，煨桑祀战神。直叫得日月不敢头上跑，直惊得高山峻岭不安宁，直吓得四境仇敌胆战心又惊，直乐得六亲九眷皆沸腾。"总之，为了求助于神灵，岭国的任何军国大事都得举行煨桑以求神佑。例如，在格萨尔将出兵征讨北雅尔康魔国时，史诗就有这样一组描写：阿琼吉和里琼吉，你俩不要贪睡快快起，放开最快的脚步，去右边的山顶采艾蒿，从左边的山顶采柏枝，艾蒿柏枝杂一起，好好去煨一个"桑"。煨大"桑"要像大帐房，煨小"桑"要像小帐房。给格萨尔的战神、保护神煨一个"桑"，给天母宫阴捷姆煨一个"桑"，给长寿白度母煨一个"桑"，给管走路的道路神煨一个"桑"，让这些神灵都佑护在我身旁。在史诗中，每当战将们出阵迎敌时，都向自己的保护神祈求，让其附体鉴临，护己杀敌。在家的王妃、姑嫂、姨婶等也祈祷于岭神，让其佑助自己的丈夫和岭军杀敌取胜凯旋。这种祈祷意识既是人们期冀于自然力或神力的流露，又是原始性民俗心理的表现。

占卜和巫术是相互关联的。史诗中有很多关于占卜和巫术的描述，这种浓郁的宗教神话色彩也是史诗原始性特征的一个写照。在《天岭卜筮》《赛马称王》《降伏妖魔》《霍岭大战》《门岭大战》《大食财宗》等许多分部本中，都有梦卜、骨卜、鸟卜等古老占卜事项的描述，其原始性特征不言而喻。有关巫术的描写更是随处可见。"为了部落战争的胜利，战争的双方都使用巫术。进行攻击对方的巫术最多，另外还有变幻术、隐身术、搬运术等。"在《廷岭大战》中，廷国的9名咒术师即刻施展法术，廷国军营四周一下被松树一般高的人，小山一样大的马，盔甲上自行发光、武器上火苗燃烧的大部队守护起来，一阵阵呼喊，声音犹如千雷轰鸣，气势汹汹，叫人毛骨悚然，岭军勇士们个个连同战马一起两脚簌簌发抖。巫术的力量可见一斑！在《取晶篇》里，牛头巫师吃喝完毕后，一边打着饱嗝，一边燃起了火烟，祭祀完毕后，便在一张大牛皮上盘腿而坐。霎时，巫师全身发抖，口中念念有词。在《门岭大战》中，超同施法降伏吃人的南虎时，登上大象形石山旁的一座野牛大小的红色巨石上，点起火，熏起神烟，将做好的白朵玛供给神，将红朵玛抛向敌方。这几个例子都是从仪式的层面描述了史诗中的巫术行为。实际上，巫师在作法的时候，还穿着藏族原始宗教时期的巫术服装，念着咒语。《卡切篇》里说："咒术师曲巴嘎热，穿上黑熊皮的法衣，戴上黑乌毛的羽冠，颈上戴着大自在天人头骨项珠，右手握着大红降魔兵器，左手拿着三棱忿怒橛。"《门岭大战》中说："嘎岱头戴一顶黑盘帽，帽顶插上孔雀翎，好似一顶五彩帐，胸前挂着黑煞星像，肩上垂着可怖的各种人头骨装饰，背负咒师放恶咒的器物，腰间别着一支陨石铁橛子。"巫师们身穿黑色法衣，头戴黑色法帽。这与藏族人的崇拜心理有关。藏族人认为，白色象征吉祥、善良，黑色则象征灾难、凶恶。因此，巫师在作法的时候，都穿着黑色的服饰。史诗中关于巫术仪式的大量描述，为史诗的原始性特质披上了一层神秘的面纱。

《格萨尔王传》史诗是古代藏族人民对自己的英雄满怀豪情进行讴歌的智慧结晶，它在藏族历史的艺术再现中凸显出了本民族的精神风貌，具有强烈的历史质感，字里行间充满浓厚的民族情感和英雄主义情怀。在史诗中，谁勇敢谁就是英雄。保家卫国，人人尽责，勇敢顽强，宁死不屈，是岭国军民崇尚的品德。在《格萨尔王传》史诗中，无论是年幼无知的小孩，还是白发苍苍的老人，无论是靓丽柔弱的少女，还是血气方刚的男子，大家个个都以勇敢为荣、怯懦为耻。岭国英雄们威震四方，令敌人闻之胆战心惊。例如霍尔国将领尕玛司郭在向白帐王介绍岭国英雄时说道："队前来的那白人，马色纯白如白螺，那是白背千里马，人儿容貌像皓月，他是格萨尔的哥哥名贾察，勇武犹如'小白狮'，雅司宝刀谁敢挡；随后来的那黄人，胯下坐骑是金额幻轮马，金缨部队的统帅官，那是万户尼奔达尔雅；随后来的那赭人，骏马犹如火山喷，银缨部队的统帅官，那是万户阿奴华桑将；随后来的那青人，骏马好似水碧波，白缨部队的统帅将，那是仁庆达尔鲁将；随后来的那褐人，他是丹玛大将军，箭穿杨柳艺无比，统帅指挥十万军；随后来的那白人，胯下骏马'追风腾'，一把屠夫大砍刀，他是僧达吃人精；随后来的那黑人，胯下骏马'烟火腾'，号称毒树达尔盼，英雄盖世艺超群；随后来的那黑人，胯下骏马乌鸦黑，那是达让阿奴司盼，达让部的老将军；随后来的那白人，胯下骏马'雪山腾'，是年轻的阿旦将，神奇的宝刀闪白光；随后来的那青人，胯下骏马名'玉霞'，御兵大将东赞华，空中飞鸟手能抓；随后来的那白人，胯下宝马'独脚彪'，英俊有为的青年将，加洛周吉名声高；随后来的那青人，胯下骑着枣骝马，他是总管叉根王，岭国的治理人。"这可以说是岭国众多将领的群英荟萃图。史诗以夸张的艺术手法，画龙点睛式地概括出岭国众英雄各自独异的特征，彰显了英雄气魄。

在《格萨尔王传》中，有关英雄的描写比比皆是，格萨尔大王本身就被描写成一位无所不能的岭地大英雄，还有岭地众多的英雄们，这与史诗的战争性质有着直接的关联。史诗写的是战争,战争就需要塑造英雄人物。格萨尔以及岭国的众多战将,是古代藏族人民着力塑造的典型英雄形象。各种不同的部本通过大小不同的战争,塑造了格萨尔及几十个古代英雄的光辉形象,热烈讴歌了"黑头藏人"在凶恶、强横的掠夺进犯者面前进行不屈不挠斗争的英雄气概。格萨尔大王的哥哥嘉擦接到情报后,就立刻整装出发。他对背着三岁儿子的妻子说:"岭国有难不去救,怎能算作英雄汉","平常自称是猛将,猛将要在阵地上","我心再苦也要打敌人,我身再累也要向前方","要给岭国英雄报血仇,要给岭国百姓除祸灾","坐在房中活百岁,不如为国争光彩"。神箭手丹玛在听到嘉擦的命令后,心想:"别说叫我去侦查霍尔的动静,就是叫我到恶魔窝中去送死,我也毫不犹豫。"当他单骑探敌,看见犯边的敌兵压境时,他愤慨地说:"男儿在太阳低下扯闲话,都说我是英雄汉,今天大敌已压境,以前的豪语看今天,为国为众探敌情,纵死沙场也心甘。""愿我今天逞威风,迎击霍尔建奇功,刀剁强横撑敌兵,万载千秋留英名。"高歌之后,他闪电般地冲进了霍尔军营,吓得霍尔官兵失魂落魄,白帐王面如土色昏倒在地。一次,霍尔臣辛巴梅乳孜在追赶中,被丹玛放弓一箭削去天灵盖而翻身落马,昏厥过去。霍尔三大王、千多名巴图尔、十二部大军见此情景,无不垂头丧气,惶恐不安。在霍尔敌人无礼横行欺压弱小时,年幼的戎擦玛尔勒也争着要上战场,立志杀敌。他说:"今年才满十三岁,骊龙项下一宝珠","六艺家传精枪刀,有志不在年大小,毅勇顽强家门中,英雄不在身高低","好汉不顾自己命,玛尔勒要奋勇冲向前"。在军情严峻、岭国处于劣势之时,年过七旬的总管王戎擦叉根老当益壮,豪情满怀地说:"我虽然浑身血肉已枯瘠,脸无光泽皱纹聚,但勇武沉毅依然在,心雄志大有豪气","我要叫他们十万草木兵,满滩鼓噪声凄厉,我要今天上战场,威威武武去杀敌"。他像陨石从天滚落一般,跃入霍尔兵营,射杀60余人,接着又挥舞宝剑直奔白色大帐。白帐王张皇失措,爬藏在金座底下。总管王犹如闪电,冲进帐内，连砍三刀，金座裂为三片，吓得白帐王心肝崩裂，霍尔军丧魂落魄。在岭国嘉城被围，珠牡即将遭劫的危难时刻，莱琼姑娘挺身而出，她说："若对大局有裨益，出嫁受辱也心甘……若对岭尕有裨益，受罪至死也心甘。"小英雄昂琼，一次扬鞭策马冲进霍尔营，把霍尔军搅成了一个血海，砍下了白帐王无缝大幕顶上白天魔鬼神的神像，剁掉了白帐王的五六个近侍。尔后，昂琼在又一次冲杀中身中暗箭，但他不顾重伤，将箭用力拔出，继续追杀魔敌，当嘉擦和丹玛赶到跟前，见他咬着牙齿挣扎，再也难活下去时，两个人泪珠滚滚。昂琼见此情景挣扎着说道："……别了！……痛苦至死不淌泪，这是大丈夫的英雄品格。"随后微笑地望着嘉擦的面孔，壮烈死去。珠牡这个在《堆岭》中只重于感情，要求丈夫不离开自己一步的美貌女子，在《霍岭大战》中格萨尔北去降魔未归的形势下，却一反常态，挑起抗击侵略者的重担。特别是在兵临城下、敌众我寡、嘉城将破的危急时刻，她穿戴格萨尔的头盔铁甲，手执弓箭，于城头威然宣布："嘉城四周四城门，霍尔辛巴齐向前，四面合击来围攻，今天我不得不放箭。你们这种狂妄兽，必须受到我惩罚，我要向嘉城四城门，将我七支神箭接连发。不杀霍尔四百人，宝箭就不是神明箭，宝弓也非神明弓，珠牡也就不能列入空行中。"神箭所到之处，无数铁甲敌军翻倒在地。当霍尔军涌上楼梯时，她愤恨已极，毫不示弱，挥起格萨尔宝剑就向敌人扑去！史诗高扬英雄主义大旗，对岭国的这众多英雄的事迹进行了热情讴歌，颂扬了这些为岭国浴血奋战、抛头颅、洒热血的英雄们。

《格萨尔王传》是一部以表现部族集团之间的交往和战争为主要题材的史诗，反映了藏族形成和发展的历史进程，其间充满了民族整体利益和部落局部利益之间的矛盾和斗争。在史诗中，始终贯穿着很强的部族意识。格萨尔大王的每一次降妖伏魔都是为了保护本部族人畜财产或者为本部族掠夺牛羊财宝，这实际上就是原始的部族意识的体现。这与当时原始藏族人民的生活环境有着极大的关联。地处青藏高原上的游牧民族部落，自然环境恶劣，物质条件差，生活资源匮乏。人们期望改善自己的物质生活条件，过上幸福美好的日子。但在部落战争时代，这种愿望要想实现就得靠战争、靠掠夺、靠抢劫。《格萨尔王传》所表现的，就是这样一种历史阶段的社会生活。说唱艺人们通过艺术的手段，把人们的这种愿望创造成了不同部本的史诗。比如有《大食财宗》《西宁银宗》《丹玛青稞宗》《尼泊尔米宗》《雪山水晶宗》《甲那茶宗》《扎日药宗》《象雄珍珠宗》《阿扎玛瑙宗》《奇乳珊瑚宗》《米努绸缎宗》《阿里金宗》《察瓦绒箭宗》《木雅铠甲宗》《突厥兵器宗》《松巴犏牛宗》《蒙古马宗》《格古犬宗》《琼赤牦牛宗》《阿赛山羊宗》《白热绵羊宗》《木古骡宗》等。这些部本中，都描写的是战争，战争的目的是掠夺牛羊和财物。作为领导战争的主帅，格萨尔大王是保护本部族利益的集中代表。《格萨尔王传》一生所进行的部落战争，就是为了夺回被掠夺的一切以及掠夺所需要的一切。为了保卫岭国的物质财富，格萨尔大王带领岭国人民降伏了魔国，进行了"霍岭大战""门岭大战""姜岭大战"等各种反侵略战争。部落战争改善了岭国人民的生活状况，提高了部落联盟各属国臣民的生活水平，使得整个青藏高原呈现出五谷丰登、六畜兴旺、丰衣足食、歌舞升平的安乐景象。例如在《降伏魔国》中有这样的描述："五宝大地敞金盆，大地金盆五谷长。秋天开镰割庄稼，犏牛并排来打场。拉起碌碡咕噜噜，白杨木锨把谷扬，风吹糠秕飘四方。"在《姜岭大战》中也描写道："岭国的百姓不用再担忧，雄狮大王已经得胜利，酥油、糌粑不会缺，毛毡、氆氇不会光，骡马、牛羊一定遍岭地。"霍岭大战结束后，在姜岭大战中充当岭军先锋的降将辛巴梅乳孜在谈到霍尔国归顺岭国后经济发展、人民安居、生活富裕时唱道："我们霍尔的各酋长，年年平安心里乐，并托雄狮大王福，家家富足粮食多。没吃的穷人富裕了，弱小人地位提高了，老年人心地开阔了，小孩子快乐增多了，少女们心房像花朵，越开越艳越美好。""牦牛、奶牛和犏牛，还比天上星星多；山羊、绵羊和小羊，好像白雪落山坡。""奶子像海酒像湖，没有一人愁吃喝。

夜里跳着舞，白天唱着歌。都是托格萨尔大王福，人人欢喜人人乐。"这实际上是古代藏族人民梦寐以求的生活。他们期盼有一位像格萨尔大王一样的神威英雄，把他们带向衣食无忧的新天地。《格萨尔王传》中关于部族意识这一原型特质，是其民族心理原型和精神原型共融共生的呈现。通过这一载体，可以溯源史诗的历史原型，从而抵达藏族原始先民的心灵和思想深处，窥探人性的历史河流。

第二节 《江格尔》

一、《江格尔》的基本概述

《江格尔》是草原蒙古族卫拉特部的一部英雄史诗，是卫拉特人的一部天籁曲。它包容了蒙古族人民所有的文化、智慧，是蒙古族人精神的具体表现，与蒙古族人民血肉相连，是蒙古族的百科全书、生活大辞典，被誉为中国少数民族三大史诗之一。它长期在民间口头流传，经过历代人民群众，尤其是演唱《江格尔》的民间艺人江格尔奇的不断加工、丰富，篇幅逐渐增多，内容逐渐丰富，最后成为一部大型史诗。迄今国内外已经搜集到的共有60多部，长达10万行左右。这部史诗是以英雄江格尔命名的。

关于《江格尔》产生的年代，众说纷纭，没有确切时间。已故的俄罗斯科学院院士科津等学者断定它产生于15世纪，而蒙古学者巴·索德那木和捷克斯洛伐克学者帕·帕兀哈认为，它产生的时代早于15世纪，大约从公元13世纪开始出现，到公元17世纪时主要部分已经定型。中国的研究学者有的则认为，《江格尔》是原始社会的作品，它最初产生于原始社会，流传到明朝时期基本定型。

诗歌是古代人们最喜爱的一种文体形式，尤其是草原民族对诗歌格外挚爱。草原民族选择具有言简意赅、易记易诵为特点的诗歌来表达自己的情感，自然是由他们的生产、生活方式来决定的。诗歌是语言文字的浓缩，它以音乐般精悍的符号记述着最广泛的世界万物，在没有其他传媒手段的远古，它不失为一种最先进、最适合受众对象的文化传承载体。诗歌是草原民族的宠儿，它在草原文化的瀚海里自由畅游，并滋生出多种派系，迄今在民族文学创作中依然占据着霸主地位。但史诗就不同了，它是诗歌中的王子，是韵文体中的骄傲和自豪。史诗是一个民族的文化大辞典，包罗万象，应有尽有。从外在形式上看它是一般诗歌的绵延赓续和提升，但它的内涵太深邃，承载的负荷体大量重，并不是任何民族都具有的。史诗是个特定时代的特殊产物，它是一个民族文化高度发展的标志，同时它是一个民族完整地进入文明时代，社会制度相对健全，民族的群体意识、自主意识高度发展的表现。史诗的功能就是忠实而又艺术地刻录一个民族完成历史性变迁的每一个细节。草原民族是诗歌民族，而这个诗更多的是力的象征，少的是情意绵绵、柔情似水，多的是疾恶如仇、爱憎分明、铿锵有力、掷地有声、豪气荡然。草原的诗如高山流水、骏马奔腾，激情似火。史诗就是草原人的魂，艺人那节奏明快、声情并茂的演唱就是草原人发自内心深处的呐喊，那更是来自无垠草原的天籁之声。产生史诗的民族无疑是伟大的民族，它必定是在人类文明发展史上有过惊世之举的民族。蒙古族就是这样一个伟大的民族，它孕育出的文化骄子《江格尔》就是那个特殊时代的天籁之作。

关于江格尔一词的来源，历来解释不一。波斯语解释为世界的征服者，突厥语解释为战胜者、孤儿，藏语解释为江格莱的变体，蒙古语解释为能者。《江格尔》应产生于蒙古族社会还不发达的氏族社会末期至奴隶社会初期阶段。这部史诗具有丰富的思想内容。它以蒙古族原始氏族社会与奴隶制交接期的社会生活为背景，歌颂乐园宝木巴、他的勇士及其骏马，生动地反映了古代劳动牧民的社会理想，蒙古社会奴隶制形成前后的大变化大动荡历史状况以及进行的艰苦卓绝的斗争和惊心动魄的战斗场面。氏族社会末期至奴隶社会初期，战乱频繁，掳掠成风，给劳动人民带来极大痛苦，蒙古族人迫切希望出现一个像史诗中所描写的阿鲁宝木巴那样的理想国。作者怀着无比热爱和骄傲的心情，对宝木巴反复咏唱赞美：宝木巴的人民青春常在，没有衰老，没有死亡，像25岁的青年那样，生龙活虎，永远健壮。这里没有鳏寡孤独，人丁兴旺；这里没有严寒酷暑，四季如春，百花烂漫，百草芬芳。

《江格尔》全书以江格尔汗王率领12位雄狮、32位虎将、6000多名勇士征战四方、降伏妖魔、抵御外强、驰骋疆场、英勇杀敌，建立一个没有战争、没有邪恶、没有疾病、没有饥饿，人们青春永驻永远都是25岁，草原四季常青，牛羊遍山，充满欢乐的宝巴国为主题，反映了蒙古族人民最淳朴、善良、美好的愿望。

《江格尔》在赞美蒙古族人民美好理想的同时，还歌颂了他们为之奋斗不息的献身精神。史诗中描写了蒙古族的劳动牧民在他们首领的带领下，把生命交给短剑长枪、把赤心献给宝木巴天堂的战斗经历。理想国宝木巴的繁荣富庶和团结友爱正是众勇士和部落民经过艰苦卓绝的斗争而发展巩固起来的。这种为了家乡草原而誓死抗战不怕牺牲的斗争精神，是蒙古族人民的宝贵精神财富。

《江格尔》作为一部长篇英雄史诗，在人物塑造方面取得了突出成就。如描写圣主江格尔，反复辅叙了他苦难的童年与艰苦的战斗经历，把他描写成一位机智、聪明、威武、能干，深受群众拥戴，为宝木巴事业奋斗不息的顶天立地的英雄人物。他作为一代开国汗主，是国家的缔造者、组织者和领导者，受到众勇士和人民的衷心拥戴。他成了众勇士的榜样、头脑和灵魂，是人民的希望，是宝木巴繁荣昌盛的象征。

《江格尔》的整个故事以主人翁江格尔、洪格尔为主线展开，拉洋片式的，一幕接一幕，各篇独立成章，篇篇衔接，故事情节天衣无缝。主人公江格尔被蒙古族人民理想化，但百姓始终把他视为有七情六欲的人，把他作为众英雄的代表，本来在他身上要表现的神的成分都被分解到将士的身上。如他的12位雄狮，神通广大，各个身怀绝技；32名虎将，以一当十，刀枪不入；6000名勇士更是骁勇善战、潇洒沙场。

《江格尔》通过其丰富的思想内容和生动的艺术形象，描绘了洋溢着草原生活气息的风景画与生活图景，体现了蒙古民族特有的性格特征和审美情趣，在艺术风格方面具有鲜明的民族特色。

史诗满怀深情地描绘了阿尔泰山的奇壮景观，对古代卫拉特部落的生活环境做了富有民族特色的渲染。蔚蓝的宝木巴海，高耸入云的阿尔泰山，翡翠般的千里草原，一望无际的银色沙漠，嘶鸣奔腾的马群，玛瑙般的牛羊，光芒四射的巍峨宫殿，构成一幅五光十色、绚丽多彩的草原特有风景画。在辽阔的草原上，牧马人拿着套马杆翻过高山，越过湖泊，追逐奔驰的烈马的精彩场面，嫩绿的牧场上举行着的好汉的三种竞赛的情景，都令人心向神往。

《江格尔》的民族性还表现在语言运用、表现手法等诸多方面。如运用丰富优美的卫拉特民间口语，融合穿插蒙古族古代民歌、祝词、赞词、格言、谚语以及大量采用铺陈、夸张、比喻、拟人、头韵、尾韵、腹韵等。

《江格尔》是蒙古族人民的一部伟大英雄史诗，千百年来广泛流传于蒙古族地区，直到今天仍然能够给我们以艺术的享受，而且就某些方面来说还是一种规范和不可企及的典范。

《江格尔》具有丰富的思想内容。传说江格尔是奔巴地方的首领乌宗·阿拉达尔汗之子，两岁时，父母被魔鬼掳去杀害。藏在山洞里的小江格尔被善良的人发现，收养长大。江格尔从小就具有超常的智慧、高尚的品德、惊人的体力和高强的武艺。从7岁开始，他就建功立业，兼并了邻近42个部落，被臣民推举为可汗。

以江格尔为首领的勇士们用他们超人的智慧和非凡的才能不断战胜来自周围部落的入侵，击败以蟒古思为头目的邪恶势力的进攻，逐渐扩大自己的力量、财富和领地，继而建立了以宝木巴为核心的美好家园。这里四季如春，人们过着丰衣足食、相亲相爱的幸福生活。但是这引起了江格尔的仇敌的嫉恨，江格尔手下的能工巧匠、骏马贤妻都成了被掠夺的目标。史诗围绕着抢婚、夺财、强占牧地展开了一幅幅惊心动魄的战争场面，从中我们可了解远古蒙古族社会的经济文化、生活习俗、政治制度等诸多方面。

关于《江格尔》的产生和流传地区，其说法也不一。一种观点认为，它最初产生在中国新疆的阿尔泰山一带蒙古族聚居区。近几年在新疆发现的大量材料，进一步证实了上述观点的可靠性。《江格尔》至今仍在新疆各地的蒙古族人民中间广为流传，也曾在俄国的卡尔梅克人中流传。现今的卡尔梅克人，是17世纪初从中国新疆游牧到伏尔加河下游定居的蒙古族卫拉特部的后裔。随着卫拉特人的迁徙，《江格尔》便传播到俄国的伏尔加河下游。这部史诗在俄国以及蒙古人民共和国境内都有一定的影响。

二、《江格尔》的故事梗概

《江格尔》是由数十部作品组成的一部大型史诗，除一部序诗外，其余各部作品都有一个完整的故事，可以独立成篇。其中，有些作品在故事情节方面有一定的联系，但大多数作品的情节互不连贯，这些作品很难找出它们的先后顺序。贯串整个《江格尔》的是一批共同的正面人物形象。

《江格尔》的开篇是一部优美动听的序诗。它称颂江格尔的身世和幼年时代的业绩，讴歌江格尔像天堂一样的幸福家乡宝木巴和富丽宏伟的宫殿，赞扬江格尔闪射着日月光辉的妻子和智勇双全、忠诚无畏的勇士们，介绍了《江格尔》的故事背景、主要人物，并且揭示了全书的主题思想，是这部史诗的楔子。

《江格尔》的故事繁多，归纳起来大致有三大类作品，即结义故事、婚姻故事和征战故事，以后一类故事最为常见。

1.结义故事

《江格尔》中的英雄们经过战场上的交锋，或者各种考验终于结为情同手足的盟誓弟兄的事迹。

阿拉谭策吉归顺江格尔之部。5岁的小英雄江格尔被大力士西克锡力克俘获后，西克锡力克发现江格尔是个命运非凡的帅才，怕他日后统治天下，就企图害死他。可是，西克锡力克的儿子，5岁的洪古尔用自己的生命保护了他。接着，西克锡力克派江格尔去抢夺老英雄阿拉谭策吉的马群。在赶回马群时，江格尔中箭不省人事。阿兰扎尔骏马把他带回西克锡力克的门前，西克锡力克此时正要出猎，就叫妻子处死江格尔。洪古尔恳求母亲不要杀江格尔，并用法术治好了江格尔的箭伤。于是，洪古尔和江格尔便结为最亲密的弟兄。西克锡力克多日不归，他俩出外寻找，发现西克锡力克被扣于阿拉谭策吉的牧场。阿拉谭策吉看出洪古尔和江格尔结为一体将无敌于天下，决心归顺他们。阿拉谭策吉便对西克锡力克说："江格尔7岁时将征服世上的妖魔鬼怪，统辖40个可汗的领地，名扬四海，威震八方。到那时，你要给他娶诺木·特古斯汗之女阿盖·莎布达拉为妻，把自己的权力交给他。我将当他的右翼首席大将，洪古尔将当他的左翼首席大将。他会治理好家乡，让宝木巴兴旺发达，繁荣富强。"后来，西克锡力克果然让江格尔掌握了宝木巴的一切权力。

洪古尔和萨布尔的战斗之部。铁臂力士萨布尔的父母临终时叮嘱他立即去投奔江格尔可汗，但他听错了双亲的遗言，去寻找沙尔·蟒古斯，骑着栗色骏马在荒凉的旷野中迷失了方向。此时江格尔正在宫中举行酒宴，阿拉谭策吉提醒他应当尽速降伏萨布尔。于是，江格尔便率部出发。他一声令下，8000勇士立刻冲上前去。萨布尔抡起81尺长的月牙斧，把勇士们打得人仰马翻。正在这个紧急关头，洪古尔从沉醉中醒来。他跨上铁青宝驹赶到疆场，挥舞着阴阳宝剑向萨布尔杀去。两位英雄你砍我杀，互不相让。最后洪古尔从马背上提走萨布尔，将他扔到江格尔身旁的黄花旗下。江格尔亲自敷药，治好了萨布尔的伤口。萨布尔苏醒过来后，一连三次宣誓：我把生命交给你高尚的洪古尔，我把力量奉献给荣耀的江格尔！洪古尔也庄严宣誓，跟萨布尔结为兄弟。回到宫中后，江格尔举行了盛大的宴会向他们表示祝贺。

2.婚姻故事

《江格尔》中，通过江格尔及众英雄娶亲的各种经历，展示出他们非凡的本领和高尚的品德。

洪古尔的婚事之部。在一次宴会上，洪古尔请求江格尔赐给他一个妻子。江格尔亲自去扎木巴拉可汗那里求婚，要为洪古尔聘娶美貌的参丹格日勒。洪古尔去迎亲时，参丹格日勒已经和大力士图赫布斯拜了天地。洪古尔盛怒之下，杀死了他们，然后跨上铁青马驰去。飞奔3个月后，洪古尔跟宝驹一起昏倒在荒野上，3只黄头天鹅飞来救活了他们。他们再往前跑了3个月，大海挡住了去路，海中的鲟鱼出来把他们送到了对岸。洪古尔继续奔驰，来到了查干兆拉可汗的宫殿近旁。他十分疲惫，就变为一个秃头儿，让铁青马变成一匹秃尾小马。江格尔见洪古尔娶亲久无音讯，就出外寻找，来到查干兆拉可汗的领土上正巧与洪古尔相遇。原来可汗的女儿哈林吉腊早已爱上洪古尔，正是她变成天鹅、鲟鱼拯救了洪古尔。江格尔为洪古尔聘娶了哈林吉腊公主，一同返回故乡宝木巴。

萨里亨·塔布嘎的婚事之部。江格尔在高耸入云的宫殿里举行宴会时，阿拉谭策吉提出应当请镇压四面八方的蟒古斯的英雄洪古尔来共享欢乐，江格尔便派萨里亨·塔布嘎去请洪古尔。到了洪古尔的家里，他向洪古尔说明来意后，表示还要到太阳落的地方去娶陶尔根·昭劳汗的女儿。出发时，洪古尔和勇士们都为他送行。萨里亨·塔布嘎跨着骏马踏上陶尔根·昭劳汗的领土后，首先击退了向他进攻的大黑种驼和白鼻梁的红色母驼,接着又战胜了阿尔海和萨尔海两位勇士,后来还打死了凶悍的勇士道格森·哈尔。快到陶尔根·昭劳汗的宫殿时,他变成一个秃头儿,他的骏马变成一匹长癞的小驹。当他来到可汗的宫殿时,只听见陶尔根·昭劳汗正向各地来求亲的英雄好汉宣布:大家都去参加射箭、赛马、摔跤三种比赛,谁获得全胜我就把公主许配给谁。秃头儿要求参加比赛,可汗心里虽然很不乐意,但也不好不让他参加。开始比赛之前,可汗请卜卦人来算算是谁娶公主。卜卦人占卜后对可汗说,将要娶公主的是个秃头儿。比赛开始了。射箭时,各地的英雄好汉谁也没射中目标,最后让秃头儿给射中了。赛马时,秃头儿骑着长癞的小驹得了第一名。摔跤时,秃头儿同天上和地下来的各路有名的摔跤手较量,把他们一个个摔到很远很远的地方。三种比赛都获胜以后,萨里亨·塔布嘎恢复了自己的原貌。于是,陶尔根·昭劳汗把最小的女儿奥特根·哈尔许配给萨里亨·塔布嘎,为他们举行了盛大的婚礼。

3.征战故事

《江格尔》描绘的是以江格尔为首的英雄们降妖伏魔,痛歼掠夺者,保卫家乡宝木巴的辉煌业绩。

征服残暴的西拉·古尔古汗之部。得知江格尔可汗远走他方,35勇士纷纷出走后,暴戾成性、险恶凶残的西拉·古尔古汗便大举进犯宝木巴地方。雄狮洪古尔只身迎敌,最后不幸被擒。西拉·古尔古汗派人将洪古尔拖进幽深的地洞,投入血海,让他受尽折磨。宝木巴遭到空前的浩劫,百姓们统统被驱赶到草木不生的沙原。江格尔漫游天下,在青山南面的一座宫殿里,遇到一位天仙似的姑娘。他俩结成亲密的伴侣,生下一个男孩,起名少布西古尔。过了3天,这孩子便骑着江格尔的阿兰扎尔骏马上山打猎去了。有一次打猎时,他遇上阿拉谭策吉,老英雄让他把一支箭带去交给自己的父亲。江格尔看到这支箭,想起昔日的荣誉,非常思念家乡,立即返回宝木巴。可是,故乡白骨成堆，满目荒凉。他好不容易才找到一个老人，探听到洪古尔的下落。他毅然走进地洞，到七层地狱的血海里去寻找洪古尔。小英雄少布西古尔随后也来到了宝木巴。他召集众勇士共同对敌，除掉了万恶的西拉·古尔古汗，解救了水深火热中的百姓。江格尔冲进魔窟，把恶魔斩尽杀绝，取回洪古尔的遗骨，用如意神树的叶子救活了洪古尔。江格尔和洪古尔回去跟众人一道重建家园，宝木巴地方又像从前一样繁荣富强。

战胜残暴的芒乃汗之部。芒乃汗派使者向江格尔提出五项屈辱性的条件，扬言如不应允便率领大军进攻宝木巴。洪古尔挺身而出，发誓宁可在清泉边洒热血，在荒野里抛白骨，也不去做奴隶。他单枪匹马冲入敌阵，夺了敌方的战旗，杀死无数敌人。但因寡不敌众，洪古尔身负重伤。这时江格尔带领众将赶来助阵。萨纳拉、萨布尔受伤后，江格尔出马同芒乃汗激战。江格尔一枪将芒乃汗挑起来，刚举到空中时枪突然断了。洪古尔连忙跳上去同芒乃汗肉搏，其他英雄也赶上前来，大家一起斩除了这个不可一世的顽敌。

三、《江格尔》人物塑造与艺术手法

《江格尔》这部蜚声中外的著名史诗，卷帙浩繁，规模宏大，广泛地反映了它从最初产生到定型之前各个历史时代的社会生活和人民群众的思想愿望。这部具有强烈爱国主义、英雄主义精神的大型史诗，揭示了一个伟大的真理：出类拔萃的英雄人物和全体人民群众同心协力，紧密团结，进行艰苦卓绝的斗争，就能克敌制胜，保卫家乡，创建和平幸福美好的生活。这便是《江格尔》通过一系列瑰丽多彩的画卷和可歌可泣的故事所表达的主题思想。《江格尔》成功地塑造了许多栩栩如生的人物形象。其中的反面形象各部并不一致，几乎每部作品都有一种敌人。但是整部史诗里出现的正面形象是一致的，主要的正面人物是宝木巴的首领江格尔可汗及其将领阿拉谭策吉、洪古尔、古

恩拜、萨纳拉、萨布尔、明彦、哈布图、凯·吉拉乾等。这些理想化的正面形象大都是半人半神式的英雄。他们一方面有着现实生活中的各种禀性特征，又有着天神的非凡的智慧和本领。这些英雄不但具有疾恶如仇、勇猛善战，忠于家乡、忠于人民的共同性格特征，而且具有比较鲜明的个性特征。他们大致可分为几种不同类型的人物形象。江格尔是一个军事领袖的典型，他在宝木巴地方起着缔造者、组织者和领导者的作用。阿拉谭策吉和古恩拜是智慧的化身，他们在宝木巴处于军师和谋士的地位。洪古尔、萨布尔、萨纳拉是冲锋陷阵的猛将，他们往往是决定战争胜负的关键人物。吉拉干是一位能言善辩的宣传鼓动者，美男子明彦负责外交、礼宾活动，江格尔的马夫宝尔芒尼主管交通、后勤事务。不仅如此，即使那些性格相近的人物也各有特点。例如，洪古尔、萨布尔、萨纳拉3员猛将，一个大公无私，一个忠诚老实，一个有时不免计较个人名誉、地位，在性格上仍有一定的差异。此外，《江格尔》还较为出色地刻画了一些普通劳动者的形象，在艺术创作方面也是别具匠心的。

　　《江格尔》作为一部长篇英雄史诗，在人物塑造方面取得了突出成就。如描写圣主江格尔，反复辅叙了他苦难的童年与艰苦的战斗经历，把他描写成一位机智、聪明、威武、能干，深受群众拥戴，为宝木巴事业奋斗不息的顶天立地的英雄人物。他作为一代开国汗主，是国家的缔造者、组织者和领导者，受到众勇士和人民的衷心拥戴。他成了众勇士的榜样、头脑和灵魂，是人民的希望，是宝木巴繁荣昌盛的象征。

　　《江格尔》中描写最成功的英雄形象是洪古尔。史诗饱含感情地说洪古尔身上集中了蒙古族人的99个优点，体现了草原勇士的一切优秀品质。他对人民无限忠诚，对敌人无比痛恨，有山鹰般勇敢的精神，有顽强不屈的斗志。他热爱家乡、热爱人民，不畏强暴，为了宝木巴粉身碎骨也心甘情愿。比较突出地体现了蒙古民族那种吃大苦耐大劳，顽强坚定和英勇尚武的性格。

　　如果说英雄史诗是蒙古族远古文学中最重要的民间文学体裁，那么《江格尔》就是这一体裁中篇幅最长、容量最大、艺术表现力最强的代表。它代表了蒙古族英雄史诗的最高成就,从而也代表了蒙古族远古文学的最高成就,成为蒙古族文学发展史上的一个高峰。在蒙古族英雄史诗的历史类型中,《江格尔》是继单篇史诗、串联复合史诗之后出现的大型并列复合史诗。这样的长篇英雄史诗在蒙古族土生土长的文学中虽然只有《江格尔》一部,但从后来蒙古《格斯尔可汗传》的流传形成看,并列复合史诗的结构实际已经成为蒙古族长篇英雄史诗结构的一种规范。

长篇英雄史诗《江格尔》在继承远古中短篇英雄史诗婚姻和征战两类题材和主题的同时,又新增加了部落联盟的题材和主题,从而把远古中短篇史诗所反映的氏族与氏族、部落与部落之间的婚姻、征战斗争扩大到部落联盟,把塑造氏族、部落首领单个或几个英雄形象扩大到塑造以江格尔、洪吉尔为代表的部落联盟英雄群体,在更加广阔的历史背景上深刻地反映了蒙古氏族制度瓦解、奴隶制度确立的过程。这样内容深广、人物众多的鸿篇巨制,不但在远古时期的蒙古族文学中首屈一指,在整个蒙古族文学史中也不多见。

《江格尔》富于变化的音韵格律在蒙古族诗歌发展史上占有承前启后的重要地位。从《江格尔》的音韵格律中,一方面可以发现萨满教祭词神歌等蒙古族诗歌音韵格律最初的萌芽形态,另一方面也可以看到蒙古族诗歌音韵格律走向成熟道路上的种种发展轨迹。这就使它不但成为研究蒙古族诗歌音韵格律发展的重要资料,而且成为学习蒙古族诗歌音韵格律的基本典范。

《江格尔》以其丰富的社会、历史、文化内容,艺术上所达到的高度成就,在蒙古族文学史、社会发展史、思想史、文化史上都占有重要地位,《江格尔》是蒙古民族文化的瑰宝。

四、《江格尔》的版本与流传

1950年，商务印书馆出版边垣编写的《洪古尔》一书，是在中国第一次出版的《江格尔》部分内容的汉文改写本。1958年在呼和浩特、1964年在乌鲁木齐先后用蒙古文出版了《江格尔传》，其中收有1910年以前在俄国出版的《江格尔》的13部作品。1978年至1982年，在新疆蒙古族地区搜集到的《江格尔》共有47部，长达8万诗行。其中，先后印成书的共计32部。1980年出版的15部是阿拉谭策吉和萨纳拉战斗之部，洪古尔和萨布尔战斗之部，洪古尔征服蟒古斯三兄弟之部，洪古尔击败库尔勒·占巴拉汗之子之部，征服哈尔·桑萨尔之部，萨里亨·塔布嘎的婚事之部，洪古尔的婚事之部，洪古尔活捉冬希乌尔·格日勒蟒古斯之部，汗希尔·宝东之部，征服玛拉·哈布哈之部，洪古尔征服蟒古斯布尔古特汗之部，征服哈尔·特布赫图汗之部，吉拉干击败沙尔·格日勒汗之部，小英雄霍顺乌兰、哈尔吉拉干、阿里亚双合尔活捉巴达玛乌兰之部，霍顺乌兰的婚事之部。1982年至1983年付印的17部是西克锡力克与孤儿江格尔相遇之部，江格尔接受西克锡力克的领地之部，乌琼·阿拉德尔可汗的孤儿命名为江格尔之部，征服阿拉坦·索耀汗之部，江格尔之子阿尔巴斯·哈尔活捉鄂尔古·孟根·特布赫汗之部，江格尔掌管西克锡力克的大印之部，包尔·芒乃征服杜希·芒乃汗之部，洪古尔寻找伯父之部，江格尔向洪古尔之子霍顺乌兰授印之部，洪古尔镇压道克欣·哈尔蟒古斯之部，洪古尔征服格棱·占巴拉汗之部，英雄萨布尔娶那仁达赖汗之女诺木图古师之部，洪古尔娶阿拉奇汗的女儿之部，西克锡力克的婚事之部，洪古尔同儿子霍顺乌兰夺取蟒古斯领地之部，小勇士巴特哈那镇压耀温·乌兰蟒古斯之部，道克欣·沙尔·布尔古特之部。1983年，人民文学出版社出版15部《江格尔》的汉文译本。

在国外，19世纪初，俄国首次搜集、出版了《江格尔》的一些部分。最早搜集并向欧洲介绍这部史诗的是贝克曼。他从卡尔梅克人当中采录到《江格尔》的个别片断，旋即将它们译为德文，于1804年至1805年在里加发表。后来，俄国学者阿·鲍波洛夫尼科夫于1854年用俄文发表《江格尔》的另外两部。克·郭尔斯顿斯基于1864年用托忒蒙古文刊印了西拉·古尔古汗之部和哈尔·黑纳斯之部。弗·科特维茨于1910年又用托忒蒙古文刊印了鄂利扬·奥夫拉演唱的《江格尔》10部。1978年在莫斯科出版的阿·科契克夫编的《江格尔》，收入先后在俄国记录的作品25部，共约25000诗行。蒙古人民共和国出版的有《史诗江格尔》（1968）和《名扬四海的英雄洪古尔》（1978），共收入在蒙古人民共和国境内记录的25个片断。《江格尔》除蒙古文版本外，在国外还有德、日、俄、乌克兰、白俄罗斯、格鲁吉亚、阿塞拜疆、哈萨克、爱沙尼亚、图瓦等多种文字的部分译文。研究《江格尔》已经形成为一门世界性的学科。在俄、蒙、匈、捷克斯洛伐克、德、英、美、法、芬兰等国都出版过不少《江格尔》的研究著作。

《江格尔》还为认识远古蒙古族人朴素的神幻浪漫的审美观念提供了丰富的内容，如：对通人言晓人意、将外在形体美与内在精神美融为一体的"蒙古马"的审美观念；对以力、勇、义为基本性格特征的部落英雄人体美与个性美的审美观念；对于英雄相对立的贪婪、凶恶、残暴的蟒古斯的审美观念；对兽形类比的审美观念；对理想化的自然美与社会美的审美观念，等等。这一系列以游牧文化为根基的独特的审美观念对蒙古族传统的民族审美意识的形成发展同样具有承前启后的重要意义。

《江格尔》以其独有的艺术魅力，深深扎根于蒙古族人民群众的沃土之中。从13世纪左右诞生起，主要由江格尔齐在民间传唱，流传至今。江格尔齐，蒙古语意为专门演唱史诗《江格尔》的民间艺人。他们以超群的记忆、丰富的知识，受到牧民们的尊重。另外，因为蒙古族很早就有自己的文字，所以，《江格尔》又有蒙古文手抄本流传于民间。手抄本叫立江格尔。《江格尔》在一代一代江格尔齐的演唱中，不断增删、加工，加上手抄本的文字的直观性，使《江格尔》的增删加工，要比单纯的口头文学更细致、更考究。

其实早在公元1771年，也就是清乾隆十六年就开始了《江格尔》的整理工作，最初由新疆的蒙古族王公们分散进行。当时有12章回、32章回不等，究竟《江格尔》有多少章回，在《中国大百科全书·中国文学》中说：收集到的共有60余部，10万行左右。

随着全球化趋势的增强，经济和社会的急剧变迁，《江格尔》的生存、保护和发展也遇到了新的情况和问题，形势十分严峻。著名的民间艺人有的已经过世，在世的也都已经年届高龄，面临着人亡歌息的危险。因此，对《江格尔》传承人和资料的抢救和保护工作抓紧在做，以使这部宝贵的史诗长唱于世间。

国家非常重视非物质文化遗产的保护，2006年5月20日，《江格尔》经国务院批准列入第一批国家级非物质文化遗产名录。2007年6月5日，经国家文化部确定，新疆维吾尔自治区和布克赛尔蒙古自治县的加·朱乃、新疆维吾尔自治区巴音郭楞蒙古自治州的李日甫和新疆维吾尔自治区文联民间文艺家协会的夏日尼曼为该文化遗产项目代表性传承人，并被列入第一批国家级非物质文化遗产项目226名代表性传承人名单。

第三节 《玛纳斯》

一、《玛纳斯》的基本内容

柯尔克孜族现今分散居住于各地，我国境内称为柯尔克孜族，国外则称吉尔吉斯族。《玛纳斯》是在柯尔克孜族内部传唱久远悠长的一部英雄史诗。目前就中国记录收藏的《玛纳斯》共有8部，20多万行。《玛纳斯》广义指整部史诗，狭义指其第一部。与藏族史诗《格萨尔王传》、蒙古族史诗《江格尔》不同，史诗《玛纳斯》并非只有一个主人公，而是一家子孙八代人。整部史诗以第一部中的主人公之名得名。《玛纳斯》主要讲述了柯尔克孜族人民不畏艰险，奋勇拼搏，创造美好生活，歌颂伟大爱情的故事，一共分为8大部。2006年，《玛纳斯》被国务院批准列入第一批国家级非物质文化遗产名录。

现存的《玛纳斯》最著名的分为8部。

第一部《玛纳斯》，也是全史诗最精彩的一部分，叙述了第一代英雄玛纳斯联合分散的各部落和其他民族受奴役的人民共同反抗卡勒玛克与契丹统治的业绩，主要讲述大战争。史诗开篇有一个精彩的序诗，说"这是祖先留下来的故事，不唱完它怎么行……大地经过多少变迁，河谷干涸变成荒原，荒滩变成湖泊，湖泊又变成桑田……一切的一切都在变化，雄狮玛纳斯的故事，却一直流传到今天"。开篇气势恢宏，扣人心弦，具有史诗的典型特点。接着详述柯尔克孜族的族源，以娓娓动听的故事，将听众引进人类社会开辟鸿蒙的远古时期，柯尔克孜族人的生活画卷。然后交代待英雄玛纳斯出世的背景，逐步归入柯尔克孜族人民反侵略斗争的主题。

其故事讲述了古代勤劳善良的柯尔克孜族人受卡勒玛克人的统治、奴役，柯尔克孜族人处于灾难深重的环境里。玛纳斯诞生前，卡勒玛克人的占卜师预言，柯尔克孜族人中要出现一个英雄，将推翻卡勒玛克人的统治。卡勒玛克汗王阿牢开下令，剖开柯尔克孜族孕妇的肚子，妄图杀死即将出生的英雄。在柯尔克孜族人机智地保护下，英雄躲过了被杀的大难。英雄出生时，一手握血，一手握油，手掌上有玛纳斯的印迹。父母将他放在密林深处，长大成人。在乡亲们的支援下，大家为英雄制造长矛、战斧，送来战袍，聚集了40勇士，南征北战，打击敌人，玛纳斯被拥为汗王。他与周边的哈萨克族人、乌孜别克族人组成了14个汗王的部族联盟。玛纳斯娶卡拉汗之女卡妮凯为妻，成为他的贤内助与高参。阔阔托依逝世一周年，其子包克木龙举办盛大祭典，卡勒玛克人空吾尔巴依想乘机大闹祭典。玛纳斯被邀主持祭典，粉碎了卡勒玛克人破坏祭典、制造混乱的阴谋，使祭典顺利进行。克塔依人阿里曼特别加盟，与玛纳斯缔为同乳兄弟，受到玛纳斯重用，被封为内七汗之一。卡勒玛克人侵袭柯尔克孜地区，玛纳斯率40勇士远征，阿里曼别特受任统帅率远征大军，直捣京城，获得大胜。后因军心涣散，丧失警惕，被卡勒玛克人的统帅空吾尔巴依用毒斧击中玛纳斯的后颈，玛纳斯撤兵返回故乡后死去。夫人卡妮凯为他修建了陵墓。第一部共计53287行。

第二部《赛麦台依》，叙述玛纳斯死后，其子赛麦台依继承父业，继续与卡勒玛克斗争。因其被叛逆坎乔劳杀害，柯尔克孜族人民再度陷入卡勒玛克统治的悲惨境遇。赛麦台依是第一部英雄主人公玛纳斯的儿子,也是第二部的英雄主人公。《赛麦台依》在故事情节的发展、人物形象的塑造以及矛盾冲突的解决等方面与第一部有直接的联系,是第一部史诗内容的延续。在主题思想方面与第一部一致,艺术性有增无减。这一部描述第一部英雄玛纳斯的死敌空吾尔拜受到惩治,赛麦台依为父报仇、家族内讧及赛麦台依与美女阿依曲莱克之间曲折动人的爱情故事。英雄玛纳斯的葬礼刚刚结束,一场家族内讧暴发。玛纳斯同父异母的兄弟阿维开与阔别什在父亲贾克普的指使下,阴谋将玛纳斯之子赛麦台依扼杀在摇床之中,夺取王位。卡妮凯带着儿子逃到布哈拉娘家。赛麦台依12岁时得知自己的身世后毅然返回故乡并在巴卡依老人的帮助下铲除内奸,重振柯尔克孜族的民族大业。青阔交与托勒托依勾结在一起想强娶美丽的仙女、赛麦台依指腹为婚的未婚妻阿依曲莱克。在敌人重重包围城堡的紧急关头,阿依曲莱克化为白天鹅飞上蓝天,去寻找未婚夫赛麦台依。她用各种神奇的变化法术把赛麦台依及其两位贴身的勇士古里巧绕和坎巧绕带到城堡,赛麦台依率领勇士们与敌人展开血战,把敌人打退并与仙女阿依曲莱克订婚。空吾尔拜伺机进犯柯尔克孜部落,赛麦台依被困在城堡中。古里巧绕和阿依曲莱克同心协力把赛麦台依救出城堡,与敌人展开了一场惊心动魄的激战,在战斗中杀死众多敌将。之后,赛麦台依的心腹坎巧绕背叛并勾结托勒托依之子克亚孜把赛麦台依诱骗到玛纳斯墓前,因赛麦台依的坐骑、战袍和武器早被坎巧绕骗去,所以他赤手空拳,无法战胜敌人,在激烈的战斗中突然消逝。坎巧绕和克亚孜得势后将赛麦台依的忠诚勇士古里巧绕肩胛软骨割去,使其沦为奴隶。已有身孕的阿依曲莱克被克亚孜强娶为妻。史诗中,英雄主人公赛麦台依公正、善良、勇敢无畏、感情炽烈,真诚的形象与贾克甫、阿维开、阔别什等的形象构成鲜明的对比。史诗融气势宏伟、震撼人心的激烈战斗场面与抒情的爱情描述于一体,成为柯尔克孜族民间文学的典范之作。赛麦台依与阿依曲莱克的爱情故事,成为千古绝唱,被世代玛纳斯奇颂扬。根据居素甫·玛玛依演唱的变体，第二部共计35246行。

第三部《赛依铁克》，描述第二代英雄赛麦台依之子赛依铁克严惩内奸，驱逐外敌，重新振兴柯尔克孜族的英雄业绩。《赛依铁克》在内容上与第一部、第二部相呼应。既有一定的独立性又与前两部有十分密切的联系。主题思想与前两部史诗一样，反映英雄主义、爱国主义精神，表现了主人公赛依铁克在内忧外患之中进行英勇抗争，并拯救流落他乡受苦受难的人民的英雄事迹。他是赛麦台依的妻子仙女阿依曲莱克所生，身体庞大，力冠群雄，但常常因没有合适的坐骑而苦恼。赛依铁克还未出生，其母亲阿依曲莱克就沦为克亚孜的奴隶，她想方设法与克亚孜周旋，把女巫变成自己的替身去陪克亚孜睡觉，自己则一心一意保护着腹中的胎儿，为了不引起克亚孜的怀疑，阿依曲莱克用法术将赛依铁克在体内怀了3年多才让其出生。当克亚孜怀疑赛依铁克是赛麦台依的儿子，千方百计想杀害他时，阿依曲莱克历尽千辛万苦，凭借智慧和勇敢，保护抚养赛依铁克长大成人。赛依铁克12岁时替克亚孜放马，阿依曲莱克利用儿子放马之便请来英明神医为古里巧绕治疗肩胛骨使他恢复元气。赛依铁克在巴卡依、古里巧绕等人的帮助下，经过苦战，杀死了把性命寄存在羚羊体内木箱中的麻雀身上的克亚孜。他回到故乡，处死篡权者坎巧绕，报了杀父之仇，重新夺回汗位，使人们重又获得幸福生活。卡妮凯始终不相信儿子赛麦台依死去的消息，她预测如果老英雄阔绍依的老马若能在竞赛中获头奖，赛麦台依就尚在人间。于是，在一次庆典上，她让老英雄阔绍依的坐骑塔依托茹骏马参赛，塔依托茹获头奖并证实了她的预测。后来卡拉朵发现了赛麦台依与卡依普山中的仙女一起出没的踪影，并将此喜讯告知古里巧绕。巴卡依、卡妮凯、阿依曲莱克、古里巧绕等找到了赛麦台依并用各种法术神力恢复了赛麦台依的神智，使他重返人间。赛依铁克由于体大如山，没有一匹马能够驮动他，只好徒步行走与骑马的对手较量，在战斗中几次险遭敌人谋害。母亲阿依曲莱克焦灼不安，请来卡依普山中的善战女神库娅勒助战。古里巧绕、赛麦台依、巴卡依等老英雄都力不从心，赛依铁克便在库娅勒的帮助下多次击退敌人进攻，保卫了柯尔克孜族人民的利益，重振玛纳斯家庭雄风。最后，赛依铁克与善战女神库娅勒结为夫妻，并肩战斗，共同保卫柯尔克孜民族。《赛依铁克》有很多变体在民间流传，其中较完整的是居素普·玛玛依的唱本。艾什玛特·玛买特也曾唱过，可惜未被记录下来。作为整部史诗的第三部，《赛依铁克》虽然没有前两部那么有影响力，但依然是一部很具有艺术性和研究价值的作品，在8部史诗连贯性方面起承上启下的重要作用。居素甫·玛玛依唱本共22590行，分两卷，已由新疆人民出版社出版。

第四部《凯耐尼木》，述说第四代英雄赛依铁克之子凯耐尼木消除内患，严惩恶豪，为柯尔克孜族人民缔造了安定生活。凯耐尼木出生后，一直到7岁，食量惊人，却不会走路，如痴如呆。凯耐尼木9岁时，驼队有人来报：在阿依托别的阿依吐木什人的首领秦额什残害百姓，生吞活人。其祖父赛麦台依与古里巧绕、阿勒木萨尔克、库娅勒等众英雄出征，讨伐吃人魔王秦额什，反被秦额什用魔法将赛麦台依一行人马诱入深山，围困在山涧的魔鬼湖上。消息传来，凯耐尼木骑上坎库拉骏马，连根拔起一棵怪柳当作武器，横扫敌军，把赛麦台依等人救出魔窟，平安回到塔拉斯。之后，凯耐尼木杀死居仁多，咬其舌头，顿时，通晓了世间万物之语言。他与鱼王结盟，与神鸟交友。最后，杀死了秦额什，带上秦额什之女绮尼凯回到塔拉斯。不久，巴卡依、卡妮凯、赛麦台依、阿依曲莱克、古里巧绕等人在一次大战中消失。塔拉斯遭暴风雨袭击，人、畜死亡，凯耐尼木病卧在床。此时，蒙古族人、伊斯法军人联合进犯柯尔克孜地区。凯耐尼木不顾大病初愈，骑马出征，打败了敌人，生擒了罪大恶极的达比塔依，惩处了背叛人民的萨拉玛特。保卫了家乡人民的安宁。第四部诗共计32922行。

第五部《赛依特》，讲述第五代英雄凯耐尼木之子赛依特斩除妖魔，为民除害。这一部主要叙述少年赛依特随父出征，为民除害、降妖除魔的英雄故事。巨人喀拉朵为非作歹，残杀无辜，给人民带来巨大灾难。赛依特闻讯前去与喀拉朵搏斗。他战胜了这位凶残的巨人，救出被巨人囚禁的人民，救出苏莱玛特可汗之女克勒吉凯。克勒吉凯美女与少年英雄赛依特一见钟情，然而，当赛依特英雄向苏莱玛特可汗求婚时，这位汗王却心怀鬼胎，给赛依特出了3个难题：去追一只难以到手的凤凰；去大海对岸的一座青色坟墓中取出宝石；婚礼上要用罕见的鱼宴请宾客。在未婚妻克勒吉凯的帮助下，赛依特解决了各项难题。在婚礼上举行的三项比赛中，苏莱特汗又故意刁难赛依特。他给赛依特一匹劣马，让他去参加赛马比赛。但是在祖先玛纳斯灵魂的护佑下，骑着劣马的赛依特竟得了冠军。在马上比武和射箭比赛中，赛依特也大获全胜。在英雄携妻返乡途中，又遭到岳父勾结的7个巨人的袭击。但面对这一切艰难险阻，克勒吉凯毫不气馁，她运用智慧，帮助丈夫以少胜多转危为安。婚后，赛依特又降服了给人民带来灾难的7头女妖，使人民安居乐业。之后，赛依特英雄决心效法祖先玛纳斯远征北京之举，要去东方远征。父王凯耐尼木苦苦相劝，他不为所动，执意远征。途中祖传的阿勒玛巴什火枪走火，他不幸身亡。第五部共计24000余行。

第六部《阿斯勒巴恰、别克巴恰》，讲述阿斯勒巴恰的夭折及其弟别克巴恰如何继承祖辈及其兄的事业，继续与卡勒玛克的统治进行斗争。英雄赛依特的遗腹子双胞胎阿斯勒巴恰与别克巴恰勇气过人。哥哥阿斯勒巴恰年仅25岁便战死沙场。弟弟别克巴恰继承了哥哥未竟的事业，与来犯的卡勒玛克首领玛德勒、土库曼侵略者首领卡勒德克以及8头妖的伙伴阿音扎进行了不屈不挠的斗争。他为民除害，戎马一生，直到耄耋之年。诗中融入了大量的柯尔克孜族神话及民间文学的古老母题，神话、幻想与现实交融，具有强烈的英雄主义气概。本部长约45000行，分3卷，由新疆人民出版社出版。

第七部《索木碧莱克》，讲述第七代英雄别克巴恰之子索木碧莱克如何战败卡勒玛克、唐古特、芒额特部诸名将，驱逐外族掠夺者。芒额特人卡勒都别特长大成为英雄后,知道了芒额特人和唐古特人与柯尔克孜族有五世之仇,自己的汗王父亲就是被柯尔克孜族人杀死的。他听说柯尔克孜族英雄别克巴恰死了,便纠集了芒额特人和唐古特人向柯尔克孜族人报杀父之仇,让柯尔克孜族人倒在血泊之中,无人敢起来反抗。别克巴恰和阿克芒达依死后,其子索木碧莱克成为孤儿,由舅父带去抚养。15岁时,他得知自己的身世和祖先的英雄业绩,知道了自己的故乡是塔拉斯。他辞别舅父,回到故乡,得到人民的拥戴,获得战袍、骏马和武器,与入侵者芒额特、唐古特人进行了多次战斗,将敌人一一打败。一日,有人来报信求援,说呼罗珊人库茹木朱进犯秀库尔路地区,要强占卡尔玛纳之女铁尼木罕,请求英雄前去解围。索木碧莱克闻讯,挎枪跃马去征战敌人,杀死了库茹木朱,赢得了铁尼木罕的爱情,二人喜结良缘。索木碧莱克返回故乡后,去拜谒祖先的陵墓。忽然,从玛纳斯的墓中传出阵阵响声,顿时火光熊熊,洪水汹涌。中间,有一株奇娜尔树枝叶繁茂,郁郁葱葱。这是预兆,说明英雄将会遇到灾难。后来,索木碧莱克又与来犯者芒额特人较量,不幸受伤死去。全诗用浪漫主义的手法歌颂了少年英雄索木碧莱克大无畏的英雄主义气概和为民献身的精神,由居素甫·玛玛依演唱,共计14868行。

第八部《奇格台依》,叙说第八代英雄索木碧莱克之子奇格台依与卷土重来的卡勒玛克掠夺者进行斗争的英雄业绩。这一部叙述了玛纳斯家族最后一代子孙奇格台依的事迹。奇格台依是索木碧莱克的遗腹子,他刚出世不久,因母亲去世而沦为孤儿。他自幼习武,力大过人。他得知哈萨克族人遭到芒额特人劫掠的消息,火速赶去相助,他与哈萨克族人一起与芒额特人激战三天三夜,终于将入侵者击退。败将奥托尔勾结西辽人,率9万大军再次杀回哈萨克,夺走哈萨克汗王萨塔依的王位,肆意虐杀无辜,到处抢劫。奇格台依听说后再度出征,与哈萨克族人并肩进行反侵略斗争。战斗中,奇格台依的马蹄突然被绊,英雄不幸落马负伤,返回塔拉斯后去世。他去世时年仅21岁,无妻无子,至此,玛纳斯家族八代英雄的戎马生涯结束。本部诗共计12325行。

史诗的每一部都可以独立成篇,内容又紧密相连,前后照应,共同组成了一部规模宏伟壮阔的英雄史诗。

中国版的《玛纳斯》总共有23万行,吉尔吉斯斯坦国版的总共有55万行。中国版的《玛纳斯》第一部长达7.3万多行,故事情节最为曲折动人,也流传最广。它从柯尔克孜族的族名传说和玛纳斯家族的先世唱起,一直唱完玛纳斯领导人民反抗卡勒玛克和契丹人黑暗统治的战斗一生。

《玛纳斯》是一部具有深刻人民性和思想性的典型英雄史诗。它从头至尾贯彻着这样一个主体思想:团结一切被奴役的人民,反抗异族统治者的掠夺和奴役,为争取自由和幸福生活进行不懈的斗争。全诗表现了被奴役的人民不可战胜的精神面貌,歌颂了古代柯尔克孜族人民对侵略者的反抗精神和斗争意志。

《玛纳斯》通过曲折动人的情节和优美的语言,反映了历史上柯尔克孜族人民反抗卡勒玛克、契丹人的奴役以及肃清内奸、惩处豪强、斩除妖魔、为民除害的斗争,表现了古代柯尔克孜族人民争取自由、渴望幸福生活的理想和愿望。

《玛纳斯》的各部在人物塑造、故事情节的安排上颇多创见,在语言艺术方面,具有浓郁的民族特色。史诗中的丰富联想和生动比喻,均与柯尔克孜族人民独特的生活方式、自然环境相联系。史诗中常以高山、湖泊、急流、狂风、雄鹰、猛虎来象征或描绘英雄人物,并对作为英雄翅膀的战马,做了出色的描写。仅战马名称就有白斑马、枣骝马、杏黄马、黑马驹、青灰马、千里驹、银耳马、青斑马、黑花马、黄马、青鬃枣骝马、银兔马、飞马、黑儿马、银鬃青烈马、短耳健马等。史诗中出现的各类英雄人物都配有不同名称和不同特征的战马。史诗几乎包含了柯尔克孜族所有的民间韵文演唱玛纳斯体裁,既有优美的神话传说和大量的习俗歌,又有不少精练的谚语。《玛纳斯》是格律诗，它的诗段有两行、三行、四行的，也有四行以上的。每一诗段行数的多寡，依内容而定。每个诗段都押脚韵，也有部分兼押头韵、腰韵的。每一诗行多由7个或8个音节组成，亦间有11个音节一行的。各部演唱时有其各种固定的曲调。

《玛纳斯》不只是一部珍贵的文学遗产，而且也是研究柯尔克孜族语言、历史、民俗、宗教等方面的一部百科全书。它不仅具有文学欣赏价值，而且也具有重要的学术研究价值。例如史诗中出现的古老词汇、族名传说、迁徙路线，古代中亚、新疆各民族的分布及其相互关系，大量有关古代柯尔克孜族游牧生活、家庭成员关系、生产工具、武器制造及有关服饰、饮食、居住、婚丧、祭典、娱乐和信仰伊斯兰教前的萨满教习俗等，都是非常珍贵的资料。

二、《玛纳斯》的传唱特征

演唱《玛纳斯》的民间歌手，柯尔克孜语里叫作玛纳斯奇。每逢喜庆节日欢聚时，邀请玛纳斯奇来演唱《玛纳斯》已成为柯尔克孜族牧民的传统习俗。演唱时，不以乐器伴奏，曲调的高亢低沉、舒紧疾徐随内容而变化，颇具感染力。有的玛纳斯奇可以将《玛纳斯》从夜晚一直唱到天明。在《玛纳斯》演唱比赛中，经常连续演唱几天几夜。《玛纳斯》就是靠这些玛纳斯奇的演唱，代代传承下来。此外，民间还有不少手抄本，它们在《玛纳斯》的广泛流传中，也起了不小的作用。

20世纪初叶，中国柯尔克孜族人民中著名的玛纳斯奇有阿合奇县的朱素普阿洪、额布拉依木，乌恰县的考交木凯勒迪、别克铁木尔、托略克与朱玛拜等人。中华人民共和国成立后，据调查统计，在新疆柯尔克孜族地区有70多位玛纳斯奇，其中以朱素甫·玛玛依所演唱的内容最为完整。"文化大革命"期间逝世的艾什玛特可以演唱《玛纳斯》的第一与第二两部，铁木尔能演唱第一、

二、三部的某些片断。此外还有特克斯县的萨特瓦勒德和库尔满拜，昭苏县的朵略特拜，阿合奇县的阿布勒达·加帕尔、朱努斯·吾米尔、朱斯·阿勒拜、朱玛阿勒、吾米尔·玛木别特、朱玛·卡迪尔，阿图什市的奥斯曼·纳玛依、卡斯木·苏云、加克普、阿勒玛阿洪、阿坎别克、套考劳克、卡拉卡德什·奥帕孜，乌恰县的玛木特·木萨、阿布什·玛买特、萨尔特阿洪、阿布德卡德尔·索略特、卡拉什拜，阿克陶县的赛依特阿洪等都能演唱史诗的不少片断。这些玛纳斯奇都有自己独特的演唱风格和特色，形成了许多演唱的变体。

特尼别克（1846—1902年），是19世纪著名的玛纳斯奇，是古代与当代玛纳斯奇们相互衔接的纽带。作为一名柯尔克孜族史诗演唱家，他对《玛纳斯》史诗跨世纪流传及两代艺人的传承衔接起了巨大作用。他出生于现吉尔吉斯斯坦共和国境内的伊塞克湖卡依纳尔地区的一个牧民家庭。他从小就善于演唱民间文学作品，并被邀请去在婚礼和祭典活动上进行演唱。他在热衷于民间文学的同时，对学唱《玛纳斯》史诗产生了浓厚兴趣。在古代柯尔克孜族人心中，最著名的额尔奇（民间歌手）和考木兹奇（考木兹琴弹唱艺人）才能有资格充当玛纳斯奇。演唱《玛纳斯》史诗成为各类民间艺人的最高奋斗目标。特尼别克从14岁起就开始朝这个目标努力。他在父亲的帮助下到各地寻找著名的玛纳斯奇，向他们求教并拜当时著名的玛纳斯奇冲巴西为师。在当时，冲巴西已是非常有名的玛纳斯奇了，人们都十分赞叹他所演唱的《玛纳斯》史诗。特尼别克跟随冲巴西前前后后约有5个月的时间，受益匪浅。他跟随冲巴西学唱《玛纳斯》史诗主要是直接背诵冲巴西的演唱变体，另外即求教与史诗内容相关的历史及其他方面的资料，加深对史诗的理解。除此之外，特尼别克还曾向巴勒克、阿克勒别克、凯勒迪别克等玛纳斯奇学习过。25岁时，他曾与一位名叫纳扎尔的玛纳斯奇当众比试《玛纳斯》演唱技艺，连续演唱一天半而赢得比赛的胜利。从此，特尼别克便誉满四方，被夏普坦、巴依提克等上层统治者邀请去参加大型的《玛纳斯》演唱活动。有一次他曾连续30天演唱《玛纳斯》史诗。

《玛纳斯》史诗表演历史悠久，它是柯尔克孜族口头文学传统中最古老最经典的部分。吉尔吉斯斯坦共和国当代著名作家钦吉兹·艾特玛托夫针对柯尔克孜族精神文化特点，特别是针对柯尔克孜族的口头诗歌遗产指出："如果其他民族将自己过去的文化和历史用书面文学、建筑、雕塑、戏剧和绘画艺术保存的话，柯尔克孜族则将自己所有的思想意识、民族的荣辱、为自由和独立而进行的抗争、理想以及民族的历史和生活均用口头史诗的形式进行展现。"要想全面了解柯尔克孜族，只能通过天才的民间歌手玛纳斯奇的表演而世世代代以口头形式传承和保存并且在今天仍然保持着自己古老形态的英雄史诗《玛纳斯》中去了解。史诗《玛纳斯》讲述的是玛纳斯及其七代子孙的神奇故事，赞颂的是他们的英雄业绩。《玛纳斯》虽然在民间传承了许多岁月，但直到19世纪下半叶才由俄国学者拉德洛夫和乔坎·瓦里汗诺夫第一次记录下它的文本。到目前为止，从我国新疆维吾尔自治区以及吉尔吉斯斯坦、哈萨克斯坦、阿富汗等国的柯尔克孜族聚居区已经搜集到了《玛纳斯》史诗的各类唱本150多个。其中，生活在玛纳斯英雄时代的额尔其吾勒和19世纪的吉尔吉斯斯坦的特尼别克·加披、撒恩拜·奥诺孜巴克、撒牙克拜·卡拉拉耶夫等以及20世纪中国的居素朴昆·阿帕依、额布拉音·阿昆别克和艾什玛特·玛木别特等人都是著名的玛纳斯奇。在当代活着的玛纳斯奇中，出生在我国新疆阿合奇县哈拉布拉克乡米尔开其村被国内外学者尊称为"当代荷马"的居素普·玛玛依无疑是最杰出的代表。

作为一种口头语言艺术，《玛纳斯》史诗至少有三个基本特征：程式化传统结构（故事范性）、程式化传统句法和程式化的词语；"表演中的创作"——口头史诗创作、保存和传播的唯一有效的方法；史诗创作的语境，玛纳斯奇和听（观）众的互动关系以及他们与史诗口承文本之间的关系。这些因素是研究口头史诗时所必须要关注的。

程式化特征存在于《玛纳斯》史诗的结构和内容之中。

程式化结构具有很强的功能性，在史诗的创作方面，这种功能在以下两个方面具有显著的作用：一在史诗的整体结构中，二在史诗的内容中。根据艾伯特·洛德的观点，在口头传统中存在着诸多故事范性，无论围绕着它们而建构的故事有着多大程度的变化，它们作为具有重要功能并充满着巨大活力的组织要素，存在于口头故事文本的创作和传播之中。就像不同的故事范性成为《荷马史诗》口头传统的特征一样，柯尔克孜族口头传统的结构也遵循上述原则。在结构上，柯尔克孜族史诗《玛纳斯》与《荷马史诗》以及其他诸如《贝奥武甫》《罗兰之歌》《熙德之歌》等欧洲史诗截然不同。它基本上按照英雄主人公从出生到死亡的人生轨迹来叙述故事。我国研究《玛纳斯》的专家郎樱经过多年的比较研究后指出，操突厥语民族的史诗的叙事结构基本上遵循以下规律：英雄的特异诞生—苦难的童年—少年立功—娶妻成家—外出征战—进入地下（或死而复生）—家乡被劫（或被篡权）—敌人被杀（或篡权者受惩处）—英雄凯旋（或牺牲）。这种叙述结构或宏观结构不仅属于《玛纳斯》那样讲述玛纳斯家族八代英雄事迹的史诗集群和柯尔克孜族口头传统中数以十计的其他史诗作品，而且也被哈萨克族、维吾尔族、乌孜别克族、土库曼族、卡拉卡勒帕克族等其他操突厥语的民族所广泛采用。作为一种与书面文学截然不同的语言艺术形式，它开放式的程式结构使得演唱者在演唱过程中能够自由地从古老的口头传统中撷取任何一个合适的词语、母题或者主题运用到自己的演唱之中，也可以在不影响主题的情况下适当地删减一些内容。这种增减不影响史诗的整体结构。演唱者只是在这个程式结构中运用各种史诗材料创编故事，从而使这种程式结构成为《玛纳斯》最固定的因素。根据口头程式理论（或帕里—洛德理论），程式是一组词，或短语甚至是如同艾伯特·洛德称为"大词"的那种由特定的词组和短语组成的数行诗句。这类程式通常是在相同的步格条件下运用，表达特定的事物。它的最重要的一个先决条件是这类程式或

"大词",作为一个特定的单元,必须反复出现在口述文本当中,为史诗歌手的演唱和表演提供便利条件。"它有相对固定的韵式和相对固定的形态,它由歌手群体所共享和传承,反复地出现在演唱文本中。"在柯尔克孜族漫长的口头史诗传统中,程式不仅为玛纳斯奇记忆史诗的主题、情节和创造史诗的新变体提供了一种便利的方法,而且在演唱中很有效地将前一个概念同另一个新的概念关联起来,以此来吸引观众的注意力。比如,"让我们放下这一段,回到英雄玛纳斯的身边……""让我们把这段放一放,讲一讲阔克确之子阿依达尔汗的故事吧……""我们在此先停一停,回头看一看卡拉汗之女卡尼凯现在如何……"等。这类程式在不同的语境下被玛纳斯奇们自由灵活地加以运用。当描述英雄的外表、性格,如面貌、表情、服装、坚忍顽强的毅力、勇气和胆量、超人的力量以及坐骑、武器、各种战斗、一对一的搏斗、战场、自然景色、各种抽象的超自然的事物时,大量的现成的程式就会被反复运用。由于他们数量和形式繁多,试图对他们进行分类是毫无意义的,也是徒劳的。但是,弄清它们最重要的两种表现形式对我们来说是至关重要的。

一种是一些程式在口头传统中经过数代人的传承依然顽强地保持着它们原始的固定形态。因此,在演唱过程中,这类程式必然总是保持它们的原始状态不变。比如像,"雄师玛纳斯""阿依阔勒玛纳斯""勇士玛纳斯""阿昆汗之女阿依曲莱克""绣着金黄色月牙的红旗""睿智的巴卡依"等。还有像下面的例子那样由数行诗句构成专门用来描述玛纳斯性格的。"就像是由金子和银子,最精华的部分组成""就像是由支撑大地和天空的,擎天大柱组成""就像是由月亮和太阳,本身的光芒组成。只有深厚的大地,才能够将他支撑"。这些程式都属于这一类。

另一种词语程式虽然也表达特定的概念并且有固定的形态,但是它们能够在不同的语境中或多或少地得到变异。这类程式在大多数情况下都以"大词"的形式得到运用。对于玛纳斯奇来说,创编和表演只是同一事物的两个方面。对于玛纳斯奇来说，面对观众进行表演意味着调动自己长期以来储存在脑海中所有的对于自己和观众来说都十分熟悉的程式来演唱史诗的内容，并以生动的眼神、丰富的面部表情、手势、身体动作和变化起伏的音调帮助观众更好地理解和欣赏史诗。也就是说，史诗的表演是一个综合性的艺术展示过程，是一种复杂的艺术表现形式。只有在上述条件下，表演者和观众才能同时参与史诗的创作过程，在创作中发挥各自的作用并在这样的互动关系中找到无穷的乐趣。这就是口头史诗的创作方式，即"表演中的创作"歌手储存在脑海中的传统程式越多，在表演中运用的越自如，他的表演就越能引起观众的共鸣，得到观众的赞赏和推崇。这是活形态口头传统史诗最典型的表演场面。对于口头史诗《玛纳斯》来说，印刷文本只是它传统的活形态表演形式的一种不完整的替代品。这种替代品只能展示史诗的故事情节，而不能包含伴随着史诗走过同样漫长岁月的与口头史诗文本血肉相依的故事背后更加丰富多彩的事物。比如说我们通过阅读居素普·玛玛依唱本的印刷文本能够欣赏《玛纳斯》史诗的诗句和故事，却不能够欣赏这位杰出的史诗演唱家的表演风采。演唱是口头史诗的生命，我们只能通过特定语境下的表演才能全面理解口头史诗的根本特征。另外，在观众面前演唱《玛纳斯》就是在特定的语境中创作这部史诗的过程，也就是对古老的口头史诗传统的又一次创新。"口头传统"不仅属于创作过程，而且属于所创作的作品本身。《玛纳斯》史诗作为柯尔克孜族口头传统中的一个作品，它传递着来自古老源头的口头信息，而它的创作过程则正好是一代又一代的玛纳斯奇反复地进行演唱，口耳相传，用口头形式传递这些信息的过程。因此，每一次的演唱仅仅是当时那个特定时间内的一次表演，是原始交流以口头形式发展过程中的一个因素。虽然源自传统，但"每一次表演的性质都会因它所处的在整个过程中位置的不同而有所区别"。我们必须牢记，史诗的演唱，从来都不是单向度的信息传递过程。史诗的歌手和听众都是史诗传统的参与者。"他们共享着大量的'内部知识'，而且还存在着大量的极为复杂的交流和互动过程。"对于玛纳斯奇来说，这是他创造自己新的史诗变体、展示自己的表演才能、向听众传播自己的作品、在听众中扩大自己的影响、赢得听众们的赞誉的好机会。而对于听众们来说，这是他们以自己的观点和审美情趣与玛纳斯奇共同参与史诗的创作，以极大的热情再一次欣赏这一古老传统的机会。"每一次表演都是一首特定的歌，而同时又是一首一般的歌。我们正在聆听的歌是这一首歌'，因为每一次表演都不仅仅只是一次表演，它是一次再创作。"《玛纳斯》史诗的演唱也一样具备上述特征。一首特定的歌，是指演唱者的每一次演唱都根据自己的能力和在特定的语境下对现成的程式的运用，在对母题和情节的安排以及对整个史诗的结构建构方面是有区别的。"对于听众和歌手而言，一次演唱活动，就是一次生活事件。它具有不可重复性，不可能精确地再现和追忆，这就像生活事件本身不能再现一样。""变异的模式包括细节的精雕细刻、删繁就简、某一序列中次序的改变或颠倒、材料的添加或省略、主题的置换更替以及常常出现的不同的结尾方式等。"史诗的叙述是一个繁简夹杂、灵活开放的复杂综合体，其中的变异既可能发生在重大情节的安排方面，也可能发生在修饰性的描述或者在细小情节的表述方面。而一首一般的歌是指每一次的演唱之间都有很多共同之处，每一次演唱，在特定的文本和语境方面，都共享无数源自同一个传统的背景资料。"按照弗里的话说，是地图，引导歌手和听众双方沿着固定的传统的图式，沿着听众所早已熟悉的规程，讲述一个他们早已经知道开端和结局的古老故事。"无论如何，我们总是会对柯尔克孜口头史诗传统那牢固的稳定性感到惊奇。无论是在什么时间从什么地方搜集的史诗变体，它们都无疑是从一个共同的古老传统发展而来，是从一个源头流出的溪水，从一个根基长成的大树。

口头表演对演唱者的身体动作、演唱技能的展示和史诗文本的发展构成一个复杂而有趣的语境，我们无法想象在没有表演语境的情况下如何总结《玛纳斯》史诗的特征。根据史诗研究专家郎樱的观点，在研究口头史诗时，我们必须关注以下4个方面的因素：文本、作为史诗创造和传播者的歌手（演唱者）、听众、社会现实。我们要想对《玛纳斯》史诗的演唱过程有一个完整、正确和具体认识，就必须通过认真仔细的田野调查工作观察其特定语境下的创作、传播、变异状态，了解能够正确解释它在复杂的互动状态下的真实环境。表演中的口头文本的艺术水平不仅与演唱者所储存的程式、他的生活经历和他对传统知识的积累有直接的关系，而且与演唱者当时的心情、观众的情绪、演唱时的环境以及观众的身份都有密切的关系。拉德洛夫早在19世纪末就指出："演唱者为了引起周围听众的共鸣而尽力渲染自己演唱的内容。如果他看到自己完全吸引了听众的注意力并且引来一阵阵的欢呼和赞叹声，他便会直接将现场的情景以简短的方式引入自己的演唱内容当中，对自己的听众也做一番即兴描述。观众的共鸣会不断地激发演唱者的活力，也正是这种共鸣才使他知道如何将自己的演唱与周围听众的情绪协调一致起来。"在创编口头史诗时，玛纳斯奇和听众之间的互动关系总是最重要的有机活动因素。史诗最杰出的唱本变体只有在兴奋、激动的情绪下，在最适合演唱者发挥自己才能的环境下，在演唱者与听众的互动中才能产生。

总之，《玛纳斯》是柯尔克孜族在漫长的口头文化传播怕传统中产生的史诗作品。程式化的结构、程式化的语词、程式化的文本是它典型的外观。"表演中的创作"不仅是创作史诗的方法，而且是保存和传播这部史诗的手段。语境对于演唱者和听众而言是功能性的和互动的。

第四节 《蒙古秘史》

一、《蒙古秘史》的概述

据记载《蒙古秘史》成书于公元1240年，是迄今为止蒙古族最早的书面文学作品，近30万字。这部书既是研究蒙古历史、语文的珍贵典籍，也是记述成吉思汗生平事迹的优秀传记文学。它是公元12—13世纪游牧民族罕见的一部草原文学巨著，开拓了草原民族以文记史、文史结合的历史传记文学的道路。它熔炼民间传说、历史事件、人物活动于一炉，采用编年体和传记体相结合的形式，记述了蒙古诸部在北方草原上的纵横驰骋以及他们的祖先起源传说、社会结构、风俗习惯、宗教信仰、文化心理与娱乐庆典等，组成了一幅草原生活的历史画卷。《蒙古秘史》作为一部蒙古族人的典籍，其所蕴含的民族文化内涵极其深广，内容涉及宗教、民俗、民谚、制度等各个方面。

《蒙古秘史》是中国蒙古族的一部历史、文学巨著。它最初的古体蒙古文原著早已失传，现在我们能看到的是用563个汉字标音（译音）拼写成的蒙古语本。全书由汉字标音的蒙古语本文，汉字直译的词汇旁译和节后概译的总译3个部分构成。书的内容极为丰富，所反映的问题很多。主要是记载了以战争手段变革社会制度的过程以及与此相应的风俗习惯的变迁等，并用丰富多彩的文学语言进行了系统的阐述。书中诗句和谚语等韵文都以千百条来计数，就是散文叙事部分，也运用了文学的语言，以简捷精炼的表达方式，惟妙惟肖地描绘了众多的人物形象和纷繁的社会事务，实谓我国少数民族中一部绝无仅有的史诗之作。

《蒙古秘史》是一部记述蒙古族形成、发展、壮大之历程的历史典籍，是蒙古族现存最早的历史文学长卷。它从公元1228年成书至今，已经历阅760多年的风雨沧桑，这部蒙古族人的经典以比较重要的身份进入文学史，与一位博学的文史学者分不开，他就是文学研究所第一任所长郑振铎先生。郑振铎写作出版的《插图本中国文学史》，第一次在文学史著中对此书进行认真的论列。该书第51章谈论元代散文时，认为《元秘史》即《蒙古秘史》为最应注意的伟大的白话文作品。他说《蒙古秘史》"天真自然的叙述，不知要高出恹恹无生气的古文多少倍！我们如果拿《元史太祖本纪》等叙述同一事迹的几段来对读，便立刻可以看出这浑朴天真的白话文是如何漂亮而且能够真实地传达出这游牧的蒙古人的本色来了"。

《蒙古秘史》的命运、流布和接受的过程都充满传奇色彩。因为它事涉民族的天机和隐秘，在蒙古族入主中原的元代秘而不传，又因文字变化妨碍了在本族中的流传功能。到明清两代时期，虽然收入或列名于一些大型类书、丛书，但远离了民间的土壤。到清朝中叶翻印出版时，它已经变成一部高深的学问书了。

《四库全书总目》在清代乾隆年间集中反映中原儒者正统观念和视角，包括华夷之辨的观念与经史高于文学的观念，它把此书附录于《四库未收书目提要》，指出《蒙古秘史》的纪年有"以鼠儿兔儿羊儿等，不以支干"的特点，又说"此依旧钞本影写，国语旁译，记元太祖、太宗两朝事迹，最为详备。案明初宋濂等修撰元史，急于蒇事，载篇虽存，无暇稽求。如是编所载元初世系，孛端叉儿之前，尚有一十一世。《太祖本纪》述其先世，仅从孛端叉儿始，诸如此类，并足补正史之纰漏。虽词语俚鄙，未经修饰，然有资考证，亦读史者所不废也"。《四库全书总目》总的来说是以单纯地寻找史料的态度，而不是以发掘伟大的民族精神的态度来对待《蒙古秘史》的。

《蒙古秘史》是蒙古族这个草原民族精力在最旺盛、元气最充沛的时代，把内蕴的思想与精神转化为文字的伟大的产物，是蒙古族创世纪式的回忆、想象和纪录，也是蒙古族这个狩猎游牧民族的创世纪，是他们的起源、发生、创始的记述。

大约在公元13—14世纪，蒙古草原出现了不少围绕着成吉思汗功勋业绩而展开的英雄叙事诗，如《征服三百泰亦赤兀惕人的传说》《成吉思汗的两匹骏马》等，也就是说成吉思汗及其子孙创世纪的成功，使这个民族爆发出作为伟大民族的充分自信，从而用秘史的形式追述自己的来源，记录自己精神的历程。《蒙古秘史》十二卷及十五卷二八二节中，因记载蒙古族勃兴初期史料和洋溢着浩瀚博大的狩猎游牧文化精神而驰名。它吸收从远古流传而来的蒙古族民间文化精粹，开蒙古族书面文化的先河，是研究蒙古史、元史、世界中世纪史的经典文献，全书充满着大气磅礴的史诗气息。《蒙古秘史》是用汉字拼写的蒙古语文本。这也可以看出汉文化，尤其是它的史传文化对本土多民族和异域民族的巨大辐射功能。从这种意义上说，《蒙古秘史》是蒙古族充沛淋漓的创造精神与中原史传文学影响的综合结果，从中可以体验到多元文明相互撞击、相互推动和相互融合。

《蒙古秘史》是一部内涵丰富厚重，充满草原强者气息的书。它以人物传奇和民族崛起，包容着大量社会变迁史、文化风俗史、宗教信仰史和审美精神史的资料，保存了蒙古族及中亚诸民族神话、传说、宗教信念和仪式、故事、寓言、诗歌、格言、谚语的资料。从而以几乎是百科全书的方式，成为非常值得重视的世界人类狩猎游牧文化的一座高峰。作者在书的思虑婆娑中，以成吉思汗军团艰难地崛起，并以秋风扫落叶之势统一蒙古高原的惊心动魄的历史悲壮剧为主干，极有艺术力地描绘了成吉思汗及其部下的铜头铁臂、叱咤风云的野性和意志以及他们勇猛扑灭对手的战略和魄力。

《史记·周本纪》记述周穆王征犬戎时称："得四白狼，四白鹿以归，自是荒服者不至。"这其实是从中原文化的视角，隐晦曲折地透露出北方狩猎游牧民族对狼和鹿的图腾崇拜。《蒙古秘史》中两位民族始祖的名字分别意为白鹿和苍狼，这鹿与狼结缔为婚、以奶汁哺育后代的故事，象征着这个富有野性强悍生命力的民族，具有喝母鹿奶汁长大的苍狼的高洁优美而又凶狠坚强的双重品格。这个传说可以同罗马城的始祖罗慕路斯和勒莫斯兄弟是被扔进河水淹不死、而喝狼奶长大的传说相媲美。

《蒙古秘史》出现的时代与中原地区《三国演义》《水浒传》出现的时间基本相同，可见元明之际的这个特殊的历史时期，东西征战和南北撞击，迸发出了中华这个伟大民族气壮山河的生命活力。《蒙古秘史》那种大刀阔斧的叙事结构，血气蒸腾的人物品格，韵散错综的综合文体形式，本色酣畅、多用比喻、粗犷而不事雕章琢句的语言风格，反映出一个草原狩猎游牧民族在迅速崛起时能够给文学创作增加的磅礴大气的力量之美。古代农业文明与狩猎游牧文明的长期碰撞和融合，乃是解释中国古代文明史，甚至诸多民族的古代文明史的一个关键，《蒙古秘史》的重大价值也就不言而喻。所以，联合国教科文组织执委会就纪念《蒙古秘史》成书750周年时称《蒙古秘史》以"独特的艺术、美学和文学传统及天才的语言，使它不仅成为蒙古文学中独一无二的著作，而且也使它理所当然地进入世界经典文学的宝库"。

《蒙古秘史》从问世以来，中国学者就把它作为研究的对象，例如，明朝初期对《蒙古秘史》的汉字音写就是一种研究。而国外学者从19世纪开始研究《蒙古秘史》，公元1866年，俄国的学者帕拉迪刊布了俄文注本，此后，有许多国家的学者都在研究它。据日本学者原山煌的《元朝秘史有关文献目录》一书中提到研究《蒙古秘史》的相关文献就多达361篇，从而形成一门研究秘史学的科目。

《蒙古秘史》是蒙古文的汉译名称，最早的时候译为《忙豁仑·纽察·脱卜察安》，又称《元朝秘史》，简称《秘史》。这是一部蒙古族最古老的历史文学典籍，也是世界文化的遗产。原书用畏吾体蒙古文即古蒙古文写成的，成书地点在蒙古草原的克鲁伦河流域，年代大约是13世纪，作者佚名。

现今保存下来的《蒙古秘史》既不是吾体蒙古文原书，又不是古代文言文书写的史书，也不是用现代汉文记载的，从而使它成为一部奇特的史书，有别于一般的汉籍。后来一些研究人员为了方便研究，就把全书分为12章282节。

蒙古古代史官把记载成吉思汗黄金家族的历史书一般称为金册、简册，或称脱卜赤颜。《蒙古秘史》即是经过文人史官多次增加修改而成的一种脱卜赤颜，它主要记载了成吉思汗历代祖先的事迹和家谱档册，还有当时的社会状况、军事、经济、文化政治、教育与医疗等内容。《蒙古秘史》的原始版本是畏兀体蒙古文。因此，该书的写作风格完全不同于历史上的所有汉文史籍，具有浓厚的游牧民族的语言特色。《蒙古秘史》作者鲜明的思想倾向，不仅通过记述的形象性自然流露出来，而且常常专门展开抒情的篇章，以作者的口吻或者作品中人物的口吻将内心的思想感情直接抒发出来，达到以情感人，以情咏史的目的。例如，书中比较典型的有成吉思汗分封嘉赏众功臣时对宿卫们的赞颂就采用了民歌的复沓手法，回环迭唱，感情真挚而绵长。"在黑暗阴黑的夜里／环绕我穿帐躺卧／使我安宁平静睡眠的／叫我坐在这大位里的／是我的老宿卫门／在星光闪耀的夜里／环绕我宫躺卧／使我安枕不受惊吓的／叫我坐在这高位上的／是我吉庆的宿卫们／在风吹雪飞的寒冷中／在倾盆而降的暴雨中／站在我毡周围从不歇息的／叫我坐在这快乐席位里的／是我忠诚的宿卫位。"

公元13世纪，蒙古贵族入主中原，建立元朝，定都北京，皇帝祖先被称为黄金家族，所遗留下的家谱档册，世袭谱册被称作金册，均珍藏于皇宫之中，历代皇帝皆如此，还有记载当时元朝社会状况等。到元朝末年，明军北伐，围攻大都，元末皇帝元惠宗妥欢帖睦尔仓皇逃离大都，来不及携带此文献，后被明军保存，使得明王朝仅用了331天的时间就编纂出一本《元史》来，当然最主要的文献资料就来源于元朝王室内的那些金册。由于珍藏《蒙古秘史》的地点是在皇宫内，不仅外人看不到，就连朝廷中的一般史官也未曾见过，保存的比较隐秘，所以人们把它称为《蒙古秘史》，又因为是记载元朝的变化发展的，所以又称《元朝秘史》。

《蒙古秘史》的内容极其广泛，涉及蒙古族古代游牧社会生产、生活的多个方面，从时间顺序上来讲，从蒙民族图腾、成吉思汗的远祖，一直写到成吉思汗的儿子窝阔台继承汗位时期。从地域角度看，横跨了整个蒙古草原。《蒙古秘史》大致从内容上分为三部分，一是成吉思汗先祖的谱系；二是成吉思汗本人一生的活动历史；三是窝阔台汗的活动历史。

二、《蒙古秘史》的成书年代

关于《蒙古秘史》的成书年代，最初是由俄国驻北京传教士团的帕拉基·卡法罗夫在他的《蒙古秘史》的俄译本中，提出1240年成书之说的。随后，清朝文人徐松、屠寄等也持1240年成书的看法。后来，俄国学者符拉基米尔佐夫在他1934年出版的《蒙古社会制度史》一书中，也坚持了1240年成书的观点。根据是窝阔台在位的13年中，仅遇到过一次庚子年，也就是1240年，这一年亦即《蒙古秘史》的成书年代。此外，清末文人丁谦，日本学者植村清立、村上正二等认为，《蒙古秘史》应成书于1228年。也有少数人认为书成于1252年或1264年。总之，多数人都附和《蒙古秘史》成书于1240年之说。

《蒙古秘史》的结语中所记："举行大聚会，鼠儿年七月，于客鲁涟河阔迭额阿剌勒的朵罗安·学勒黑答与失勒斤扯克两地之间，安置宫帐时，写毕。"其实是指明以下含义:蒙古帝国的大聚会;鼠儿年,七月时,窝阔台继承汗位;宫帐驻蹕于客鲁涟河阔迭额阿剌勒之时,写讫。并非1240年的那个鼠儿年,而是前于该年12载的1228年戊子年。

丁亥年(公元1227年)成吉思汗率兵征讨西夏,6月避暑于六盘山。7月染恙,嘱取金国,事毕遂崩。成吉思汗在世时,于己卯年(公元1219年)出征撒尔塔兀勒之前,依也遂合敦之奏请,曾商讨过汗位继承人的问题,结果第三子窝阔台被提名为汗位的继承者。当成吉思汗驾崩后,以前经常行于汗父左右并守护关隘的幼子拖雷,按照蒙古族人的习俗在行丧期、新汗尚未登基之前,被托付执政,暂行政权。关于此事,在史籍上被记载为戊子年,拖雷监国施政。之后,忽必烈即大汗位,被封为太宗皇帝。成吉思汗丧期结束后,拖雷即向四方发令,并主持了继承汗位的大会忽里勒台。由此可以推测,值窝阔台42岁的年代,亦即他继承汗位的鼠儿年,正是1228年的戊子年。也就是说,《蒙古秘史》结尾跋语中所记的那样:鼠儿年,驻宫于客鲁涟河的阔迭额阿剌勒的朵罗安·李勒答黑与失勒斤扯克之间时,即是窝阔台继汗位的年代。

如果说《蒙古秘史》的成书年代不是定于公元1228年的鼠儿年,而被解释为1240年的鼠儿年,这就与时间、地点与历史事实相违背。公元1240年庚子年时,早一辈的合撒儿、别勒古台都已经过世了,斡惕赤斤那颜虽然那个时候还活着,但在女真地区,而且也没有任何史料记载他曾于公元1240年到客鲁涟河的阔迭额阿剌勒参加任何会议的记载。其次,从成吉思汗诸皇子们的情况来看,当时,长子术赤早就先于成吉思汗父死掉了;幼子拖雷于公元1228年窝阔台称帝后,于庚寅(公元1230年)七月随窝阔台出征金国,公元1232年5月,在古北口回师时,"代哥哥,有的罪孽都是我造来",于10月死在鄂嫩河畔。可以看出,拖雷也未能活到公元1240年的鼠儿年,自然未能参加鲁涟河的阔迭额阿剌勒驻行宫的大会。成吉思汗的次子察合台,公元1240年的鼠儿年时虽然身在,但未能参加客鲁涟河的阔迭额阿剌勒驻置行宫的大会,原因是当时他正在其京城阿力里。公元1241年11月窝阔台崩后，察合台于第二年（公元1242年）春即到了哈剌和林，把政权交给乃蛮真可敦，不久之后，他即去世了。可见，公元1240年时，成吉思汗孙子们的大部分都未能参加客鲁涟河的阔迭额阿剌勒驻行宫的大会。而且他们当时都在忙着远征欧洲，根本就不在蒙古本土。

而且从《蒙古秘史》的内容及其历史意义来看，它的历史意义就在于追忆记录建立了统一的蒙古帝国和成吉思汗的功绩。因此，成吉思汗在世时或者逝世后立即编修《蒙古秘史》，以完成这个使命是情理所致。从这个意义出发考察，也应该是公元1228年的戊子年于客鲁涟河的阔迭额阿剌勒地面的朵罗安学勒答合和失勒斤扯克之间的行宫中写成。

三、《蒙古秘史》的作者

《蒙古秘史》是蒙古族第一部文字记载的编年史。关于书的作者问题，国内外学术界有4种说法。有失吉忽秃忽是《蒙古秘史》的作者之说，有擅长写作的维吾尔人作者之说，也有大臣耶律楚材可能是作者之说，还有镇海、怯烈哥是作者之说。但是更多人认为《蒙古秘史》的作者不是外民族的人，也不是宫廷大臣和史官，而是成吉思汗黄金家族博尔济吉武氏人。

《蒙古秘史》是家谱性与国史性相互渗透的两重性的史书。然而，《蒙古秘史》的家谱性决定了它的国史性。成吉思汗是建立蒙古帝国的可汗，而记载成吉思汗家族的历史也就成为国史。所以，家谱性特点是打开作者之秘的一把钥匙。家谱，是蒙古族家族民俗发展中的一种记录家族世系及重要成员事迹的谱表或文书。蒙古族自古以来即有树立家谱、族谱的传统，《蒙古秘史》便是一例。它以成吉思汗黄金家族博尔济吉武氏的主要成员作为主线，以与成吉思汗的黄金家族博尔济吉武氏有关的记载将近500年，20余代人。家谱一般详略不一。一般情况下，十辈以上或十几辈以上的祖先的记载从略。而当时人的情况叙述较详细。家谱有的只记男性祖先，不标配偶姓氏，只能看出父亲血缘的延续，看不到母系姻缘关系；有的男性祖先和配偶姓氏都一一记载。《蒙古秘史》很明显地反映着这些基本特征。如：《蒙古秘史》对成吉思汗的22世祖孛儿帖赤那及其妻豁埃马阑勒这一个体家庭也都分别做了详略不等的记载，对脱罗豁勒真伯颜、朵奔茂儿干、学端察、莫擎伦、海都、合不勒罕、也速该及成吉思汗等家庭的状况作了详细描述，既介绍了他们所处的社会地位和所拥有的私有财产，也介绍了家庭内部的相互关系和社会活动。每个家庭的轮廓都非常清晰。

　　家谱是以第一人称方式去写，这是家谱写作上的基本特征之一。这表明家谱的纂修工作必须由本家族、本氏族的人来完成。史书，特别是国史之类的史书却不然，都是用第三人称的叙述方式去写。家谱里主要记载一个家庭、一个氏族的人物和事件，所以秘藏起来，外族和外人谁也看不着。这又是家谱的基本特征之一。无论是汉文史书，还是波斯文史书，都一致认为成吉思汗王朝的黄金家族史是应该永远秘藏的。《蒙古秘史》被秘藏起来，不让外人甚至不让他们自己的优秀人士阅读，不信任任何人，特别害怕有人会获悉其中所记载的各种事件。据《元史·文宗本纪》记载："脱卜赤颜，事关秘禁，非可令外人传写。"《元史》的编修人员在为第107卷正文所写的前言中也指出了他们在编辑谱系表时遇到的困难。又据《元史·宗世系一表》记载："元之宗系，藏之金匮石室者甚秘，外廷莫能知也。"脱卜赤颜就是指《蒙古秘史》，而所谓的外人和外廷，不仅包括外民族的文人，而且也包括除黄金家族博尔济吉武氏族以外的蒙古诸部落。家谱的又一主要特征是以连接性地纂修完成。《蒙古秘史》本身就不是一次性纂修完成的史书，而是经过几次纂修完成的一部连接性的史书。蒙古史学家亦邻真先生说："如果把《蒙古秘史》看作是一次性完成的整部作品，扰会出现不可解决的矛盾。从内容上看，写到窝阔台可汗死的前一年。可是,怎样解释蒙哥可汗时期的情况?如果把这看成是后人加进去的东西,这样没有说服力。"

四、《蒙古秘史》中的神话传说

《蒙古秘史》开篇的第一句话就是作为乞颜部的始祖神而被记载下来的。后来,他们的子孙生齿日繁,传至第十代后裔,有个名叫脱罗豁勒真伯颜和他的妻子孛罗黑臣豁阿生了两个儿子都娃锁豁儿和朵奔蔑儿干。都娃锁豁儿是个额上只生了一只眼、能看三程远的人物。一天,哥儿俩一同登上不儿罕山,都娃锁豁儿极目远眺,望见沿统格黎小河迁移来一群百姓,在一辆华丽的牛车上坐着一位美丽的姑娘,于是对弟弟朵奔蔑儿干说:"在那群迁来的百姓中,一辆黑篷车的前沿上坐着一位漂亮的姑娘,若未许配人家,就给你求亲吧?"说着就叫弟弟前去探视。朵奔蔑儿干到那里一看,果然是一位美丽的姑娘,名叫阿阑豁阿,是很有名望的霍里秃马惕部那颜的女儿,尚未许配人家,于是便向女方求婚,娶为妻室。从朵奔篾儿干娶妻开始,史载其事迹趋于翔实。据《蒙古秘史》的记载,阿阑豁阿因成为蒙古第十一代女祖先而闻名于世。阿阑豁阿来到朵奔蔑儿干那里,生了别勒古讷台、不古讷台两个儿子。朵奔蔑儿干去世后,阿阑豁阿寡居时又生了3个儿子,一名不忽合塔吉,一名不合秃撒勒只,一名孛端察儿蒙合黑。于是她原来的两个儿子窃窃私语,怀疑这3个儿子是她跟家仆马阿里黑·伯牙兀歹氏人所生。阿阑豁阿察觉以后,给每人一支箭去折,他们毫不费力地都一一折断了,然后她又把5支箭杆捆在一起要他们轮流去折,结果都不能折断。为此,阿阑豁阿对原来两个儿子讲述了自己受胎生子的奇异经过"每夜都有个黄白色的人,借着天窗和门额上(间隙)露天地方的光,进来抚摸我的肚皮,光亮渗入我腹,出去时,借着日月之光,如同黄狗一般,摇摇摆摆飘然而去,你们怎敢胡说!这样看来,显然是上天的子息啊！你们怎能比作凡人呢？等他们做了万众的可汗，凡人们才能明白呢！"说完又进而教训5个儿子道："你们这5个孩子啊，都是从我肚皮里生出来的，你们正像方才那5支箭，如果一支一支地分开，你们就像那一支一支的（孤）箭一般容易被任何人折断。如果像那（捆）在一起的5支箭一般，同心一体啊！任何人都难以把你们怎样。"阿阑豁阿母亲死后，前4个儿子把食物牲畜都分了，只有五弟孛端察儿愚弱，不被当作亲人，没有给他一份。孛端察儿便骑着一匹背上有鞍疮、秃尾巴黑脊梁的青白马沿着斡难河，放马奔驰而去，到了巴勒谆阿拉勒之地，搭个草棚住下了。后来，不忽合塔吉前来寻找孛端察儿，就在这个"傻弟弟"的劝说下，五兄弟突然袭击了住在统格黎河边的一群"没有大小好歹，不分头蹄上下，没有头脑管束，容易对付的百姓"，把他们掳为奴仆，兄弟五人各自分得一份属民和畜群之后，便移住在不儿罕山麓，从此形成了5个姓氏斡孛黑坛，鞑靼—蒙古部由此而来，孛端察儿便成了乞颜孛儿只斤的祖先，成吉思汗就是这个部族的后裔。以上所引《蒙古秘史》的历史传说，总的来说描述了黄金家族的发祥史，从而生动地展示了蒙古氏族社会进入奴隶制社会的生活图景，同时也反映了这一时代人们的思想观念和良好愿望。

从孛儿帖赤那、豁埃马兰勒开路到十一世祖的所谓感光而孕的日月神传说，向人们叙述了蒙古部族是天神或日月神的后裔，这种天命观同蒙古人的原始宗教萨满教的天神信仰相联系。神孕、感生神话故事追溯其渊源还与远古图腾崇拜及泛灵信仰有关。但是，随着生育之奥秘被人们认识，那种不与男性接触而孕育的原始思维观念已被否定，特别是从对偶婚进入一夫一妻制后，氏族血缘关系已成为维护氏族组织制度的牢固纽带，因而，血统是否纯正就决定着每个人能否成为该氏族成员的标准。阿阑豁阿无夫生子按那个时代人的思想认识来说，便大可怀疑了，所以，别勒古讷台、不古讷台私下认为以后3个弟弟的血统有问题。这种思想苗头一旦发展，就会破坏这个血亲家族的团结，造成分崩离析的恶果。这是事关前途命运的重大问题，具有政治远见的阿阑豁阿非常明白，所以，她做了上述解释，稳定了人心，挽回了同母异父的5个儿子的分裂危机。因为在那个时代，虽然生育奥秘被认识，但天命观却禁锢着人们的头脑，天神与母体接触妊娠生子之说是谁都可以接受的一种观念。阿阑豁阿以天赋论的生动实例进行教诲，不仅稳定了人心，而且提高了子孙的声望，加强了他们之间的信赖和团结。从传说反映的经济形态和图景来看，当时畜牧业为主要经济成分，但狩猎仍然是许多部落重要的生活来源。这时的蒙古社会已出现贫富、贵贱的阶级差别，进入了奴隶制社会。某些原始部落仍然保持着氏族社会的面貌，如住在统格黎河沿岸的一群没有大小、上下的百姓，就是这种社会生活的反映，所以他们注定要被强者掳为奴婢属民。激烈的阶级分化，使那些被称为蔑尔干、伯颜、额真的人成为奴隶主贵族，而被称为扎剌兀、孛斡勒、失伯赤的人沦为部落奴隶。奴隶则被当作会说话的牲畜随意赠送或买卖，甚至用一只鹿的后腿便可换得一个穷孩子为奴隶。那时财产和奴隶的主要来源就是战败部落的牲畜和属民，因此，氏族部落之间、大小奴隶主之间的兼并战争十分频繁。为了保卫部落的安全，首要条件就是加强内部团结，抑制内讧分裂。阿阑豁阿五箭训子的传说正是客观地反映了那个弱肉强食的历史时代人们普遍的愿望和要求。

上述感光而孕、五箭训子的传说，在许多民族中均有类似的故事。还有都娃锁豁儿额上生了一只目力超群的独眼，也颇有特点。这种千里眼的传说，各个民族所存多有。不过，都娃锁豁儿这一特异形象的出现，又与本民族的生活有关，它以幻想形式反映了牧人猎户发展生产的愿望。牧人希望放眼辽阔草原，照料好5种牲畜；猎人搜索和猎取野兽更需锐利的眼睛。所以，无论传说的内容和形式与其他民族如何相似，一旦结合本民族的生活和人们的思维，就会渗透着浓郁的民族气息。

第五节 《蒙古源流》

一、《蒙古源流》的基本概况

《蒙古源流》原名为《额尔德尼——因托卜赤》，是蒙古族的三大史学著作之一。它的时间跨度从开天辟地到明末清初，具有重要的史学价值和文学价值。

《蒙古源流》的原书不分卷，由清朝时期蒙古族的萨囊彻辰撰写，最早的版本为清朝康熙元年（公元1662年）武英殿本。版框18.6厘米×13.3厘米。半页8行，每行7~12字，白口，红色单鱼尾，四周双栏，8册1函。

《蒙古源流》自问世以来一直备受关注。公元1766年，乾隆皇帝亲自将书名由《额尔德尼——因托卜赤》改为《蒙古源流》，并责由英武殿以蒙古、满、汉3种文字的形式同时出版发行。公元1767年，组织《四库全书》编纂工作的纪晓岚等人又把《蒙古源流》收入《四库全书》。乾隆四十二年（公元1777年），《蒙古源流》被译为满文出版发行，乾隆五十四年（公元1789年）被译为汉文出版发行，汉译本原称为《钦定蒙古源流》，被编为8卷。

《蒙古源流》上溯蒙古以及成吉思汗部族的起源，并与印度、西藏诸王世系联系到一起，下述元至清初蒙古的历史文化及佛教传播，历述元明两朝蒙古各汗的事迹，其中有关明朝北元朝、蒙古族部封建主纷争的内容占了全书的一半。《蒙古源流》对北元朝达延汗及俺答汗时期政治、经济、宗教、领地划分、各部战争和诸汗世次、名号、生卒年及人地诸名、职官等的叙述在所有蒙古文史籍中最为详细。书中还收录了很多蒙古民间传说、诗歌及藏、梵、汉、满等族的语言资料。作者萨囊彻辰自称此书系根据《古昔蒙古汗等源流大黄册》等7种蒙、藏文字资料写成。

《蒙古源流》是17世纪蒙古族编年史中最珍贵的一部历史文献，与《蒙古秘史》《蒙古黄金史》合称为蒙古民族的三大历史著作，也是蒙古族重要的宗教史文献。到19世纪末20世纪初，比利时、日本等国的学者开始重视《蒙古源流》，并把它称为蒙古族三大史学著作之一。

《蒙古源流》篇幅宏大，根据内容特征，可划分为7大部分。一是宇宙生成、人类起源。二是印度王统史。三是西藏王统史。四是蒙古汗统史，其中包括：从孛儿帖赤那到也速该把阿秃儿的历史，成吉思汗的一生，窝阔台汗至元惠宗妥懽帖睦尔的汗统史，元惠宗退回蒙古草原至林丹汗败亡的汗统史，达延汗诸子的分封，巴儿速孛罗惕一系的历史。五是满洲皇统史。六是跋文。七是79节格言诗。另外，书中还插有汉朝至金朝末年的汉地皇统简史和明朝的皇统简史。

《蒙古源流》作为蒙古族史书的三大著作之一，它的史料价值一直得到充分的肯定。书中元末至清初的蒙古族历史是全书的重点，内容丰富，叙述详细，是最具史学价值的部分。《蒙古源流》的史学价值主要体现在以下几个方面：提供了元末至清初蒙古大汗的完整系谱；详细记载了达延汗统一蒙古本部的过程；提供了达延汗诸子名号及其属部之名；真实、生动地描述了鄂尔多斯万户的历史；记录了格鲁派藏传佛教在蒙古地区传播的历史；反映了明代蒙古社会组织、部落变迁、经济状况、阶级状况、阶级关系、思想意识、封建主之间的关系等方面的情况。此外，书中蒙元时期部分的历史记载也值得注意，具有一定的史学价值。

《蒙古源流》是一部编年史，具有草原史书的风格，而且佛学的影响贯穿全书，成吉思汗黄金家族的正统观念非常强烈。比较其他同时代的蒙古族的史书，《蒙古源流》的史书编撰技巧相对趋于成熟，趋向规范化。

《蒙古源流》的版本之多和流传之广是其他蒙古族的史籍所不及的。仅蒙古文抄本和木刻本见于著录的就有30多种，分别藏于呼和浩特、北京、沈阳等地以及蒙古、俄罗斯等国。清朝乾隆三十一年（公元1766年），外喀尔喀蒙古王公成衮扎布将家藏的一种抄本呈献给了乾隆皇帝。乾隆皇帝随即下令将其依次译成满文和汉文，遂由此产生了"故宫精钞本"。后来，乾隆皇帝又将此本交武英殿刻版印刷，被称作"殿本"。"殿本"的蒙、满、汉3种本子传到国外后又形成了"海外本"。需要特别指出的是，《蒙古源流》的"殿本"汉译本译自满文，满文本又译自蒙古文，由蒙古文译为满文的过程中出现了大量错译的现象，最后自然影响到汉译本的质量。

流传于蒙古地区的蒙古文本《蒙古源流》，在其漫长的流传过程中逐渐形成两大系统。一个以库伦本为代表，另一个以殿本为代表。库伦本的优点相对较多，不仅内容完整，用字古老，字迹工整清晰，而且保存得也相当好，是目前国内外学术界公认的最佳本子。

20世纪以来，一批依靠新印刷术出版的《蒙古源流》先后问世。日本人内藤湖南从沈阳故宫获得所藏满蒙文殿本《蒙古源流》后，于1905—1906年，制成晒蓝本带回日本。1936年北京文殿阁书庄影印再版了施密特本。1955年，德国学者海涅什在柏林出版了库伦本的影印本。他又于1959年和1967年，在威斯巴登先后出版了蒙古文殿本、蒙古文故宫精钞本的影印本。1956年，美国哈佛大学出版了由柯立夫编辑、田清波作导言的3种本子的影印本。1962年，内蒙古呼和浩特出版了鄂尔多斯地区发现的阿勒黑苏勒德本的影印本。

除此之外，国内外还出版了众多《蒙古源流》的校勘本和音写本。自乾隆年间译出满文本、汉文本后，至20世纪90年代，又陆续出版了不少其他文种的译注本。在国外，施密特的德文译注比清代汉译本仅晚50多年，为西方学者认识《蒙古源流》创造了条件。1940年，日本学者江实在东京据满文本的《蒙古源流》译成日文出版。1964年，美国学者克鲁格在布鲁明顿出版了《蒙古源流》的英译注本。1981年，韩国学者崔鹤根在汉城（现首尔）出版了第一部朝鲜文版《蒙古源流》。1981年，内蒙古学者道润梯布在呼和浩特出版《新译校注〈蒙古源流〉》。1997年，内蒙古大学蒙古史研究所的年轻学者乌兰发表了《〈蒙古源流〉研究》一书，书中以库伦本为底本，参照其他16种版本，对《蒙古源流》一书的全文做了拉丁文音写，并做了汉译和校勘注释，被认为是迄今为止最为完备的研究成果。

《蒙古源流》的传播影响力很广，研究者也是层出不穷。写于清乾隆五十四年（公元1789年）的《四库全书总目提要》的《蒙古源流》条，是对该书最早的评述。此后，中外学者展开了对《蒙古源流》的研究热潮，可谓硕果累累。

二、《蒙古源流》的历史背景

《蒙古源流》成书于17世纪后半叶。公元17世纪在蒙古历史和蒙古史学发展史上都是个特殊的时期。自公元16世纪末起，曾经因达延汗的崛起而重振雄风的蒙古政局开始走向衰落，到公元17世纪30年代，蒙古大汗的直属部落以及漠南蒙古诸部族都纳入了清王朝的统治之下。曾经元朝统治中原的局面已成不再，同时外喀尔喀、卫拉特诸部亦处于被兼并的危境之中。从公元17世纪初起，《阿勒坦汗传》《黄金史纲》罗桑丹津《黄金史》《黄史》《源流》和《阿萨剌黑齐史》等蒙古族人自己创作的史书相继问世，形成了自公元13世纪

《蒙古秘史》成书以来蒙古族史学发展史上的第二个高峰。这批蒙古族史书集中出现于17世纪，且多产生在蒙古漠南鄂尔多斯、土默特地区，不是一种偶然现象，而是由多方面因素促成的必然结果。

公元1368年，元朝被朱元璋建立的明朝所取代。元朝曾经的最高统治者北归蒙古草原。在元明鼎革之际，蒙明战争尚未见分晓的时候，蒙古皇室还卷入了异系、异姓权臣们争夺权位的内乱漩涡中。先是阿里不哥后裔与忽必烈后裔争权，也速迭儿乘脱古思帖木儿汗被明军打败之机，弑君篡位。后来是蒙古本部与别部瓦剌异姓贵族为争夺全蒙古的统治权进行了长期的斗争，瓦剌首领也先还一度登上大汗的宝座，几乎杀尽元裔。也先死后，孛来、毛里孩等强部首领崛起，满都鲁即位之后，权臣开始把握政权，阿罗出、孛罗忽、加思兰与亦思马因钩心斗角，互相诛杀，整个蒙古草原被扰得暗无天日。到公元15世纪80年代，达延汗即位，开始逐步统一蒙古。达延汗打败了瓦剌，消除了来自别部的威胁，诛杀了权臣亦思马因，把政权真正掌握在自己手中，征服右翼诸部，扫平了割据势力，又将诸子分封于各部之中，将蒙古本部各部收归自己及子嗣的统治之下，使蒙古草原出现了相对稳定发展的状态。这种局面一直持续到公元17世纪前半叶林丹汗败亡前后。

蒙古与明朝间的战争自明初以来长年不断，先是蒙古为反攻中原，明朝为肃清"残元"而展开了激烈的争战。经过多年的较量，蒙古的主力受到重创，元气大伤，明朝也付出了巨大的代价。双方无力大战后形成蒙、明对峙的局面。明朝的边防开始逐渐收缩，到公元15世纪中叶"土木之变"之后，明朝的防线基本上稳定在西起嘉峪关，东到山海关的长城一线，九边之外的河套、丰州、开平、大宁及其以北地区成为蒙古族稳定的驻牧区。明初以来出现的蒙明势力范围的拉锯状态基本结束，地域趋于稳定。但蒙、明在边境上的摩擦还经常发生，不过蒙古深入明境的时候多，明军深入蒙古的时候少。来自明朝方面的攻击日渐减少，以至于消除。从公元16世纪初以来，蒙古草原的政治形势出现了好的转机，内忧外患大幅度减少，人民生活趋于安定，社会开始走上正常发展的道路。以往的百余年间，蒙古社会外扰内乱不断，统治者尚不能时时安享太平，人民更是饱尝战争之苦。仅在明初，蒙古就在战争中损失了不少图籍，甚至现今都无法找到在蒙古地区保存下来的16世纪中叶以前的任何一部明朝时期蒙古族的文化作品。有学者把元末至16世纪后半叶的时期称为蒙古族史上的"黑暗时期"，称这一时期蒙古族人的文化其实是倒退了。鄂尔多斯和土默特两部原为异姓封建主满都来、火筛控制的强部，后被达延汗收服，在达延汗重新组建蒙古本部时，仍被编入右翼，成为右翼三万户中的两个万户。这两部的新统治者的系统都出自达延汗的第三子巴尔斯博罗特。巴尔斯博罗特是达延汗统一各部后所封的第一任济农，他的直辖部即为鄂尔多斯万户。他的济农之号和鄂尔多斯万户的首领之位由其长子衮·必里克一系继承；他的次子阿勒坦一系为土默特万户的首领。巴尔斯博罗特与衮·必里克、阿勒坦父子3人都是精明强悍、足智多谋的政治家，他们凭借属部较好的实力基础和封地较好的自然条件，在很短的时间内将鄂尔多斯部和土默特部发展成为蒙古诸部中势力最强的两大部落，政治声望一时超过了左翼的察哈尔万户。尤其是阿勒坦汗在衮·必里克济农中年去世之后雄长诸部，成为右翼实际上的领袖。在阿勒坦汗控制时期，蒙古右翼部落政治上很大的一件事就是处理与明朝的关系。为了获得生产、生活所需的农业、手工业产品以及统治者所需的奢侈品，鄂尔多斯、土默特等部在重建初期也曾频频侵掠明边，虽然有所收获，但自身损失也不小。

　　16世纪40年代初，阿勒坦汗开始向明廷提出通贡互市的请求，期望通过和平的途径与明朝进行正常的物资交流。然而，由于双方统治集团积怨太深，明廷一一拒绝了阿勒坦汗的请求，而阿勒坦汗则更为猛烈地侵掠明边，以示报复，其中包括轰动一时的1550年"庚戌之变"。在阿勒坦汗的军队兵围都城的不利情况下，明廷被迫同意开放马市以换取蒙古退兵。但仅过一年多，马市就因来自明廷方面的阻力而停市,招致蒙古右翼部落又侵扰明边境20年,直到16世纪70年代初明廷改变了政策,双方才达成和议,"俺答封贡"终于告成。

总之,自16世纪以来,蒙古地区尤其是鄂尔多斯、土默特地区较为安定稳固的社会环境,为17世纪蒙古文史书的问世准备了土壤。

经济的恢复和发展为史书的创作提供了物质基础。明初以来,蒙古社会战乱频仍,几无宁日。战乱本身牵扯、耗费了大量的人力、物力,影响了人们正常的生产、生活;战乱的结果又是人口和牲畜的大量减少,牧场荒废,使生产力的发展严重受阻;加之对外经济联系基本上被切断,蒙古社会经济陷入了极其艰难的境地。人们不是为战事所累,就是为生计奔波,不可能有多少闲心从事创作,而且贫乏的物质条件也满足不了创作的需求。不说别的,光是作为主要书写材料的纸张就非常缺乏,这一点会直接影响大部头作品的创作。纸张缺乏的问题即使在经济开始复苏的年代也常常困扰蒙古地区。

15世纪中叶以后,蒙古的经济开始逐渐复苏,牧地、牲畜和人口都有所增加。到达延汗时期,由统一带来的相对稳定的社会环境,由分封子嗣等形成的诸部画地而牧,都有利于生产的发展,蒙古社会的经济状况有了较明显的改善。诸部之中,发展最快的还应当数鄂尔多斯部和土默特部。鄂尔多斯部所占据的河套地区、土默特部所占据的丰州川地区,都是水草丰美、气候适宜的得天独厚的好地方,这两部凭借所据地区优越的地理条件,大力发展畜牧业,牲畜头数大量增加,阿勒坦汗的土默特部牲畜数量一时达到了"马四十万、橐驼牛羊百万"。从历次与明朝通贡互市的情况、为三世达赖喇嘛等西藏高僧进献礼品的情况来看,土默特部和鄂尔多斯部的牲畜数字都相当可观。畜牧业是蒙古族的传统经济形式,也是其主要的生产部门。尽管畜牧业生产有了较大的发展,部落的实力因此有所增强,然而单一的畜牧业经济毕竟不能满足社会多方面的需求。为了弥补单一畜牧业经济的不足,土默特部、鄂尔多斯部又因地制宜开发农业。16世纪中叶开始,阿勒坦汗组织汉地移民(包括战俘和自愿来投者）在丰州川开展农业生产，种植粮食、蔬菜以及经济作物，将这里发展成了一块繁荣的半农半牧地区。鄂尔多斯地区也有人从事耕作，手工业也取得了较大发展。牧民日常生活中所需用具多由牧民自制，与畜牧业生产有关的工具也由牧民自家制作完成，专业手工业生产者担负铁加工、精巧木制品加工、金银珠宝加工等专项手工产品的生产任务，生产技艺已达到相当高的水平，蒙古族人生产的铁制品、木制品还曾受到中原汉人的称赞。随着中原一批批汉族工匠的涌入和西藏一些工匠的到来，土默特地区、鄂尔多斯地区的建筑业有了较快的发展。最具代表意义的建筑成果是土默特地区的库库河屯城（今呼和浩特的前身），另外土默特地区的大召、席力图召（均在库库河屯城内）、美岱召，鄂尔多斯地区的王爱召、准格尔召等藏传佛教寺院，也都可称建筑艺术的精品。

自16世纪70年代初阿勒坦汗与明廷达成协议后，土默特部、鄂尔多斯部等右翼诸部成为明朝互市的主要对象，用马匹等畜牧业产品从汉地交换到生产和生活所需农业、手工业产品以及上层渴求的奢侈品，满足了自身社会的需求，同时又刺激了畜牧业的进一步发展，使整个经济形势进入良性循环。经济的不断发展，带来了社会文化生活的活跃。16世纪末《甘珠尔》《丹珠尔》等巨帙藏文佛教著作蒙译工程的开工，说明经过一段时期经济的增长，蒙古地区已具备了创作大部头文化作品的客观物质条件。随后，于17世纪出现蒙古文史书创作高峰的现象，也就不足为奇了。藏传佛教的普及对史书的编纂有巨大影响。

元亡以后，藏传佛教在蒙古宫廷内还有一些断断续续的活动，但影响很小，作用也有限。16世纪10年代，被达延汗击败的原永谢布部首领亦不剌携残众西遁青海湖地区，在包括藏族在内的地区重图发展，不久又有卜儿孩一支"逃据海西"，与亦不剌联营。至16世纪30年代，右翼鄂尔多斯部、土默特部开始经略青海湖地区，衮·必里克济农和阿勒坦汗曾两次率军攻入该地区，给亦不剌等人以沉重的打击。衮·必里克济农去世以后，阿勒坦汗又多次出兵青海湖，把这一地区纳入自己的势力范围。在经略青海湖地区的过程中，蒙古右翼部落首次接触到藏族部落。阿勒坦汗之子丙兔所部留驻青海湖地区，衮·必里克济农之孙宾兔所部驻牧松山地区（今甘肃省永登县、天祝藏族自治县一带），接通了右翼蒙古部落通往藏区的道路，为藏传佛教传入蒙古地区创造了契机。16世纪60年代中期，衮·必里克济农之孙库图克台·彻辰·洪台吉率鄂尔多斯军深入青海藏区，将当地3位高僧带回鄂尔多斯。库图克台从此皈依佛教，成为蒙古本部地区与藏传佛教建立联系的积极推行者。16世纪70年代初，阿勒坦汗会见藏族僧人阿升喇嘛并听其传教，也开始信奉佛教。1587年，阿勒坦汗、库图克台与藏传佛教格鲁派高僧索南嘉措（即三世达赖喇嘛）在仰华寺会见之后，藏传佛教迅速传入蒙古右翼部落，渗透到社会各个领域，并进一步传入其他蒙古部落，给整个蒙古社会带来了全面的影响。作为一种宗教，藏传佛教首先在蒙古族人的精神生活方面产生了巨大的影响，佛教的思想已深入人心，成为人们行为的依据和准则。反映在文化事业方面，蒙译藏文佛经典籍、学习佛学理论和佛教传播史的活动成为时尚，一批新型的文化人——以佛教思想武装头脑，蒙、藏兼通，具有一定本民族历史、文化知识的人随之产生，而佛学理论和佛教传播史带来的新思想和新知识又刺激了蒙古文史书的创作。从前由于战乱未能记载成书的历史，因时局的稳定和经济的发展已获得落实于文字的条件，思想上的新变化又使人急于重新解释某些历史现象。17世纪产生的《蒙古源流》等史书，大多是按照一种新的创作模式——印、藏、蒙一统相承的叙述方式完成的，主要特点是宣传所谓印、藏、蒙一统的思想，将佛教在三地的弘传史与三地的王统史结合起来叙述，反映了藏传佛教文化的启迪与影响。

  政治局势的变化成为史书创作的重要促发因素，集中产生了一批蒙古文蒙古族史书的17世纪，在蒙古历史上是一个特殊时期。自16世纪初动荡的蒙古政局因达延汗的统一而稳定下来后，蒙古族社会经历了一段较为平稳的发展时期,但是到了16世纪末叶,蒙古族已开始感受到来自新兴女真(后称满洲)的威胁。经过三四十年的摩擦、冲突,至17世纪30年代漠南蒙古诸部已先后被满洲统治者所制服,大汗林丹汗遁死青海大草滩,传续了400多年的蒙古汗统从此不复存在。满洲贵族建立清王朝后,继续向外扩张,蒙古外喀尔喀和卫拉特诸部亦面临险境,命运凶多吉少。蒙古族人一次次的反抗遭到了失败,而清朝的统治日趋巩固。残酷的现实和可怕的前途不可能不给蒙古贵族以思想上的触动。他们心怀忧虑,但又对改变现状无能为力,感到大势已去、回天无力。这种无奈的心情使贵族出身的文人自然怀恋起以往的岁月,触发了他们的创作意念。他们急切地要写下自己民族的历史,让子孙后代了解并记住蒙古族人高贵的血统、源远流长的历史和曾经有过的辉煌业绩。迫于政治的压力,这一创作动机当然不可能直截了当地写出来,不过我们还是可以从书中体会到作者们这方面的用心。如《古代蒙古汗统大黄史》的作者在卷首一开始就引用了五世达赖喇嘛在《西藏王臣记》中说过的一句话:"凡人不知其来源,则如林中迷路的猴子;不知其宗族,则如玉石雕成的假龙;不读其家史,则如遭到遗弃的婴儿"。《阿萨剌黑齐史》的作者在引用五世达赖喇嘛的这句名言后接着说:"为使如今尚不知晓者了解,为使后来人继续修纂而概略写成此书。"罗桑丹津在《蒙古黄金史》的后记中提到撰写该书的目的是"让广大的人民世代传阅"。综合起来说,在多种因素构成的这样一种历史背景下,17世纪蒙古族文史书相继问世,形成了自《蒙古秘史》以来第二个创作高峰。而《蒙古源流》是其中最能反映时代特征的一部。

三、《蒙古源流》的作者

《蒙古源流》的作者在书中对自己的名号、生平有所交代。他名萨冈,出身于成吉思汗黄金家族,有彻辰·洪台吉和额尔克·彻辰·洪台吉的称号。

萨冈出生于公元1604年，父亲称为巴图·洪台吉，祖父则是鄂勒哲·伊勒都齐·达尔罕·巴图尔，曾祖父就是有名的库图克台·彻辰·洪台吉，四世祖时期称为诺木·塔尔尼·郭斡·台吉。萨冈的家族属达延汗第三子巴尔斯博罗特的长子衮·必里克济农一系，诺木·塔尔尼作为衮·必里克的第四子，分封到的部落是别速惕和乌审，属鄂尔多斯万户的右翼。从库图克台到萨冈，他们的驻牧地一直在名叫伊克·锡别尔，在内蒙古自治区鄂尔多斯市乌审旗境内南部。萨冈他们这一支虽然不是衮·必里克济农的嫡支，但由于库图克台个人超群的能力和举足轻重的作用，奠定了他们这一支在鄂尔多斯万户诸部中重要地位的基础，几代子孙也都表现不俗，均受重用。他们这一支在诸部中享有很高的声望，是一时的实力派。如库图克台指挥过多次重大战役，足迹远达额尔齐斯河、青海地区三河汇流处等地，博硕克图即济农位的仪式是由他来安排和主持的，他与土默特万户首领阿勒坦汗关系密切，很受阿勒坦汗的赏识，阿勒坦汗就是采纳了他的建议才决定迎请西藏高僧索南嘉措的，而他在引进、推广藏传佛教的一系列活动中的作用，更抬高了他在人们心目中的地位。他还是大汗图们·札萨克图汗所设五执政之一，参与蒙古本部六万户的总体协调管理。他的长子鄂勒哲·伊勒都齐曾参加攻打托克马克和瓦剌的战役，表现得勇敢顽强，因此获得巴图尔·彻辰·洪台吉的称号，参与执事。他的长子巴图从13岁起即随博硕克图济农出征汉地，在宁夏作战时活捉明朝军队一人，因而获得达尔罕·巴图尔的称号，15岁时随留守部队驻防南边，击退明军，缴获大量武器、马匹，又被授予巴图尔·彻辰·洪台吉之号，参与执事。他的长子萨冈出生在这样一个家族里，自幼享受优厚的生活，11岁时就以"六万户中首行佛教之人的后代"而获其曾祖父的彻辰·洪台吉的称号，后来在额林臣即济农位时，他又以"从前有德之人的后代"而获得宣读封号的殊遇。在家庭环境的熏陶下，萨冈成熟得比较早，17岁即被选入臣僚之列，参与执事。当林丹汗为避后金军追袭经鄂尔多斯地区西遁时，萨冈与额林臣济农一同加入林丹汗的队伍。当林丹汗的统治已近尾声时,他主动前去与脱离林丹汗的一支察哈尔人联系,商定了东返之事,然后劝济农共同行动,一同回到了原驻牧地,使部落得以保留,为此济农赐给他达尔罕的称号。

说到萨冈,必须要提库图克台。《万历武功录》(卷十四)专门为库图克台写有一篇传记(《切尽黄台吉列传》),记载了他于公元1570年之后至公元1587年去世之间的一些活动,称他"善用奇兵","雄视一套,投足左右,便有轻重",即使去世后"胡中事无大小,无不愿以切尽为法",可见库图克台确实能力不凡。库图克台为人明敏,而娴于文辞,尤博通内典,鄂尔多斯万户与明朝达成贡市之约时,曾由他亲为表文。库图克台还多次致信明朝边将以保持联系,他好佛不已,曾向明朝索请佛经、数珠等物,仅一次就得到佛经3部,数珠10盘。曾有一位明朝和尚宛冲还随他传经译字。由此可见,库图克台有着较高的学识素养。现库图克台是一位能武能文、善读好写的人,他对萨冈写作《蒙古源流》的影响也非常最大。

关于萨冈的晚年,据说他不顺从清朝皇帝,不接受清廷的封官,并痛斥清廷的侵略行径,最后被肢解处死。从《蒙古源流》的叙述看,他至少活到59岁,但他没有提及自己30岁以后的情况。这恐怕与他的政治观点和思想倾向不无关系。在他30岁的1634年,林丹汗病死在青海大草滩,溃散的部众纷纷被后金军收服。1635年春,林丹汗之子额哲归降后金。1636年4月,清太宗皇太极接受漠南蒙古16部49封建主所上"博格达彻辰汗"(宽温仁圣皇帝)的尊号,漠南蒙古诸部变成了新建的清王朝的臣民。变为异族的统治对象,是当时的蒙古族人所不希望也不愿承认的事,但事情毕竟已经成为现实,而且是难以改变的现实,因此人们往往把自己的悲愁、失望和不满埋在心底,对这一段历史采取一种沉默的态度。萨冈估计就属于这种情况,不然《蒙古源流》中有关部分的反常现象就不好做出解释。书中蒙古史的内容止于1635年林丹汗之子额哲归降后金,皇太极嫁女儿给他之处,而全书总内容的结止年代为1662年,即作者完成史书的那一年。对1635年以后至1662年之间的这段时期，作者只简略写了皇太极称帝、攻明城锦州、四世班禅的使者由清朝返回故地、李自成攻占北京、顺治入关、明朝皇统、五世达赖朝清、康熙即位、四世班禅去世等内容，基本不涉及蒙古社会方面的情况。然而事实上漠南蒙古地区在这期间不是无事可写，而是发生了不少在蒙古史上有影响的事情，如清朝打破蒙古原来的行政体制，对归附的蒙古诸部设旗编佐、划定地界，取消蒙古原有的汗、济农、王等称号，对蒙古贵族施行新的封建王公制度，等等。作者所在的鄂尔多斯部1649年（清顺治六年）也被分为六旗，额林臣济农被封为多罗郡王，驻左翼中旗，萨冈所在家族被划入右翼前旗。但出人意料的是，库图克台的嫡系子孙萨冈未依通例继续留任该旗首领，倒是库图克台的次子锡塔台·楚库克尔的后裔额琳沁被封为该旗扎萨克固山贝子。这期间还发生了几起蒙古族人反抗清朝统治的事件，如1646年苏尼特左旗扎萨克多罗郡王腾机思叛清，北依外喀尔喀车臣汗部，后被清军镇压；1649年鄂尔多斯右翼后旗大札木素叛清，执杀清廷使者，据险抵抗，但终因势单力薄被迫于次年11月向清朝投降，同叛的多尔济不降，两年后被擒杀。萨冈对这些事情只字未提，看来他是有意回避；对有些情况不愿承认，而对有些情况则不便提及。这样一来，我们也就无法再从作者笔下了解到他后半生的情况了。

第六章 草原图书馆

第一节　草原图书馆对传承草原文化的作用

　　草原文化是草原民族在社会发展过程中所创造和发展起来的具有本民族特点的物质文化和精神文化的总和。草原民族在漫长的历史发展过程中，在特定的环境和历史条件下，形成了各自独特的生活方式、信仰意识、性格品质、礼仪习俗、风土人情等，构成了草原民族不同的文化格局和文化特征。这些文化资源较完整地保持着一个民族固有的特色，它不仅属于这个民族，而且属于全人类，是极其珍贵的民族传统文化遗产，是民族地区可持续发展的重要基础，更是草原图书馆发展的重要支撑。然而，随着社会的进步、经济的发展，地域性的草原民族文化，在经济全球化、观念趋同化的大背景下逐渐被淡化，有的出现了濒危化的现象，有些甚至正在或已经消失。为此，作为保存、传承和发展草原民族文化的草原图书馆理应担起继承和发扬少数民族文化的重任，在民族文化大发展、大繁荣的背景下，积极探寻草原图书馆与草原民族文化相辅相生、互补共享、协调发展之路，使草原民族文化这朵艳丽的奇葩大放光彩。

一、草原图书馆的作用

草原图书馆以提高各民族的科学文化水平,促进各民族文化交流和共同繁荣发展为宗旨,是专门收藏草原民族文献资料,并向全社会开放的公益性图书馆,是草原民族文献的收藏、展示和传播中心,具有鲜明的民族性、历史性、时代性、多样性的特点,拥有保护、传承草原民族文化的特殊职能。

中国草原民族地区文化遗产一般分为两大部分:一是各民族传统文化,包括历史资料及民族风俗、饮食、体育、节日等;二是草原民族地区的地域文化,包括该地区的地理风貌、风土人情、特殊物产、旅游资源等。多元性的文化特征需要草原民族地区图书馆进行多元化的收集和整理,并做好永久保存的准备。近年来,草原地区图书馆非常注重对草原民族文献的搜集和整理,在保存和传承民族文献古籍方面做出了重大贡献。例如,内蒙古大学图书馆保存着丰富的蒙古学文献信息资源;宁夏回族自治区图书馆拥有大量的回族文献和伊斯兰教文献,西藏大学图书馆拥有独特的藏医文献、藏传佛教经典和中国最长的史诗《格萨尔王传》,等等。这些独具特色的民族文献资源,都得到了很好的保护和利用。可以说,草原图书馆在馆藏方面的特色化建设,不仅促进了当地草原民族地区文化的发展与繁荣,而且丰富了中华民族的文化宝库。

草原图书馆在长期的探索和建设实践中,根据草原民族地区多元文化的特点,将这一得天独厚的条件转变为图书馆的发展优势,形成了多元民族文化图书馆。同时,根据草原民族地区多元文化的形式、载体、传播途径的特殊性,如个别草原民族传统文化原始的传播方式只是靠单一的口头语言交流,而没有文字记载,对此,草原图书馆担当起草原民族文化的研究与传承的历史重任,运用现代录音、录像等技术手段进行发掘抢救性的保护。同时,与文艺部门联合,通过对艺术家的整理和挖掘,以现代传媒为载体,将戏曲等传统民族文化的艺术精髓得以完美展现。这不仅丰富了图书馆藏，也促进了草原图书馆自身的发展，巩固了草原图书馆作为草原民族文化保护和传承基地的独特地位，从而更进一步推动了草原民族文化的保护、传播和创新发展。

草原图书馆是草原民族文化信息资源的集散地，是传播草原民族文化的重要窗口，具有社会教育等重要职能。针对草原民族地区多元文化特征，中国实行具有中国特色的多元文化整合教育。所谓多元文化整合教育，就是一个多民族国家的教育在担负人类共同文化成果传递功能的同时，不仅要担负起传递本国主体民族优秀传统文化的功能，同时也要担负起传递本国各草原民族优秀传统文化的功能。草原民族成员不但要学习本民族优秀传统文化，还要学习主体民族的优秀文化。主体民族成员除了学习本民族文化外，还要适当学习和了解草原民族的优秀传统文化，以增强民族平等和民族大家庭的意识。草原图书馆的服务目标就是贯彻兼容并包、百花齐放的原则，积极发展多元民族文化，努力实现十七届六中全会提出的"二为"方向，尽最大的可能满足人民的精神文化需要。当今，草原图书馆也正是践行了这一理念，根据各自特色馆藏开展多元文化教育服务，成功地吸收了优秀外来文化，吸纳了其他民族专业人才，在传承草原民族文化的过程中，充分发挥了为草原民族地区多元文化服务的作用，为加强草原民族教育打开了方便之门。

近年来，从中央到地方，加快了对民族文化资源整合的步伐，着力打造民族文化品牌，使民族文化得到了长足发展，但因经济的影响和外来文化的冲击，草原民族文化传承陷入困境。草原图书馆作为草原民族文化聚集地，因受多种因素的影响，发展极不平衡，存在着很多亟待解决的问题。

随着现代化进程的加快和现代传媒的发展，各种民族文化的交流日益加快，传播范围不断扩大，但随着形势的发展，草原民族传统文化受现代文化的冲击程度也达到了空前。草原民族传统文化正面临着困境，一些民族歌谣、曲艺、传说等开始失传；一些精湛的民族工艺和建筑开始衰微；一些有利于培养人类美德的传统礼仪和习俗被逐渐废弃,等等。许多草原民族传统文化已到了濒临解体或者灭失的境地,虽然政府部门及研究机构加大了对其研究整理的力度,但草原民族文化的传承仍步入了低谷。

二、草原民族文化传承的困境

1.强势文化的冲击

在中国,所谓强势文化,是指中华民族在长期的历史发展中,在物质、行为、制度、精神等方面形成了包罗万象的文化,而在这众多的文化中,有一种文化始终居于支配地位并起着主导作用,其是植根于国民思想意识中的主流价值观,它的存在和发展将规定或影响着其他文化的存在和发展。在草原民族地区,随着社会和经济的发展,城市化、工业化步伐的加快以及外来人员的大量涌入,使得草原民族文化与不同文化之间的交流日益频繁。强势文化凭借其强大的经济和社会优势,携带着更多的现代元素,其实用、便捷和时尚化的价值观对民族同胞固有的价值观念、行为方式产生着潜移默化的影响,直接造成了民族审美方式、生活方式和艺术形式的变迁,尤其是年轻一代的草原民族群众在服饰和生活方式等方面大都以便捷和时尚的原则作为出发点,片面地崇尚强势文化,而对传统文化缺乏或丧失兴趣。虽然这并不是对传统文化的有意抛弃,但在经意或不经意间,部分民众会将本民族的传统文化渐渐淡忘。因此,强势文化的这种潜移默化的渗透和影响,对传统民族文化的发展造成了强烈的冲击。

2.传承人的影响

在民族文化的传承和发展中,作为传统文化记忆载体和创作源泉的传承人,既是民族文化宝库的建设者,又是民族文化世代相传的重要传递者。在传统的民族文化传承过程中,如格萨尔说唱艺术等,传承方式大多采用口传心授的方式，所以传承人自身身体状况的好坏将直接影响到民族文化的传承效果与质量。随着时间的流逝，目前作为传承主体的老一辈优秀民族文化传承人大多年事已高，健康状况逐年下降，精力不济，甚至少部分传承人因突发疾病或遭遇其他情况，来不及将自身的民族文化记忆全部传承给下一代，就匆匆离开人世，造成民族传统文化的大量流失。另外，随着全球化和现代化进程的加快，各民族群众思想观念也发生了变化，尤其是一些草原民族青少年，为了实现个人的理想和远大抱负，大多选择上学或通过其他途径迁移到城市，从而忽视了本民族的传统文化，使得草原民族传统文化传承陷入困境，出现后继乏人的局面。

3.单一落后的传统传承方式对民族文化的传承造成了阻碍

长期以来，民族文化传统的传承方式主要以口传心授为主，按照传承人与被传承人两者之间的关系，又可分为师徒关系和亲属关系（夫妻关系、父子关系等）两种。因此，文化传递和继承往往发生在较小的范围内，甚至一些独具特色的民族特色工艺，其传承又局限在更小的家族范围内（且多传男不传女）。这种单一、落后、古老的传承方式对于整个民族文化的传承，无疑是一堵无形的墙，阻碍了民族文化的传承与发展。

4.传承内容缺乏创新

草原民族文化是在长期的历史发展过程中创造并世代传承的，其内容不是，也不可能是一成不变的。它会随着社会历史的发展而不断丰富和发展，不断注入新的时代元素。因此，草原民族文化传承的内容只有做到与时俱进，不断更新和发展，才能够满足民众不断增长的社会物质文化和精神文化需要，从而获得不竭的发展动力。但是，在草原民族文化传承过程中，目前很多地区还在沿用传统的口传心授的古老传承方式，这种保守的传承方式不利于民族文化的普及和创新，跟不上时代的步伐。因而，草原民族文化在现今的传承过程中，其内容缺乏后劲与活力。

三、草原图书馆的发展困境

民族文化传承是草原图书馆的主要功能之一，也是草原图书馆发展的原动力，但在民族文化传承过程中，因受各种因素的影响，草原图书馆的发展遇到了重重困难和严峻的挑战。

1.经费短缺

长期以来，草原地区图书馆担负着为本地区社会发展提供政治、经济、文化、科学研究等信息服务任务。目前，草原民族地区基层图书馆大多收藏着一批珍稀的地方文献，这些文献对研究我国草原民族的历史与文化、民族变迁与融合以及促进区域经济发展有着弥足珍贵的价值，是我国文献资源中极为重要的组成部分。但是近年来，草原地区图书馆因为经费严重短缺，加上工作环境以及自然条件等各种因素制约，其社会职能得不到有效发挥，生存空间变得越来越小。同时，这些地区的图书馆又受经费限制，文献收藏率锐减，文献老化现象日渐突出。随着对文化资源开发利用需求的不断扩大，文献资源的无限增长和各馆经费的有限增加之间的矛盾越来越突出，信息化和数字化建设速度缓慢，甚至在一些民族地区基层图书馆，基本上还按照传统的图书馆管理模式进行管理，没有实行以计算机为主的现代化管理方式。许多县级图书馆自动化建设也几乎为空白，没有任何电子资源可利用，现代化建设严重滞后。匮乏的馆藏信息越来越难以满足读者日益增长的需求，图书馆的地位和功能受到了严重的挑战。

2.人才匮乏

近年来，为适应图书馆事业发展的需要，国家教育部门和高校加大了对图书馆专业的建设力度，有关图书管理方面的专业人才有所增多，这是令人欣慰的。但学生毕业后，大多都留在一线城市就业或转行求职，回到草原地区及县级草原图书馆的微乎其微。目前，草原图书馆仍存在专业人才，特别是复合型人才匮乏的现象，所以，草原地区的图书馆管理很难适应信息化、网络化发展的要求，对现有的草原民族文化都难以做到科学的保护，更谈不上民族文化传承的创新与发展。因此，人才匮乏严重制约了草原图书馆事业的发展。

草原图书馆在积累历史悠久、绚烂多彩的草原民族文化过程中具有不可替代的地位。特别是在社会主义文化大发展、大繁荣的今天，继承和弘扬草原民族优秀传统文化已成为民族图书馆的时代要求，所以应充分挖掘草原图书馆的功能，使其发挥应有的传承作用。

四、草原图书馆未来的发展方向

草原图书馆作为草原民族文化底蕴浓厚的历史遗存的重要载体和聚集地，具有鲜明的民族文化特色。透过历史遗存，发掘、传承并解惑草原民族文化的先进元素，满足当下社会政治需求和公民精神文化需要，提升社会大众的文化素质，是历史赋予草原图书馆的重大使命。为实现这一目标，草原图书馆应采取多形式、多渠道，率先开展对草原民族文献重要价值的宣传展示，提高社会对民族文献价值重要性的认识，使全社会共同担负起保护和传承民族文化的神圣职责。另外，草原图书馆作为传承民族先进文化和爱国主义教育的重要基地，应利用自身文化优势，加强对未成年人的"尚德""立人"教育，开展形式多样的教育活动。例如，组织内容丰富的知识讲座；利用草原图书馆的建馆历史及发生的重大事件进行爱国主义教育等活动，通过各种教育活动的开展，传承民族文化，弘扬民族精神，发掘并传播中华民族文化的先进元素。

草原民族院校大多具有以相关学科为支撑的高水平科研平台，拥有一批学术队伍，研究力量强，基础厚实，条件优越，完全能承担起保护、发展和创新民族文化的历史重任。草原图书馆可与高校联合，充分发挥高校研究优势，以项目的方式筹措资金,以田野调查的方式组织团队,通过对草原地区的寺院、文化馆、教育局、博物馆、地方志办公室以及一些地方名人的调查和走访,深入了解地方民族文献发展状况,为搜集散落古籍文献而发挥穿针引线的作用。同时,通过对草原地区私人收藏的珍贵文献以及口头传说的地方文献资料的了解,对民间的家谱、历史图片、拓片等进行抢救搜集,不但使图书馆的发展获得了第一手材料,而且使草原地区丰富的民族古籍文献资源得到充分的开发与利用,使其得以传承和发展,极大地丰富草原民族古籍文献,提高社会对草原民族古籍文献的认知度,增强高度的文化自觉与文化自信,进而将草原民族古籍文献作为一项重要的文化事业和文化产业进行开发,提高社会主义先进文化的辐射力和影响力,发展现代文化传播体系。

文化多元化即文化内容的多样性,如文字语言、信息类型、资料题材等,今天所提及的多元性,已超出传统的或大众熟悉的内容,出现了新兴的文化形式。中国草原图书馆的多元化服务还处于刚起步阶段,如何让多元性文化在真正意义上与时俱进,不断为中华民族多元一体文化格局注入新的活力,为草原地区提供多元化、平等化、个性化需求等服务,已成为中国草原地区图书馆面临的重要课题。

全球化下,伴随而来的多元文化性质及中国草原地区多元文化的构成事实,都已经成为草原地区图书馆面临的一大课题。"无论自愿或被迫面对全球化下多元文化的未来,任何行业或组织必将思考:如何从单一的文化组织机构蜕变成具有多元文化性质的全球化组织,并且从中创造出前所未有的庞大生机。"草原地区图书馆在全球化背景下,应从既具有本地特色又符合全球化发展趋势需要出发,加强多元化组织建设,使图书馆具有多层次、个性化服务的能力,从而架起读者与文献信息之间的桥梁,这就要求图书馆在人员组成结构即民族成分、语言、知识结构等方面均应呈现多元化。尤其是有本民族语言的草原地区图书馆,作为面向各草原民族开放和服务的文化机构,更应注重对掌握草原民族语言馆员的培养。人尽其才，学以致用，以充分发挥其主观能动性在为他人和社会服务中实现个人的最大价值。

开展多元文化服务的基础是建立多元文化馆藏。基于草原地区语言沟通相对困难，居民阅读水平有限，文化、传统习惯和宗教信仰之间存在一定的差异等因素的影响，为了平等地为草原民族大众服务，促进民族间多种文化更好地相互理解、相互交流，推动教育公平发展，草原地区图书馆应积极开展多元文化馆藏建设。首先是开展多语种文献信息资源建设；其次是加强多载体形式的文献信息资源建设。多语种馆藏文献资源除汉语、英语等主流语言文献资源外，更应包括草原民族语言文献资源。草原地区，尤其是有草原民族语言地区的图书馆应着重收藏草原民族语言文献资料，如内蒙古地区草原民族以蒙古族为主，应加大蒙古语文献资源的购置量；西藏自治区以藏族为主，应着重加强藏语文献信息资源的建设。另外，草原民族文化遗产形式不一，有物质及非物质等多种形式，因此在文献收藏时不能拘泥于纸质文献，更应利用地域之便通过现代信息技术加大对非物质文化遗产的收集和保护，建设多元载体的草原民族文化信息资源库。同时，为了保证草原地区图书馆多元化馆藏的可持续发展，国家和政府应该加大对草原民族地区图书馆的投入力度，专门制定草原地区图书馆多元文化馆藏发展规划，从文种结构、选择标准、经费使用等方面进行详细的界定。

多语言咨询服务是图书馆开展的深层次、延伸型的咨询服务，主要为少数族群语言提供服务。图书馆多语言咨询服务形式主要包括语言多样化、标识系统语言多元化、书目检索系统支持多样性文字、馆员以多样性语言提供咨询服务等。咨询馆员必须经过特殊的教育或专业训练，具备了解某种草原民族语言与草原民族文化的能力，或者直接招聘草原民族专业人员作为咨询馆员。另外，图书馆网页、用户指南及图书信息检索系统应尽可能地采用多语言，除汉语及英语外，还应包括所在草原民族地区人们正在使用的语言，从而为草原民族提供相应的语言服务。

草原图书馆要以建设社会主义文化强国为契机，以实施社会主义文化大发展、大繁荣为指引，以草原民族独具特色的民族文化为依托，在政府的主导下，认真贯彻落实科学发展观，努力践行"三贴近"原则，进一步繁荣草原图书馆文化，尽快建立与社会主义市场经济体制相适应，与区域社会发展相协调，符合图书馆事业发展规律的草原图书馆体系。形成以国家草原图书馆为龙头，省级草原图书馆和重点行业的草原图书馆为骨干，国有草原图书馆为主体，民办草原图书馆为补充，各行业和各种所有制草原图书馆各具特色、丰富多彩、协调发展的新格局。

首先，大力扶持和发展民办草原图书馆，尤其是要优先发展科技、自然、艺术类等具有行业特点和地区文化特色的专题性草原图书馆。加大开发力度，努力将草原地区独特的人文景观、民俗风情同生态旅游巧妙结合起来，并注入现代元素，使之更符合现代审美观念和欣赏习惯，以产生良好的社会效益。

其次，要加快建立以西北、西南等为轴心的草原文化生态圈，全力开发当地草原民族风情村以及综合性草原民族文化主题园，形成集草原民族文化展示、博览、风情旅游、草原民族饮食、娱乐休闲、草原民族医药养生术为一体的文化产业群。

再次，将某一地区独具特色的草原文化圈连成一体，如把西北的河西走廊、丝绸之路、敦煌莫高窟等连在一起，便成为西北地区一张不可多得的靓丽名片和独特品牌。所以，草原图书馆要加大开发力度，找准保护、传承草原民族文化的切入点，以超常规的大手笔、大气魄、大举措，全力提升草原民族文化品位，加快将草原民族文化优势转化为经济优势，从而实现草原民族文化与草原民族经济的深度融合，为加快构建现代文化传播体系注入强大动力。

第二节　古代草原图书馆的贡献

在中华历史文化的巨幅长卷中，一幕幕、一幅幅画卷常常会清晰地在人们的脑海中闪现，她是那样的博大精深，又是那样的光彩夺目。在这当中，历代草原民族中的藏书名家辈出，藏书数量甚为可观，众多珍本流传于世。藏书家们在成就自身学问的同时，用其所藏之书嘉惠士林后学，泽及广大民众，使一代又一代的学子受益无穷。他们的言行、他们的作为，不仅在那个时代血与火的交流之中促进了各民族的融合，更在历史上创造出了让世人由衷赞叹的辉煌。他们对中华文化事业的贡献功不可没。

在我国古代的北方，与宋代鼎峙而立的先后有辽、金、西夏诸国，它们是我国古代契丹族、女真族和党项族建立的国家。大元王朝是蒙古贵族统治者在中国建立起来的一代政权。明代结束后，公元1644年满族的清王朝正式在北京建立政权。出于巩固政权的需要，这些贵族统治者在政治上必然要采取民族压迫和民族歧视政策，汉人当然处于社会的底层了。但是高度发展的汉文化不会在种族畛域和民族压迫政策下消亡，而是显示出其强大的生命力。汉文化传统磁场仍然统摄元、清诸代文化人格，再强悍的游牧文化也不知不觉被它吸融。在这当中，有统治者在"武攻"之后实行了"文治"及传统文化的传播。

从公元916年辽太祖耶律阿保机建立契丹国起就以汉契一家、学唐比宋为治国方针，辽统治者不仅兴学、修建孔庙、培养儒士，而且大力提倡读中国书籍。契丹虽为马背上的民族，但对藏书很重视。公元946年辽灭后晋，尽取后晋图书、礼器北运而藏，后亦仿照宋代馆阁，建立起中央政府藏书管理机构，主要有乾文阁。道宗清宁十年（公元1064年）又下诏说乾文阁缺经籍，命儒臣校雠。秘书监、昭文馆、翰林院等亦多有藏书。这充分说明在血与火的交融中，中华各民族又进行了一次大融合，草原游牧文化与中原文化在碰撞中进行了空前交流，辽金西夏的藏书事业也在交流中得到长足发展。

蒙古统治者在以金戈铁马的武攻夺取政权之后，转而实行文治，推行汉法，重视儒学。惯于马上飞骑的游牧文化在与强大的中原文化剧烈碰撞之后，又渐渐地互相交融，出现了不少草原民族的私人藏书家，尤以蒙古族人居多，至少有10人，耶律楚材就是其中的杰出代表之一。这位出身于契丹族的元初股肱之臣，跨过了种族畛域，对汉文化倾注了极大的热情。他曾建议恢复对孔子的祭祀，并组建编修所，大量地编印儒家经典，又请当时名儒来讲解儒家学说。元初国家的刻书与藏书处——经籍所也是他倡导建立的。他的藏书虽然多有散失，但仍在白山黑水的东北大地上流传，在民族文化交流中起到了积极的作用。

在满族入主中原的清代，中华大一统，社会发展，民族文化繁荣，不仅涌现了大批的藏书家，使得藏书事业得到了进一步的发展，而且各民族也更加紧密融合在一起，充分显示了中华民族文化的源远流长和巨大魅力。

爱藏书与爱读书是我国历代文人学士的雅好，而且人类对文化的渴求是不限地域的。在我国古代北疆的草原民族地区，在白山黑水之间，在辽阔的大草原，也同样有爱藏书、爱读书、爱中华文化的人。

我国古代北方草原的一位大藏书家——五代时期契丹皇室贵胄耶律倍创建的望海堂曾经名重一时。耶律倍（公元898—936年）自幼聪明好学，他虽然生长在文化和社会形态与中原地区相比比较落后的契丹王国，却仰慕华夏文化、博通经史艺文、尊奉孔子、崇尚儒家。在征战治国之余，他始终注意收聚图籍，特别注重收集汉文文献。通过各种努力，渤海国原有的珍贵图籍典册都汇聚在耶律倍的手中。他在望海峰上建起一座两层殿宇，设置了10间藏书库，因这座藏书楼建在望海峰上，遂名之为望海堂。汉文图书是望海堂藏书的主要特色，其中有些珍本、善本图书在中原地区亦属罕见，使当时包括汉族学者在内的读书人都非常欣羡。由于所聚图籍日益繁多，耶律倍又在离望海堂不远的地方建起一座红墙绿瓦、石栏环绕的3层殿宇，内有房数十间，为典藏新书之处，起名为桃花洞。

金是继辽之后由东北女真族兴起之国，攻辽灭北宋，称雄一时，统治我国北方约100年左右。其藏书家较辽代明显增多，最早的是完颜勖（公元1099—1157年），《金史》卷六十六有传："好学问，办呼为秀才。宗翰、宗望定汴州，受宋帝降，太宗使勖就军中劳之。宗翰问其所欲？曰：'惟好书耳。'载数车而还。"完颜勖通汉文、契丹文，奉命修国史，完成《祖宗实录》3卷、《太祖实录》20卷，又撰《女真郡望姓氏谱》。

游牧的草原蒙古族奋起漠北，以金戈铁马不可阻挡之势攻金灭宋，入主中原，建立了元帝国。此后兴起了一批蒙古族的藏书家。这是蒙古族统治地位上升的必然结果。蒙古族较著名的藏书家有纽邻之孙南加台、廉希宪、阿鲁浑萨理、阔里居思、克埒实实岱、伊埒格等。廉希宪买田筑室少陵之原，藏书2万卷。阔里居思笃于儒术，筑万卷堂于私第。克埒实实岱亦有藏书万余卷。伊埒格折节下士，积书万卷。在蒙古族私家藏书中，数量最多的是纽邻之孙南加台。陆深《豫章漫钞》卷四曾记载其藏书情况："元至正初，史馆遗属官驰驿求书，东南异书颇出，时有蜀帅纽邻之孙，尽出其资，遍游江南，以5年间得书30万卷，溯峡归蜀，可谓富矣。"一位蒙古族的后裔购书之巨，可以说是中国古代少数民族藏书家中的佼佼者了。

清代宗室的藏书以怡贤亲王允祥（公元1685—1730年）及其子弘晓出现最早，所藏也最丰。怡府藏书，编有《怡府书目》，著录图书4500余种。宗室之外，满族人以藏书闻名者首属麟庆（公元1791—1846年）。他的藏书嗜好，既出天性，亦有渊源。他青年时期曾登天一阁观书，并留意藏书，数十年间总藏积至8万卷。在道光年间购得原李渔故居半亩园，在园中辟藏书室，颜曰"螂妙境"，并编成《螂妙境藏书目录》4卷，后传至其曾孙完颜景贤——一个情胜其祖的读书种子、爱书家、书画收藏家。

完颜景贤主要生活于清末民初。他富收藏，精鉴赏。因收有唐代虞永兴《庙堂碑册》《汝南公主墓志铭》稿卷和《破邪论》3件珍品，故命名其室曰"三虞堂"，并编有《三虞堂书画目》。他还收有唐人写篆书《说文·木部》残卷、王维《伏生授经图》、龚开《骏骨图》等真精之品。景贤殁后，半亩园藏品即大量散失，字画珍品多流于域外。其宋刊善本《张于湖集》《绝妙好词选》、宋抄《洪范政鉴》、元赵松雪手抄《两汉纂要》《翁覃溪诗文杂著》手稿30余册，先人手泽《鸿雪因缘图记》4集未刊稿及恽珠夫人《正始集》原稿等数十册均易手他人。北京图书馆就收有宋刊《王状元集百家注分类东坡先生诗》一书。还有，曾藏胡适手中，未经程伟元、高鹗篡改的，最接近曹雪芹原笔的旧抄本《甲戌本石头记》，据文献记载也渊出于完颜氏半亩园。这些从半亩园小如庵散出之书，已足以说明完颜收藏之丰美了。

中国古籍文献虽然经过数千年天灾人祸，历尽沧桑，迭遭灾难，但至今仍寰宇称甲，一方面有统治者由"武攻"转向"文治"的作用，另一方面也是与历代读书、爱书、热爱中华文化的众多藏书家分不开的。在中国藏书家群体的分类统计中，有5045名历代藏书家，而草原民族藏书家有60位，仅占总数的1.2%，但他们对于保存藏书、促进华夏文化发展是贡献颇多，功不可没的。

辽国从兴宗开始就大规模地刊印《大藏经》。公元1038年，辽在山西大同西部的殿宇嵯峨的华严寺内建有薄伽教藏殿。这是一座著名的藏经阁，两阙5

间壁藏，进深4间，俨然有唐代建筑遗风。最富特色的是藏殿内重楼式壁藏，俗称藏经柜，共38间，分上下两层，上置佛龛，下层藏经。其经柜形制繁复，外面多有彩绘图案，勾栏多雕有镂空几何图形，显得玲珑剔透，独具匠心。它是我国现存最古老的书橱。壁藏内原藏有《大藏经》578帙。金兵攻陷大同，藏经损失过半。金初费3年之时进行搜遗补辑，藏经又完好如初。现在该藏经楼共存明清藏经1700余函，计18000册，是我国佛寺藏书保存最为完好的经阁之一。

值得称道的是辽国所藏的石刻经书。位于今北京房山区的房山云居寺，是辽时最负盛名的神州巨刹。兴宗时期曾刻石经600方，道宗时曾造石经大碑180帙。其中最突出的是，通理大师与其他僧人仅用不到两年的时间刻石经1080片。这些石经均藏于云居寺附近的洞窟石室中。经过漫漫1000多年历代人前仆后继的努力，时至今日，云居寺石经多达15000片以上，成为中国寺院藏书的一大奇迹，在世界文化史上占据了极其辉煌的一页。

公元1047年，西夏开国皇帝元昊在兴庆府主持修建了一座规模宏大的佛寺，名为高台寺，目的就是"贮中国所赐《大藏经》"。后该寺又成为将汉文佛经翻译成西夏文的重要场所。西夏曾在贺兰山中建了一座五台山寺，1991年，在该寺遗址中一座方塔内曾出土了西夏与汉文佛经及文书36种，其中有一部《吉祥遍至口和本续》西夏佛经，总计9册，共220多页，10万字，均为至今出土的最早的木活字本实物，成为改写中国古代印刷史和图书史极为重要的实证。这在中国藏书史上是值得大书特书一笔的。

金建国后成为我国与南宋鼎峙而立的北方大国，金朝藏书事业也随之繁荣起来。金中央政府的藏书最初主要是靠战争掠夺建立起来的。在攻打辽中京前夕，金太祖完颜阿骨打就要求部下："若克中京所得礼乐仪图书文籍，并先次津发赴阙。"金太宗天会四年（公元1126年），金兵攻克北宋首都汴京（今河南开封）后掠集宋皇室大批图书文物运往北方。后宋金议和，金对"明堂九鼎之不取，止索三馆文籍图书、国子监书版"。于是北宋阁藏书和国子监书版几乎全部成了金中央政府藏书。

当进入和平时期，金统治者又广开征书之路，向民间故家征集图书，使金皇室藏书大大丰富起来。金政府专门设立了经籍所管理刻书事宜，又将大量汉文书籍（如杜甫、欧阳修、苏轼等人的文集）翻译成女真文。这些雕印和翻译的图书无疑也成为金皇室藏书的主要来源之一。由于金代统治者重视图书收藏，其藏书数量与质量几乎可以与两宋媲美，其具体数目虽不能明确，但公元1214年金宣宗南迁南京，其间途中丢弃了许多图籍，尚有书籍3万车，金中央政府藏书之丰富，由此可见一斑。

时至清代，藏书虽遭征战及开国之初的"文字狱"损毁，但随着巩固政权的需要，统治者亦由"武攻"转向"文治"，致使藏书家辈出，在康乾之盛世所编纂的《康熙字典》《四库全书》等，不仅数量众多，而且荟萃了中华民族优秀文化之精华，给后世留下了丰厚的文化遗产。

金代最著名的藏书家元好问（公元1190—1257年），爱书如命，藏书亦丰。贞元年（公元1213年），北兵南下侵金，为避兵乱之灾，所藏几千册善本书置于夹壁间得存。兵退，奉先人南渡，藏书大部付之太原亲旧家，其余杂书及先人手写《春秋》《三史》等千余册，并画百轴，载二车自随，后毁于兵乱。元好问金亡不仕，以著述自任。他有意修金一代野史，往来四方，采撷遗逸，有所得，辄以寸纸细字亲为纪录，至百余万言，捆束委积，名之为"野史亭"。元好问是北方鲜卑民族的一位著名文学家，古文、诗词、曲都擅长，而以诗词的创作成就最大。他依托丰富的藏书成就学问，一生著述颇丰，编辑《中洲集》10卷、《金源君臣言行录》若干卷，著有《遗山诗集》20卷、《遗山乐府》5卷、《续夷坚志》4卷、《唐诗鼓吹》及《壬辰杂编》若干卷和《遗山先生文集》40卷等。

元代著名的戏剧家白朴（公元1226—1306年），自幼遭金元之难，被寄养在元遗山（元好问之号）家中，阅读了大量元家藏书，又受元遗山的指引教导，培育了优厚的文学修养。

他所著的《梧桐雨》《墙头马上》脍炙人口，流传于世，终成一代戏剧大家。

清代辽阳明珠父子的藏书亦著名于时。明珠（公元1635—1708年）有二子，长子纳兰性德，次子揆叙。《清朝野史大观》卷九记明珠父子藏书云："明相好书画，凡其居处，无不锦卷牙签，充满庭宇，时人有比之邺侯架者，亦一时之盛也。（其子）容若十七为诸生，十八举乡试，十九成进士，二十二授侍卫。天资英绝，萧然若寒素。拥书数万卷，弹琴歌唱，评书画以自娱，不知为宰相子也。"明珠藏书室曰穴研堂。纳兰性德藏书室曰珊瑚阁、通志堂。他聪慧异常，读书过目不忘。善为诗，尤工于词。撰有《词韵正略》，编《珊瑚阁书目》。晚年潜心经史，广求宋元诸家经解，辑刻《通志堂经解》，另著有《通志堂集》《纳兰词》等。纳兰性德在中国词坛占有一席之地。

金代的平阳是当时北方刻书中心，也是私家藏书最为发达的地区。那里的人们"家置书楼，人蓄文库"，还出现了众人出资创办的公共藏书楼——赁书楼。这种有偿服务的藏书楼无疑是商品意识较强的平阳人的一个创举，在中国藏书史上可谓独开风气之先。

金代私家藏书尤为著名的完颜（公元1172—1232年），他博学有俊才，擅绘画，工书法，尤喜读书，其藏书楼曰樗轩，所藏书法名画几与秘府相等。宣宗南迁时，乃尽载其家书画，一帙不遗。居汴京，每逢客属，蔬食共饭，焚香烹茗，尽出藏书，共赏奇文。

太极书院是蒙元政府创办的第一所书院，其中的藏书楼不仅成为当时天下第一所书院藏书楼，而且成为理学著作的专门"图书馆"，这在书院藏书中是极为罕见的。于是乎"海内家蓄朱子之书，人习圣贤之学"，"穷徼绝域，中洲万里之内外，悉家有其书"。由是观之，程朱理学当时在全国大为盛行，

"伊洛之学启遍天下矣",最终成为占统治地位的学术思想,而这一切与太极书院的建立和典藏理学著作的传播是分不开的。

在书院藏书史中,最值得一提的是蒙古族人达可。这位历事三朝的秘书太监,对图书一往情深,退休后在成都建草堂书院,并建石室作为藏书楼。达可用私财在全国各地购求图书,"北燕南越,西陕东吴,有刻则售,有本则书"。于是"载之以舟,入于蜀江","藏之石室,以永厥美"。草堂书院石室的藏书竟达17万卷之多。这在中国古代书院藏史中是独一无二的。直至清代,任何一座书院藏书数量都未超过达可的草堂书院。达可以一己之力,竭尽私财购求图书,供书院莘莘学子阅读,在中国藏书史上他是值得大书一笔的人。

元蒙以武力得天下,尚武之风浸淫于朝廷上下,但以文治国的方针推行后,儒家之风也影响了不少骁勇战将,因而元代也出现了不少爱读书和藏书的武臣,最著名的是曾屡立战功的左副都元帅贾辅(公元1192—1254年)。他南征北战数十年,每次攻城略地之时,一般人都抢夺钱财宝物,他却收聚众人视之如敝屣的书籍。经过40余年辛勤收藏,"南北之书皆入侯府,不啻数万卷焉"。其后,贾辅又建万卷楼藏之,人称"贾侯之书甲天下"。

对于书,如果一味私藏,即为书蠹,顶多得益的是藏书家本人和他的家族,这是典型的私家藏书思想。贾辅超越了这种思想樊篱,他的藏书思想颇为开明,那就是用于世、济于民,其藏书的目的就是充分发挥书的使用价值,让更多的人能够搜览阅坊,丰富知识,启迪心智。他不将藏书作为一己私产秘不示人,而是对那些有学之人全部开放自己所藏之书,以供他们阅览。贾辅让一文不名的贫穷书生郝经充分阅读自己的藏书,待以国士之礼:"吾闻郝氏子经嗜书力学,吾将畀之。"不仅如此,他还特意在万卷楼筑一室,以供郝经阅读藏书,并经常请郝经讲解书中含义。郝经在书海中遨游,凭借自己的聪明才智,终成元代著名学者。

贾辅在元代藏书家中值得称颂，而千奴（公元1254—1325年）也是可敬可嘉。千奴退居濮上，筑先圣宴居堂于历山（此历山为今山东菏泽东北方5千米）之下。聚书万卷，延名儒教其乡里子弟，出私田百亩以给养之，被传为佳话。有司以闻，赐额历山书院。

藏书是上层建筑文化活动的一部分，不仅受政治也受经济基础的制约，是随着社会经济的发展而发展的。因此到了清代，不仅藏书家大量涌现，各地的书院也日趋兴旺。从传统藏书楼或全封闭或限于学人圈的书谊交往，到供一般士子阅读发展，到向社会开放，藏书更加泽及广大民众了。

第三节　草原图书馆的馆藏政策

　　馆藏发展政策是图书馆规划馆藏发展、合理安排经费的基本依据，主要目的是为了建立符合读者需求的适当的馆藏。不同的社会发展阶段，其馆藏发展政策也随着经济社会文化的需求不同而各有不同。迈入新世纪以来，数字技术在图书馆得到广泛应用，文献出版形式日趋多元，社会公众的阅读需求发生了巨大的变化。尤其是随着公共图书馆精神的深入人心和免费开放工作的不断推进，无论是载体形态还是服务对象、服务方式、服务理念，都有着不同以往任何一个时期的新变化。据此，各个图书馆都根据自身的馆藏发展目标，制定了有针对性的文献资源建设方案。

　　从图书馆的传统职能来看，特色化与协调性是馆藏文献资源建设的重要原则，协调性是指图书馆在一个地域范围内图书馆间的分工合作，特色化则是对单个图书馆入藏文献主题的有意限制，以使其藏书在内容与结构上最大限度地接近本馆读者的真正需求。草原地区是中国草原民族聚居较多的地区，众多的草原民族在那里繁衍生息，悠久的历史，孕育了灿烂的文化，各草原民族所创造的文献资源，为西部各级各类图书馆特色化馆藏资源建设提供了重要内容。但在现实操作中，由于草原民族文献数量繁杂，类型多样，各图书馆对其地位作用的认识又各有不同，造成这一类型文献资源在馆藏体系中不同程度的缺失或错位。

地域文化因素在图书馆的馆藏发展建设中有着十分重要的影响。草原地区是我国草原民族的主要聚居地，在目前中国的55个少数民族中，有将近50个世代居住在草原地区，这些民族大多在发展和形成过程中与其他民族融合，并造就了各自不同的文化。目前，全国共有5个民族自治区，全部分布在西部草原；共有地市级民族自治地方行政区划数77个，其中74个在西部草原；县级民族自治地方行政区划数698个，其中637个在西部草原。截至2010年底，全国民族自治地方总人口1.85亿人，其中少数民族8814万人，少数民族占总人口的47.6%。草原地区与众不同的民俗民风，造就了多彩多姿的草原文化。这些多样性的文化生态是与草原各民族的生活方式、观念、习俗、宗教、艺术以及悠久的历史、生存环境紧密相连的，呈现出鲜明的地域性、民族性特征。

鲜明的地域特色和民族特色在草原图书馆的馆藏建设中表现明显，一些图书馆自建馆之日起，就将民族文献的收藏纳入馆藏范畴，积极采访搜求，并结合各自实际，制定有针对性的馆藏发展政策，一定程度上建立起了各具特色的草原民族文献收藏体系。如新疆维吾尔自治区图书馆是中国藏有少数民族文字图书资料版本最为丰富的公共图书馆之一，现有馆藏210万册（件），包含汉文、维吾尔文、哈萨克文、柯尔克孜文、蒙古文、锡伯文等文献，形成了以草原民族文献及新疆地方文献为特色的藏书体系。西藏图书馆虽然1996年才建成开放，但馆藏藏文古籍达1.8万余函、12万余册，其中善本有1.5万余册。西藏民族学院图书馆以民族学和藏学文献为特色馆藏，建有"藏学文献情报资料中心"，收藏藏学图书5万余册，藏有德格版《藏文大藏经》《藏文大藏经》对勘本、《大正新修大藏经》等珍贵典籍，同时，自建有"藏学专题数据库""藏学多媒体资源数据库"等多个特色资源数据库。一些省市级图书馆和大专院校图书馆，尤其是民族院校图书馆还设置了民族地方文献特藏部（室）

或民族文献中心,如新疆大学维吾尔族文献中心、兰州大学西北少数民族研究中心等,开辟了民族地方文献阅览室,有的还建立了民族文化博物馆。这些民族文献中心、民族地方文献特藏部(室)、民族文化博物馆,已成为研究、开发、利用草原民族文献的重要基地。

作为记录、传播知识的载体,草原民族文献的传承,对推进各民族的相互认知、民族文化研究以及整个民族的进步有着重要的作用,是民族文化构建的重要基石。因此,关注草原民族出版物的生存状况,分析其社会影响力,探寻图书馆在民族文献传承中的作用,对促进草原地区草原民族事业是有着积极的现实意义的。

目前,中国有38家民族出版机构,分布在14个省、市、自治区,共出版23种少数民族文字图书。按照出版社的业务范围,大致有4种:综合性出版社,如民族出版社,是我国少数民族读物的权威出版机构;高校附属出版社,如中央民族大学出版社、广西师范大学出版社等;专门领域出版社,如中国藏学出版社;民族文字版教材出版社,如蒙古族教育出版社、新疆教育出版社等。据2010年的统计数据显示,全国共出版少数民族文字图书7593种,4925万册;期刊207种,850万册;报纸82种,19846万份,出版数量比2009年降低11%。从地域分布上看,出版物主要集中在草原地区,其中新疆、内蒙古两个自治区名列前茅,分别达2691、1578种,中央级出版社中,民族出版社一枝独秀,共出版992种。简单地以出版物的绝对数量看,其数量与民族人口的比例不相协调。相关数字显示,中国2011年出版图书已达36.95万种77亿多册。对比之下,反映出当前草原民族出版物的出版总量偏少,普及率低,社会公众尤其是草原民族群众的认知有限。据调查,在近几年出版的民族类图书中,教材的比例超过50%,其余的大多为整理和抢救民族文化类图书,普及科学技术的图书和日常生活实用类图书都十分稀少。民族图书产出与受众需求脱节,出版成本高、发行少,市场呈现一定程度的萎缩。

据2011年对全国主要图书馆收藏草原民族文献情况的调研看,内容涵盖收藏情况、提供读者利用情况、数据库建设、网站建设、文献整理出版(含二、三次文献)情况等诸多方面,令人遗憾的是回收问卷数量少,不足以支持数据模型的建立与分析。从反馈的部分信息和现有公开资料看,中国的草原民族文献收藏主要集中在少数大型公共图书馆和民族院校图书馆,如中央民族大学图书馆、新疆维吾尔自治区图书馆、内蒙古自治区图书馆等,其他市县一级图书馆的收藏都较为有限。

多年来,为了加强对草原民族文献的利用,提高社会认知度,一些图书馆、文献研发机构采取了多种形式来宣传、推广民族文献。如《中国蒙古文古籍总目》编委会编的《中国蒙古文古籍总目》(2000年5月北京图书馆出版社)、黔东南民族师专图书馆编制的《馆藏地方民族文献目录》、美国匹兹堡大学东亚图书馆中国研究馆员张海惠等编纂的《二十世纪中国少数民族文献分布及研究成果——国际性书目之书目》等,为使用者提供了极大的便利。更多的图书馆则是通过建立机读目录和专题数据库的形式,为社会公众提供服务,早期成果有内蒙古自治区图书馆研制开发的《蒙文书目机读目录数据库》,新疆大学图书馆建立的《民文书目数据库》(多语种检索)等。目前则以专业的民族文献图书馆管理系统下的专题数据库建设与应用为主。据2010年7月15日内蒙古大学主办的"蒙古文文献管理系统"馆长论坛提供的资料显示,内蒙古大学自2001年即开始蒙文数字化尝试,已完成馆藏1.6万种,7万册普通蒙古文图书的数据录制工作,建成了蒙古文图书全文数据库、蒙古文期刊全文数据库、数字甘珠尔经数据库等。其研发的"耶里巴"蒙古文图书管理系统在内蒙古大学图书馆、赤峰学院图书馆、内蒙古医学院图书馆、内蒙古党校图书馆、鄂尔多斯图书馆等多家单位成功应用,其开发并建设的中国蒙古学信息网是蒙古学信息资源整合库,是目前最大的蒙古学学科信息门户网。

分析草原民族文献的出版发行与利用现状,不难看出当前面临的一个现实状况：一方面是众多草原民族人口的繁衍生存，丰富了中华民族大家庭；另一方面则是草原民族文献传承与利用的相对滞后。究其原因，除了经济政治、地域等社会因素之外，图书馆的文化传承功能无疑没有得到充分体现，表现为相关馆藏有限、所提供的服务呈点状特征、多处于探索阶段、没有形成规模体系等。作为图书馆的四大传统职能之一，保存人类文化遗产、开展社会教育是其责无旁贷的重要职责，而草原民族文献因其使用人群有限，受众知识水平参差不齐，传承更为不易。草原地区各级图书馆有责任在当前馆藏发展政策的调整中，进一步认识草原民族文献的重要意义，以特色化馆藏体系建设为目标，安排合理的经费与人力，加强对草原民族文献资源的采集与建设工作，并采取积极措施，提高文献资源利用率，扩大受益群体。

草原民族文献的搜集与整理要引起西部各图书馆及其他文献收藏单位的高度重视，对其保护民族历史文化的重要性有正确认识。就短期目标而言，其制定的基本原则是目标明确，针对性强和可操作性强。

第一，是要确定草原民族文献收集的范围、种类、收集的方式和方法，如对草原民族文献范围的界定，学术界就存在广义与狭义之分，需在馆藏采选方针中予以明确。同时，还需根据自己的地域特点，准确定位，集中优势，对重点特色资源尽可能收集齐全，保证其系统性、新颖性和权威性，形成自己的特色馆藏，并通过特色馆藏的联合建设来消除文献重复和短缺并存的状况，使文献资源的布局更趋合理。

第二，应列入年度图书采购计划，对少数民族文献的采购分配一定的购书经费比例，形成制度化采购模式。在经费的使用上，应考虑文种、载体形态的合理配置。同时，制定带有鼓励性质的捐赠与交换政策，鼓励个人和社会力量积极参与图书馆的特色化馆藏建设。尤其是要完善地方出版物呈缴制度，以法规的形式确保各类民族文献能够被指定的图书馆（一般为省级图书馆）所收藏。

第三，有条件的图书馆应成立草原民族文献部，开办草原民族文献专题阅览室，方便草原民族群众和研究者利用馆藏。

中长期发展规划是馆藏发展政策的延伸和深化，事关草原民族文献的传承与弘扬，包括文献宣传、文献保护、专业人才培养等诸多方面，要充分考虑数字环境下文献资源建设的新特点。考虑到当前民族文献出版市场的实际状况与当前民族交流中出现的新局面，恪守图书馆的社会责任，避免某一具体时期中政治与意识形态方面的影响，制定有针对性的发展规划。

推动民族文献的网格化资源建设，为开展阅读推广活动提供平台。民族文献对于及时宣传贯彻国家大政方针，指导民族地区政治、经济、文化的建设和发展具有重大意义。而图书馆丰厚的民族文献馆藏则可为各类阅读推广活动提供最好的素材。每年一度的图书馆服务宣传周、世界读书日、全民读书月以及读书会、演讲比赛、征文、讲座、展览等，都是经过实践证明最佳的阅读推广活动形式。因此，一旦将民族文献确定为馆藏组成部分，系统性、连续性都要成为基本要求而以一贯之。满足社会公众尤其是草原民族群众的阅读需求是发挥西部地区图书馆社会教育功能的主要手段，期间不仅要解决好由于数字鸿沟、语言文字障碍而造成的信息不平衡等问题，更需要通过一个网格化的服务体系来提供完备的实用信息和学习条件。各级、各类型图书馆需要通过分工协作，建立一个资源共享、内通外联的服务网络，并利用专业知识指导阅读，提供面向特定社会群体的阅读服务。这个服务网络的建立，要考虑到图书馆的服务半径与服务能力，深入少数民族聚居地，考虑到老、中、青、幼等各个阶段对象，要与学校、家庭教育相结合。尤其是要结合网络时代的阅读特点，开展基于互联网及新媒体的阅读活动模式，积极参与网络阅读指导工作，正确引导网络阅读，为每一个草原民族公民获取各种社会信息资源提供保障性的服务支持。因此，服务网络建设的基础要素是对个体图书馆资源的统筹协调，是个体图书馆馆藏政策和区域文献保障的有效统一。

制定少数民族文献保护计划，加强对草原民族文献古籍的开发利用。此项工作，既是对图书馆馆藏发展政策的补充完善，也是文献资源建设的长期任务。中国草原民族文献古籍存量巨大，除图书馆之外，各级各类博物馆、档案馆、宗教寺院、私人机构都有珍贵文献存世。如藏文古籍，在西藏自治区各大寺院及档案部门存有4.6万多函，甘肃省甘南州拉卜楞寺藏经卷6万多部，青海省塔尔寺除《甘珠尔》《丹珠尔》外，另有藏文古籍3341函，编为2.55万多条书目；敦煌莫高窟则出土有数量不菲的吐蕃文、回鹘文、西夏文、粟特文等多种古代民族文献，分藏于世界各地的图书馆博物馆中；此外，蒙古文、维吾尔文、哈萨克文古籍也非常丰富。汉文古籍中也保留有大量与草原民族有关的文献，总数约7000种。据记载，保留下来的民族古籍有30个文种。国家图书馆收藏的民族文字文献共有26个文种10多万册件。与当前正在实施的"中华古籍保护计划""民国时期文献保护计划"一样，这些存世的草原民族珍贵文献，亦需要通过实施由各级文化部门牵头的惠民文化工程，藉行政手段，举全社会之力，开展抢救性保护工作，通过全面普查，摸清家底，在此基础上制定有针对性的文献保护措施，为传承后世和社会公众研究利用提供方便。

培养熟悉草原民族语言的专业人才。馆藏政策制定是否科学，执行是否得力，是否具有可持续发展理念，人才的作用十分关键。少数民族文献资源建设工作有其特殊性，无论是采访编目，还是推广利用，都对从业人员有一定的特殊要求。如草原民族口碑文献、历史文献，都必须由懂得草原民族语文的专业人员去搜集、编目、整理。馆藏草原民族古籍的研究开发，必须由历史学、图书馆学、文献学背景且草原民族语言功底扎实的专业人员去收集、整理和研究。而此类专业人员在图书馆内还十分缺乏。因此，西部图书馆要将专业人才的培养提到重要的议事日程上来，制定培养计划，形成区域范围内草原民族语言文字培训的社会教育中心，还要善于在实际工作中发现人才、培养人才、保护人才。同时，也可以联合高等院校培养一批专业水平过硬、熟悉草原民族语言的专业人才。

倡导文化多样性是中国一以贯之的文化政策，草原民族文献鲜明的民族性特征非常符合图书馆建设特色馆藏、服务社会的目标。在当前经济建设如火如荼，民生环境日趋改善的大背景下，强化草原民族文献利用率，提高草原民族群众的科学文化素质，加强各民族之间的交流融合，更具有积极的现实意义。它不仅是建立学习型、阅读型社会的要求，更是构建和谐社会环境的重要组成部分。从这一层面上来看，草原图书馆馆藏发展政策的着眼点与落脚点就显得十分重要。

第四节　草原图书馆的多元化服务

　　多元文化作为一种新的价值观念，随着世界多极化、区域一体重构化、社会多元化和个体自主化的发展，日益受到人们的关注。其理念是相对于传统单一文化而言，它是指一个群体、社会或区域系统中，同时存在、相互联系且各自具有独立文化特征的几种文化。在多元文化社会中，共存的多种文化各自独立又相互影响。多种文化所以能共存于一个共同体中，就在于其不仅承认了彼此的差异性，更重要的是发现了彼此间的共性。多种文化在形式上呈现多元化，而在实质上则是体制的一体化。研究多元文化的实质目的不是突出某一种文化，而是向社会和大众提供处理多种文化间相互关系的态度和方法。多元文化作为文化观，承认文化多样性和文化平等及相互影响；作为历史观，强调历史经验的多元，关注少数民族和弱势群体，强调一个多民族国家的经历和传统是多民族不同文化相互渗透的结果。作为教育观，学校教育必须帮助学生消除对其他文化的误解和歧视以及对文化冲突的恐惧，学会了解、尊重和欣赏其他文化。作为公共政策，强调所有人在政治、经济、文化和社会上平等，禁止任何以种族、民族或民族文化起源、肤色、宗教和其他因素为理由的歧视。在当代社会计算机技术发展、网络迅速普及、信息流通更加快捷、文化更新转型日渐加快的大背景下，各种文化的发展面临着不同的机遇和挑战，促使新的文化不断出现。现代社会结构中，需要各种不同文化相互宽容，共同服务于社会发展。

图书馆多元文化服务是多元主义的产物，自从150年前现代公共图书馆理念产生开始，多样性一直都是伴随其左右的重要主题。早期图书馆开展多元文化服务基于把少数民族群体文化整合到社会的主流文化中，维护社会安定，避免种族冲突。第二次世界大战后，特别在20世纪六七十年代，由于一些国家面临经济重建、劳动力缺乏等原因，跨国人口流动加剧，客观上增加了各国之间文化的交流，移民带来的生活方式、生活习惯、价值观念等文化因素深刻地影响着本土文化，各国的文化政策、观念开始发生转变，图书馆多元文化服务理念与实践也悄然革新，不断完善。1986年在东京举行的第52届国际图联大会上，将针对为少数民族群体提供多语言服务的"圆桌会议"升级为"多元文化服务的图书馆分委员会"。并于1987年出版《多元文化社会：图书馆服务指导方针》，1998年修订重版。该方针作为标准性指导文献，正式提出能否公正、公平地为多民族、多语种、多文化背景的少数读者群体提供服务是衡量图书馆现行服务是否充分的基础。

图书馆多元文化服务是现代图书馆服务理念的延伸，提倡自由主义理想，维护每个人的兴趣及价值观念，倡导民主、宽容与理解以保证各种少数族群文化和谐共存，主张为不同种族、肤色、国籍、性别等人群提供平等的无歧视服务，注重文化的融合和交流，旨在将图书馆办成一个文化交汇的场所。图书馆多元文化服务是图书馆人信息公平、信息自由和信息平等理念的进一步升华，在任何国家和地区都具有现实意义。在我国建设社会主义和谐社会时期，图书馆作为重要的社会文化机构，应顺应社会发展的要求，充分发挥自身优势，开展多元文化服务，满足社会大众不同层次、不同种类的文化需求，特别是要关注少数民族群体。

不同国家和地区的多元文化有着不同的内涵和特征。草原地区多元文化的发展现状和特征是中国草原图书馆开展多元文化服务的依据。草原民族在其产生和发展的过程中，创造了各具鲜明特色的传统文化，具有沟通民族区域经济与民族文化联系的作用，是中华民族文化中不可分割的一部分。在草原地区多元化发展的过程中，草原民族传统文化虽然面临着现代化的冲击和挑战，但仍然倍受人们的重视并逐步得到相应的发展。其作为中华民族文化中的重要部分，一直受到党和国家的保护和大力弘扬。在经济全球化和文化多元化的国际环境下，在中国现代化建设的经济大潮中，草原民族文化的多元结构和特点发生了较大的变化。

"中华民族在漫长的'分分合合'的历程中，终于由许许多多分散孤立存在的族群，形成了一个'你来我去、我来你去，我中有你、你中有我，而又各具个性'的多元一体。所以，在中华文明中，我们可以处处体会到那种多样与统一的辩证关系"。在中国，草原民族文化与汉文化在相互交流和影响中共同发展。由于经济和社会发展的作用，汉文化对草原地区文化影响更加明显。在中国草原民族聚居地区，对有本民族文字和语言的学生实行双语教育，一方面承认草原民族与汉族之间的文化差异，另一方面借助草原民族的语言文字及文化来辅助对汉语的学习，使汉语在草原民族地区得到交流与普及。在现代化和城市化推进过程中，草原民族地区传统的生产方式和社会发展趋势被打破，草原民族人民在新的生产生活中与汉族同胞建立了新型的同学、同事甚至婚姻关系，呈现出与汉文化交流更加开放和主动的特点。

随着经济全球化的发展，国际文化交往日益增多，外来文化对草原地区文化影响逐渐增强。现代通信技术的发展，使草原地区群众被现代媒体包括电视、电话、网络等传播的外来文化所影响。另外，草原民族聚居的地区多与邻国接壤，如西北地区的新疆与蒙古、哈萨克斯坦、吉尔吉斯斯坦、塔吉克斯坦、俄罗斯、阿富汗、巴基斯坦、印度8个国家接壤。这些国家的某些民族和我国的新疆草原民族生活在同一地域，具有先天的地域文化同源性。中国一贯坚持的睦邻友好的政策，促使相互之间的贸易往来和文化交流日益频繁，文化之间的影响便自然产生。随着陆路港口的开放与对外交流的加强，草原民族地区与接壤国家间的联系和交流更加紧密。此外，中国草原民族信仰的宗教与外国的同源性使中国草原民族地区文化受到影响。如中国信奉伊斯兰教的回族，自古与阿拉伯世界国家建立有联系，回族经济、文化等领域的思想一直受到伊斯兰教文化的影响。

草原民族地区多元文化目前面临着严重的传承危机。随着草原民族地区的变化和发展，草原民族地区群众对本民族文化的传承出现了危机。一方面，草原民族的文化在主流文化和西方强势文化的影响下，往往被人们边缘化，与"落后"和"边远"相联系，在无形中严重挫伤了草原民族人民对民族文化的认同感。另一方面，由于多元文化的存在，草原地区在处理本民族文化认同与主流文化认同、外来文化认同的关系中，更多地忽略甚至是放弃了本民族文化，从而导致了民族文化的认同危机。草原民族传统文化在主流文化的冲击下处于流失的边缘。此外，生活方式的转变也冲击了草原民族文化的传承。现代快节奏的生活方式使言传身教的传统文化得不到流传。草原民族地区青壮年多数外出打工，逐步地融入现代城市生活，而青少年又忙于升学考试，这些因素均让他们无暇学习本民族本地区文化。

图书馆是搜集、整理、保管、利用文献，为读者服务的文化、科学、教育机构。从图书馆哲学角度来讲，图书馆主要有4个方面的作用：图书馆是人类知识的公共记忆装置；图书馆是提供客观知识服务的公共场所；图书馆是为客观知识存储、整序、开发的社会组织；图书馆是体现人类自由与平等理想的圣地。基于中国草原地区实际情况和当前国情，中国草原图书馆的责任重大。

草原地区文化多元性决定了图书馆具有保存文化遗产的作用。收集、整理少数民族地区物质文化遗产与非物质文化遗产也是由图书馆自身的性质所决定的。中国草原地区文化遗产包括两个部分内容：一是各民族传统文化，包括历史资料及民族风俗、饮食、体育、节日等；二是草原地区的地域文化，包括该地区的地理风貌、风土人情、特殊物产、旅游资源等。多元性的文化特征需要草原图书馆多元性的收集、整理，并做好永久保存的准备。草原图书馆对民族传统文化和地域文化的保存有利于我国民族文化的开发和利用，进而促进草原地区社会经济的发展。

图书馆工作的核心内容就是知识和信息的有序化及提供知识和信息的利用。知识和信息的有序化就是将知识和信息转化为可以认知的资源，从而为用户有效利用知识提供便利。草原地区多元文化的形式、载体、传播途径等均多种多样。个别草原民族传统文化精髓没有文字记载，原始的传播方式就是言传身教，给图书馆对草原民族地区文化的组织和整理带来了阻碍。这就需要草原图书馆工作者不断革新技术，创造出能有效保存、组织草原民族多元文化的方法，从而为各民族人民利用草原民族文化提供服务。

图书馆是文献信息资源的集散地，是传播文献信息资源的窗口，具有社会教育的职能。根据中华民族多元一体格局的现实情况，针对草原地区多元化特征，中国实行的是具有中国特色的多元文化整合教育。所谓多元文化整合教育，就是"一个多民族国家的教育在担负人类共同文化成果传递功能的同时，不仅要担负起传递本国主体民族优秀传统文化的功能，同时也要担负起传递本国各少数民族优秀传统文化的功能"，"少数民族成员不但要学习本民族优秀传统文化，还要学习主体民族优秀文化……主体民族成员除了学习本民族文化外，还要适当学习和了解少数民族的优秀传统文化，以增强民族平等和民族大家庭的意识"，其最终目的是"继承各民族的优秀文化遗产，加强各民族间的文化交流，促进民族大家庭在经济上共同发展，在文化上共同繁荣，在政治上各民族相互尊重，平等、友好、和睦相处，最终实现民族大团结"。草原图书馆作为社会主义国家重要的文化教育机构，理当担负起为草原地区多元文化服务的责任和使命，为少数民族地区的经济发展和精神文明建设服务，促进民族团结。

草原地区多元化文化特征为草原图书馆的发展带来了新的机遇和挑战。多元的文化有利于草原图书馆更好地立足本地区民族文化，不断扩大馆藏文献、丰富信息资源。但是随着多元化的发展，如何为草原地区提供多元化、平等化、个性化需求等服务问题成为中国草原图书馆面临的挑战。

全球化所伴随而来的多元文化性质及中国草原地区多元文化的构成事实，都已经成为草原图书馆面临的挑战。无论自愿或被迫面对全球化下多元文化的未来，任何行业或组织必将思考：如何从单一的文化组织机构蜕变成具有多元文化性质的全球化组织，并且从中创造出前所未有的庞大生机。草原图书馆在全球化背景下，应建设成为既具有本地特色又符合全球化发展趋势需要的多元化组织。在复杂的文化背景下，为提高草原图书馆的适应性和自我组织能力，草原图书馆应形成开放的组织文化。多元文化共存造成的复杂性决定了各种文化之间、各种文化与外界环境之间一直存在着相互作用的关系。开放的组织文化有利于促进组织个体与外界环境之间各种资源的交换和交流，从而促进组织在创造和学习中持续推进文化差异的融合和文化特征的培养，打破孤立带来的稳定静态，使新的主元文化得到凸显，次元文化也逐渐形成，呈现充满生机和活力的新的有序结构，从而增强组织管理系统感应外界环境的能力，提高组织文化的自我组织能力。草原图书馆在人员组成结构的民族成分、语言、知识结构等方面均应呈现多元化，尤其是有本民族语言的草原图书馆，作为面向草原民族开放和服务的文化机构，更应注重对掌握草原民族语言馆员的培养。草原图书馆通过多元化组织建设，使草原图书馆具有多层次服务的能力，从而架起文献信息使用者与文献信息之间的桥梁，让所有社会成员平等享用人类文化成果。

建立多元文化馆藏是开展多元文化服务的基础。基于草原地区语言沟通相对困难，居民阅读水平有限，文化、传统习惯和宗教信仰之间存在一定的差异，为了平等地为草原民族大众服务，促进民族间多种文化更好地相互理解，草原图书馆需要积极发展多元文化馆藏。草原图书馆构建多元文化馆藏主要包括两个方面：一是多语种文献信息资源，二是多载体形式的文献信息资源。多语种馆藏文献资源除汉语、英语等主流语言文献资源外，更应包括草原民族语言文献资源。草原地区尤其是有民族语言地区图书馆应着重收藏草原民族语言文献资料。例如，东北草原地区少数民族以朝鲜族为主，应加大朝鲜语、韩国语文献资源的购置量；宁夏草原以回族为主，应着重加强阿拉伯语文献信息资源的建设。草原民族文化遗产形式不一，有物质及非物质等多种形式，因此，在文献收藏时不能拘泥于纸质文献，更应利用地域之便通过现代信息技术加大对非物质文化遗产的收集和保护，建设多元载体的草原民族文化信息资源库。另外，为了保证草原图书馆多元化馆藏的可持续发展，国家和政府应该加大对草原图书馆的投入力度，专门制定草原图书馆多元文化馆藏发展规划，从文种结构、选择标准、经费使用方面进行详细的界定。

多语言咨询服务是草原图书馆开展的深层次、延伸型的咨询服务，主要以少数族群语言提供服务。多语言咨询服务形主要有草原图书馆呈现的语言多样化、图书馆标识系统语言多元化、书目检索系统支持多样性文字、馆员以多样性语言提供咨询服务等。咨询馆员必须是由经过特殊的教育或训练、具备了解某种草原民族语言与草原民族文化的能力的人员担任，或者直接招聘草原民族人员作为咨询馆员。另外，图书馆网页、用户指南及图书信息检索系统应尽可能地采用多语言，包括所在草原地区人们正在使用的语言，从而为草原民族提供相应的语言服务。

针对草原地区地广人稀、居住相对分散的特点，草原图书馆应走出去，到草原民族群体中开展阅读、技能培训、生活信息宣传、文化艺术展览等活动，让草原民族文化得到保存、交流，促进草原民族之间的相互理解，使草原民族群众融入全球化知识经济发展的大潮中，进而服务于草原地区的现代化建设。草原信息相对闭塞，但对社会信息的需求日益增多。草原民族群众对新闻事件的理解，对社会求职技巧、教育信息、健康信息等的需求不仅关系到草原族地区经济的发展和繁荣，更关系到中国社会主义社会的稳定健康发展。草原图书馆应及时了解草原民族群众的需求，并且在第一时间内举办相应的活动，为他们解惑、答疑。面向偏远乡村开展人性化服务活动，是草原图书馆多元文化服务中最复杂的高层次服务，也是未来草原图书馆开展多元文化服务的重点。

开展多元文化服务是未来草原图书馆发展的必然趋势。草原图书馆肩负着为草原地区社会经济发展提供文献信息服务的重任。草原图书馆开展多元文化服务的意义重大，对弘扬民族文化、增进各民族间的理解、促进各民族地区和谐发展有着不可替代的作用。草原图书馆开展多元文化服务也是增强图书馆自身发展活力的重大举措，将会推动中国图书馆事业更加健康的发展。

第五节　草原图书馆的发展

众所周知，作为民族进步的发展动力和标志，文化是民族繁荣的关键因素。中国草原地区文化一直呈现出多样性，形成了被各民族广泛认可的民族文化精神。图书馆作为人类文化发展进步的产物，在收集、整理、保存、传播文献方面发挥着积极作用，具有传播知识和继承、保存传统文化遗产的特殊功能，是服务社会，促进文明进步的重要社会载体。对于草原地区来说，草原图书馆不仅仅是书籍的汇集点，是公共文化服务体系的重要基点，也是收集、收藏和保护少数民族和少数民族地区文献的重要机构，更是民族地区社会政治与经济文化发展水平的标志，对少数民族文化系统的传承有着不可替代的作用。

近年来，中国草原地区图书馆事业虽然取得了一些发展，但与社会公众日益增长的精神文化生活需求还有不少差距。随着草原民族地区经济社会的发展以及农牧区各项建设的日益推进，草原民族文化建设也面临更多高的要求，从这个角度看，草原图书馆发展还存在一些问题。

从市场机制的角度看，近几年，随着国家对文化事业的投入加大，草原地区图书馆事业虽然有了一定的发展，但由于社会结构不健全、功能机制不完善，与其他许多快速发展的领域相比，草原地区图书馆事业发展还是相对滞后。社会资源的供给不足，不能满足草原图书馆运行要求，市场机制的不完善，制度和规范的不合理导致草原地区公共图书事业发展艰难，草原地区图书事业因资源不足缺乏可持续的发展能力。

从技术的角度来看，草原地区由于经济文化相对滞后，信息技术在图书馆的运用与发达地区比较还存在很大差距，特别是计算机设施等硬件设备的不足，使得图书网络信息和特色数据的服务与读者的要求和社会文化的需求还存在一定差距。

此外，草原图书馆在完善读者服务体系等方面还缺少科学有效的规划。对读者需求的了解程度还不够，在服务体系建设方面缺乏针对性和主动性的措施，缺乏个性化服务、特色化服务，服务水平不高。

从地方政府重视度来看，近年来我国各级政府开始重视图书馆事业的发展，从政策上、资金上给予一定的保障，但是其关注程度远远不及政治、经济、文化、教育等。在一些草原地区，地方政府对经济的发展关注度更高，对文化事业，特别是图书馆事业的关注不够，很多地区还没有把发展图书馆事业列入地区经济和社会发展规划，导致图书馆事业发展还存在法制化建设水平偏低、筹资渠道较少、业务建设和管理的总体水平较低、城乡社区公益图书馆管理的信息化水平滞后等一系列问题。可以说，当前，许多草原图书馆由于上述多种因素导致民族地区图书馆还没有完全满足各族群众的期望和需求。而草原图书馆自身技术服务实力、管理创新水平、解决实际问题的办法、促进地区经济与社会发展的能力还比较低；公共图书馆服务系统不够健全，运用信息技术服务公众的本领欠缺，为用户提供高水平信息服务能力弱，对各层次读者要求满足度不高；社会角色胜任力不强等，使得草原图书馆的地位受到前所未有的挑战，图书馆作用出现弱化的趋势。

随着草原地区经济发展速度的提升，各族群众的文化生活水平不断提高，人们的观念与时俱进，对文化产品的需要越来越高。面对这些变化，草原图书馆的工作需要用更多的方式来满足各族群众的需求。习近平总书记在党的十八大报告中指出,要丰富人民精神文化生活,开展全民阅读活动。全民阅读的宗旨在于保障人民群众享有阅读的基本权利,促进公共文化服务惠及各族人民。草原地区转型发展与各项事业的进步要求各族群众要不断提高学习能力,尤其是继续学习的能力。图书馆是草原地区精神文明建设的重要组成部分,更是草原地区思想文化建设的重要阵地与窗口,它的建成不仅使城乡和农牧区服务社会公众的功能得到进一步完善与提升,同时为各族群众搭建了继续学习的平台。草原图书馆在保证人民群众的基本文化权益和提供良好的文化服务方面有着重要作用。推动草原图书馆建设,对宣传党和国家的民族政策、传播社会主义核心价值观、传承优秀民族文化、弘扬民族大团结大发展大繁荣主旋律和普及科学文化知识等方面具有引领作用。在草原地区,加强图书馆阵地建设,可以使得更多的读者体认中华民族优秀图书的丰富内涵和独特魅力,对促进草原地区社会公众增长文化知识,培养人文素质,提高文化修养,获取和谐因素具有特殊意义。而且,图书馆事业的发展在宣传草原民族古籍文献知识,保护文化遗产,提高广大民众的文化素质方面有着不可替代的作用。在"文化共享工程"的大背景下,近年来,图书馆已经成为一些草原地区公共文化服务体系建设的重要组成部分,成为构建和谐社会不可缺少的文化阵地,成为各民族群众享受文化权益的重要场所。发展民族地区图书馆事业具有特殊的社会意义和政治意义。

  各级政府应该采取措施,推动草原图书馆事业协调发展。尤其是要研究草原图书馆资源的统筹发展,明确导向,制定切实可行的发展规划。重点要积极出台相关法规、政策,鼓励草原图书馆发展;拓宽草原全地区公益图书馆建设、发展的筹资渠道;帮助草原图书馆提升内部业务能力建设;引导草原图书馆完善内部治理体系;指导草原图书馆提高大数据时代信息化建设能力;统一配置信息化软硬件设施,构建统一运作的信息平台;促进草原图书馆与国家和发达地区图书馆实现服务资源共享；注重研究建立州、县、乡图书网络，实现文化资源共享，形成一个共同体，提升草原图书馆整体效益，推动草原图书馆实现快速发展，缩小与发达地区同类图书馆之间的差距。

文化管理部门要更科学地规划、指导、协调草原民族文献搜集、整理、保护、研究、开发与利用等职能。作为草原图书馆资料的收藏阵地的图书馆，应充分利用其具备丰富的文献资料和信息资源的优势，采取多种措施和办法，为地区经济发展、社会稳定服务，切实使把资料优势转变为产业发展服务的经济优势。草原图书馆文献资料的开发利用，要在提高科技信息含量的基础上主动按照民族地区经济发展的重点来实施对信息资源的开发，同时还要依赖现有的人才资源、技术资源、设备资源，突出开展馆藏科技与经济文献资料的开发利用，有针对性地开展加工整理工作，为草原地区农牧业和企业提供有效服务。建立与发达地区和专业性图书馆合作机制，推动网络化建设，实现多方合作，优势互补，资源共享。要发挥图书馆在保护古籍专项工作中的特殊作用，积极建立草原地区文献收藏、保护、应用体系，促进草原民族文字古籍的保护工作。尤其要加大草原民族古籍的抢救、普查、修复、整理工作，努力实现草原民族古籍的分级保护和科学管理。

加大对草原图书馆软硬件投入，完善基本设施，努力提高少数民族地区图书馆基础设施、文献收藏等方面的资金投入，改变县级图书馆缺少新书、服务手段滞后的现状。图书馆建设是草原地区文化惠民的民生工程，各级政府要予以高度重视，努力将之纳入政府年度规划中实施。制度化、有保障的公共图书馆投入机制体系，法定化的经费项目支持，预算化的经费投入，经费增加幅度与财政收入增长幅度相适应的运行机制，是草原图书馆现代化建设的基础。政府和文化主管部门要加大舆论宣传力度，营造全社会关注基层图书馆发展的良好氛围。要加大对草原地区图书管理员的素质培养。要及时调整草原图书馆的运行机制。解决好图书经费短缺和读者需求的矛盾，适时调整传统的运行机制。面对市场经济的要求和图书流通体制改革与图书流通渠道的变化。

草原图书馆必须在现有条件基础上，发挥优势因素，拓宽思路，改变图书馆坐守阵地的借阅服务方式，不仅提供知识，还要提供知识鉴别的方法和知识重要的排序。要在上万册大书库中，帮助读者非常准确地找到其所需要的信息，以知识机构的专业性代替一个个体的甄别，对后学具有非常重要的指导作用。

同时，草原图书馆还要对非常杂乱的知识进行有机地整合，知识树是什么，小的枝干是什么，知识点内在的关联性是什么，要具备知识挖掘功能，让读者循着这样的路径快捷地找到、检索到需要的知识。在大数据时代背景下，草原图书馆要努力为民族工作、民族地区经济建设和弘扬、传承、发展民族文化服务，要努力向公众提供全面公平的信息服务，就必须要不断运用信息技术，实施新兴媒体数字服务计划。通过对管理方式、业务建设、服务水平，服务模式，服务渠道的提升和改变，推进草原图书馆的为公众给予多元化服务的平台。使数字图书馆在信息化社会下成为保障各族群众基本文化权益的重要途径，为文化资源贫乏地区注入新的活力。

重视草原图书馆科研和人才队伍建设工作。草原图书馆建设的重要基础就是要加大对民族地区图书馆发展研究的力度。特别要围绕草原地区公共文化服务体系建设中图书馆的地位与作用、大数据时代背景下图书馆转型与发展、农牧区公共图书馆服务模式、数字图书馆技术发展、图书馆标准化和规范化管理名师等重点领域开展细致研究。促使科研成果转化为实际能力，提高科研对草原图书馆事业发展的推动力。当前，部分草原图书馆多年来已经少有新进大学毕业生，原有工作人员也很少得到再培训和再教育的机会，整体素质难以满足发展需求。因此，草原图书馆亟待建立优秀人才的引进机制和对既有工作人员的再教育、再培训机制，文化主管部门要积极推进民族地区图书馆高素质复合型人才的引进、培养工作。结合地区和工作实际，制定切实有效的图书管理人才培养、使用机制,努力打造结构合理、素质良好、服务能力突出的草原图书馆队伍。在"全民阅读"已经提升到国家战略的背景下,草原图书馆的载体功能不可替代。作为传播知识和信息的公益机构,草原图书馆是各民族群众参与全民阅读的重要阵地,只有不断转变观念,变化变革、敢于创新,真正承担起传播人类文明和中华民族优秀文化的重要责任。

第六节 草原图书馆的创新

现代图书馆逐渐成为知识、信息的聚集、交流、传播的中枢和门户,图书馆的发展往往代表着社会文化知识的发展。中国图书馆的发展较欧美发达地区相对落后,但是随着文化发展获得重视,图书馆也步入快速发展的时期。中国在2010年制定了首个图书馆发展规划《国家图书馆"十二五"规划纲要》,要求加快图书馆建设,创新图书馆服务内容,保障公民阅读权益,提高图书馆使用率,最终促进我国文化事业大繁荣。

对图书馆服务的创新成为中央、各地图书馆所追求的方向之一。图书馆的服务创新就是要根据读者的需求、图书馆的发展现状为依据,使用最新技术来改变图书馆的服务流程、服务内容,提高服务效率、拓展服务范围、深化服务内涵的过程。它没有固定的创新模式,核心就是提高服务质量,提高读者的满意度,为了该核心所实施的举措都能够视为服务创新。服务创新的内容包括服务理念的创新、服务模式的创新、服务方法的创新等。具体来说有对服务产品的开发,如掌上图书馆、移动图书馆等;对最近技术的使用,如将云计算应用至数字图书馆中;对特定需求的满足,如对老、弱、残等特殊读者的专门服务;对信息传播途径的创新,如开办新型讲坛等。所以,对图书馆服务的创新可从很多角度开展。

草原文化是中国文化大繁荣不可或缺的一部分，为草原民族服务的图书馆也要转变思想方式、创新服务内容、提高服务质量，为草原民族文化繁荣提供坚实基础。相对于普通图书馆，草原图书馆除了符合普通的图书馆的创新方式外，还需要考虑其特殊性，即草原图书馆的服务对象更加多元化，对文化、知识的要求多样化，经济基础不如发达地区等客观情况，因此，对草原图书馆的创新探索需要做到有普遍性、更要有针对性。

印度图书馆学家阮冈纳赞在1931年撰写了《图书馆五定律》书中，提出了图书馆的5条定律，在现代图书馆来看依然充满生命力，现代图书馆的很多服务理念都是通过这5条定律发展创新而来。5条定律分别是"书是为了用的""每个读者有其书""每本书有其读者""节省读者的时间""图书馆是一个生长着的有机体"。图书馆的服务创新首先就是要创新服务理念，解放思想，围绕着图书馆的条5定律，开展各种形式的创新。一些草原图书馆在此基础上，提出"全面开放服务""免费悦读服务""图书馆品牌服务""休闲服务""社区共享服务"等。

传统的图书馆服务以追求图书馆藏书量为目标，已不再适应现代图书馆的服务理念，图书馆5条定律中的第一定律便是"书是为了用的"。图书馆的藏书如果没有获得正确的利用，则图书馆就变成了博物馆，无法发挥图书馆为推动文化建设的积极作用。根据每个地方经济发展水平、人民文化层次、文化需求种类的不同，图书馆因地制宜制定出有针对性的服务理念。草原民族有其独特的文化内涵，人们生活的习惯也不尽相同，对文化的追求各不一样。图书馆在服务百姓的时候，将图书馆的服务对象了解清楚，才能更好地将图书馆的用处发挥到最大。草原图书馆的服务对象是生活在草原上的人民，针对当地经济发展较慢，人口相对较为分散、草原民族人口多的现状特点，一些草原图书馆推出全面开放和免费悦读服务，吸引更多的人走进图书馆，将图书的效用发挥出来。全面开放服务包括"全年365天全开放""向全体公民和学龄以上少年儿童全开放"以及馆内各个开放区间都可凭借"一卡通"对外免费办理。免费悦读服务包括免费服务和悦读服务两个方面，免费服务就是指公众在图书馆内办证、借阅期刊、参观、听讲座、电子阅览等全面免费，极大地提高了群众阅读的积极性。同时为了营造一个良好的氛围，图书馆的各开放区域内都营造了极其舒适的阅读环境，让阅读成为享受"悦读"。另外针对草原民族的特点，营造适合草原民族生活习惯的装修风格和独特空间。这些举措都是为了让图书馆真正做到"书是为了用的"，吸引各族群众走进图书馆，享受阅读所带来的乐趣，将图书馆的藏书作用发挥出来。

广泛参与与保护文献结合的理念"每个读者有其书""每本书有其读者"两者相互关联，互为依托。图书馆的资源丰富，藏书量巨大，但不一定每本书的资源都能被很好地利用，由于受到地理、经济等限制，很多人无法进入图书馆，造成资源无法达到优化配置。草原图书馆推出社区服务的理念，让图书馆走进各个居民小区，打造更多的"图书室"、流动图书车等，让每个想读书的人都能有其书。为了满足草原民族群众的读书需求，推出地方与民族文献保障性存取的服务，既保护特殊文献，也供有需求的人士借阅。

图书馆不仅仅是图书的集散地、更应该是信息交流和思想碰撞的中心。草原民族地区交织着各种文化和思潮，图书馆应该成为正确引导其发展的重要地。要做到这点，就需要有更好的服务的保障，吸引各文化学者来到图书馆交流，各阶层人士到图书馆阅读、交流、思想碰撞。"以人为本"在图书馆服务中起着重要的作用，只有打造人人向往、满意度高的图书馆才能更好地发挥图书馆作为信息交流和思想碰撞的中心的作用。草原图书馆提出品牌服务的理念，向优秀同行学习，公布"八项公共文化服务承诺"为读者提供更加优质的服务，将草原图书馆打造成为具有极高知名度、服务水平优的品牌图书馆。

图书馆服务创新在确认服务理念后，要贯彻落实服务模式，将全面共享、广泛参与、品牌服务等理念落实到实际的行动当中去。草原图书馆根据草原民族人员多、图书馆覆盖率低的特点，坚持服务模式的创新，不断以吸引更多读者、让读者广泛参与、提高读者满意度为出发点，进行了一系列的服务创新。

实体图书馆、流动图书馆、数字图书馆有机的服务创新传统的图书馆服务往往只提供场馆、图书借阅的服务方式，人们只能通过到图书馆进行借阅的方式体验到图书馆的服务。随着互联网的快速发展，网络的普及率不断提升，数字图书馆逐渐成为图书馆的重要组成部分，人们在家中也可以登录数字图书馆，进行电子书籍的借阅。另外，图书馆的总分馆体系在众多图书馆中广泛应用。总图书馆下的分图书馆、流动图书车等也成为现今图书馆的重要一部分。草原图书馆由于其服务的对象是草原民族，往往具有人员分布较散、经济发展水平不高、文化层次多样、图书馆覆盖率低的特点。为了加快推进图书馆服务覆盖扩大化，图书馆应该将实体图书馆、流动图书馆、数字图书馆有机结合起来，创新服务方式。草原图书馆除了完善图书馆新馆、增加文献资料外，还配备了"青少年电子阅览室""成人电子阅览室"，实现了数字图书馆部分功能，但是通过外部网络进入数字图书馆进行阅读的功能仍待实现。

借阅服务是图书馆的基础服务，也是目前图书馆所有服务中应用最为广泛的服务。但由于草原图书馆的经费相对发达地区的图书馆偏少，图书馆藏方面不可能涵盖各方面，藏书内容也不如发达地区图书馆丰富，因此草原图书馆要立足自身文化优势，突出地方特色。同时，加强服务内容的创新，如具有地方文化特色的讲座、论坛，定期举办各种主题活动，起到推动文化繁荣的作用。例如，宁夏图书馆先后举办了66届"塞上人文论坛"，形成有地方特色的文化品牌，另外，图书馆还不断举办"世界读书日"、暑期少儿活动等，拓展更多的服务。这些新活动已经逐渐成为图书馆对外的名片。图书馆已经不仅仅是文献信息中心，更是草原学术与文化交流中心，信息数字开发、加工和管理中心、民族文化传播交流中心，图书馆学研究和人员培训中心。

现代技术对图书馆服务有着巨大的推动力，各种新型技术不断应用于先进图书馆中，为读者创造更多便利，也极大地方便了图书馆的管理。计算机技术、因特网技术、通信技术、云计算技术与图书馆的结合，使得图书馆变得更加人性化，也使得电子图书馆、数字图书馆、掌上图书馆成为可能。互联网的飞速发展和网络的高度普及，让数字图书馆成为现实，人们足不出户就可以通过家庭、工作网络进入数字图书馆，享受随时随地的借阅服务。而通信技术RFID等技术的应用，使得一卡通得以出现，对于图书、读者、文献资料等的管理更加方便，读者也可以享受一次刷卡、多次使用的便捷服务。另外，导航技术与通信技术结合使用，方便读者快速找到所需资料，交互式技术的使用可以让读者与图书馆管理员之间产生互动。对图书馆的管理人员来说，计算机的普及与发展、现代专业管理软件的应用让管理、维护工作变得更加轻松，有助于帮助图书馆服务人员从繁杂的事务中解放出来，进行更加人性化的服务和研究。

草原图书馆的服务创新也离不开技术的创新，除了将以上技术与图书馆服务结合起来外，还需要针对草原图书馆的特点、将最新的技术运用在创新服务中。如针对草原民族的文化、语言、习俗不同，在一卡通、通信技术、云技术中使用官方、民族两种语言，针对地方文化，采用最新的保管和维护技术，以达到保护民族文化的目的。

加大对图书馆的技术投入，提高服务满足度，通过对草原图书馆现状的分析，发现数字图书馆尚不能满足人们的需求。随着互联网技术、网络技术的广泛应用，人们已经越来越习惯足不出户就能享受到各种服务。图书馆归根到底是为读者提供服务，若不能满足读者对此需求，则会逐渐被社会所淘汰。草原图书馆要以读者为中心，重视使用新技术的服务变革。目前，最迫切的就是加大数字图书馆建设力度，使得读者可以通过网络直接访问数字图书馆，让读者可以随时查看文献资料。另外,云计算等新型技术可以让数字图书馆的服务更加快捷,读者的体验度也更高,诸如此类的优秀技术应该成为各少数民族图书馆的重点投入对象之一。

注重专业服务人才的培养服务水平的高低取决于人的管理服务能力,人才是图书馆服务创新的重中之重。只有高素质的图书馆管理人员才能将图书馆资源的效用发挥最大化,也只有高水平的图书馆服务人员才能在服务质量上有所创新,为读者提供最优质的服务。因此无论是草原图书馆还是各地区(县)级图书馆都应该把培养专业管理人才放在重要位置。

第七节　草原图书馆的现代化服务

草原图书馆为草原民族科研服务主要表现在两个方面。

一方面是为草原民族学科建设服务。如一些草原地区图书馆紧密结合地方草原民族特色和特色学科研究，将草原民族文献资源建设作为重点，采取加大投入、划拨专款等措施，确保民族学科所需文献资料的采集和开发，大量编制各种书目、索引、提要等。例如，内蒙古大学图书馆编制的《中国蒙古文古籍总目》和《蒙古文甘珠尔丹珠尔目录》具有很高的学术价值和参考价值，在草原民族学学科建设中发挥了重要作用。

另一方面是采取各种方式方法，开展全方位、深层次、多角度的科研课题服务。近几年来，随着我国西部大开发的深入发展，草原地区对信息服务的需求也不断增强，为了满足这一需求，草原地区图书馆通过提供原始文献，编辑专题性文摘、索引等二次文献，撰写述评、综述等三次文献，提供信息、情报、快报等，以信息咨询、代查代译等方式，有针对性地对文献进行深加工。如内蒙古大学图书馆为"游牧民族文化""蒙古族风俗百科全书""蒙古学百科全书""清代蒙古史史料及满蒙关系研究""草原畜牧业现状及其发展对策研究""蒙古绵羊卵巢发生中细胞凋立的研究"和"骆驼肠道防御素的生物学研究"等提供服务,提出了许多有价值的观点和对策,取得了一定社会效益。

在草原地区图书馆中,省级公共图书馆和高等院校图书馆网络化程度普遍高于其他图书馆,大部分建有网站,开展了多项网络信息资源服务。如图书馆的OPAC服务就比较受读者欢迎。它可以让读者在家里找到所需资料。利用网络,读者可以推荐新书、预约借书,发表意见和建议;馆员可以发布书评、通知到书、催还逾期图书等。内蒙古大学图书馆还采用电子滚动显示屏,及时通报新书和预约信息,加强了馆员与读者的沟通与交流。此外,一些草原地区图书馆在全国或区域范围内,进行图书馆之间的合作,建设集成检索系统,提供联合目录查询服务。

网上参考咨询服务是网络环境下图书馆服务的重要组成部分,开发民族地方文献,着力加强民族地方文献数字化和网络化建设,是开展网络信息检索和网上参考咨询服务的前提。具有民族特色的二次文献检索数据库为读者查询一次文献提了方便。内蒙古大学作为CALIS内蒙古文献信息服务中心,开通了内蒙古高校系统内的虚拟参考咨询系统,可以适时为读者提供网络信息检索和网上参考咨询服务。

一些草原图书馆根据读者的需求,针对特定人群,区域图书馆事业选择某些独具地域特色、学科特色、民族特色、语言特色的资源,建立起各专题的学科导航库。有的草原图书馆还将相关网站、相关网页的信息整理下载,组成专题镜像数据库提供给读者使用,为读者解决了网络信息稳定性的问题。重点学科学术资源导航是CALIS项目计划的一部分,将逐步实现统一平台、统一界面、统一风格、统一标准。内蒙古大学承担了蒙古学、生命科学学科导航库的建设任务,已经初具规模,为重点学科建设提供了大量的服务。

地域特色服务是草原图书馆服务的根本,也是草原图书馆立足和发展的关键。草原图书馆的地域特色服务随着时代的变化而变化,在网络环境下,其服务内涵向着地区化、精品化方向发展。主要表现往以下几个方面。

第一是书目、索引、提要数据库的建设。书目、索引、提要数据库是开展计算机服务的基础，也是开展特色服务的有效途径，通过建设书目、索引、提要数据库可以有效地揭示地方文献资源，为开展特色服务提供便捷。如延边朝鲜族自治州图书馆的《朝鲜文文献书目数据库》，新疆维吾尔自治区图书馆建立的《图书书目数据库》，西藏大学图书馆建立的《藏文书目数据库》，宁夏回族自治区图书馆建立的《宁夏地方文献书目数据库》《宁夏地方特色文献书目数据库》《宁夏地方农业文献题录数据库》，内蒙古大学图书馆已建的《蒙古文书目数据库》《中国蒙古文古籍目录数据库》等。

第二是全文、专题、特色数据库的建设。全文、专题、特色数据库是书目、索引、提要数据库的延伸和发展，是高质量、深层次、多途径开展特色服务的必需。如内蒙古大学图书馆已建的《蒙古学学者数据库》《蒙古学特色数据库》，宁夏回族自治区图书馆建设的《回族文献和伊斯兰教文献数据库》等。这些数据库提供了多种检索途径，使用户利用信息资源更加便利。

第三是地域性、民族性文献资源数据库建设。为了强调地域性、民族性，一些草原图书馆建立了地方文献资源数据库，更加突出了地方特色。例如，《内蒙古区情信息库》等13个全文数据库，内容涉及政治、经济、科技、文化、教育、旅游等诸多方面，有4.5万多条数据和3万多幅图画，为读者提供了丰富的地域信息服务。草原公共图书馆网站一般都开辟了地方文献专栏，并提供特色服务。例如：内蒙古自治区图书馆在网站上开辟了蒙文数字图书馆网页，提供蒙文文献的查询；内蒙古大学图书馆开通了蒙古学信息网，为国内外蒙古学研究者提供信息查询服务。宁夏回族自治区图书馆，藏书一直注重宁夏地方文献及回族、伊斯兰教文献特色。《宁夏地方文献联合目录》是迄今为止收录宁夏资料最完备的一部综合性大型检索工具书，填补了宁夏地方文献回溯性检索的空白。《中国蒙古文古籍总目》和《蒙古文甘珠尔·丹珠尔目录》，构成了蒙古学学科覆盖齐全、文献收藏完备、报道和检索手段现代化的文献服务体系。

草原地区由于经济、文化相对落后，信息技术在草原图书馆没有得到广泛应用，已进行计算机管理的草原图书馆基本上各自为政，难以形成整体优势。目前为止，仅有蒙古、藏、满、维吾尔、哈萨克、柯尔克孜等十多种草原民族语言文字可以进行计算机文字处理，并能与汉、英等文字实现兼容。草原图书馆草原民族文献的网络化、数字化由于缺少统一的标准和规划，草原民族文献载体形式复杂，体裁多样，再加上草原民族语言文字在数字化处理上的瓶颈，给草原地区建设数字图书馆带来一定困难，使得网络互联与数据交换存在一些障碍。这些都给实现计算机网络管理和民族语言文字文献的服务与开发带来了困难。

大众化是指读者接受服务的普遍性，个性化是指服务方式和内容的特殊性，全局性则是指服务范围。由于一些草原图书馆缺少计算机等现代化设施，使得网络信息和特色数据库的服务存在一定的局限性。此外，由于对边远地区用户服务缺乏长期性规划，对小群体用户信息需求缺乏针对性、主动性措施，对具体用户缺乏互动式交流服务，使个性化服务不能到位，服务的范围也比较有限。

网上参考咨询服务发展不平衡，且服务效率不高，有些网络服务只有地址，无提示与帮助信息；有的Web表单设计较为简单，仅提供咨询者的基本信息；一些咨询课题的信息输入，缺少咨询背景及信息提示；还有一些重点学科的导航建设管理分散，缺乏合作，大量学科重复建设，许多信息交叉重复。此外由于缺乏规范化管理，使一些服务项目设置混乱。这些都严重影响了服务的效率。

从目前情况来看，草原图书馆开展的网络信息检索和网上参考咨询服务还仅限于中文和英文，而草原民族语言文字的网络信息检索和网上参考咨询服务还有待于进一步开发。以蒙古文文献为例，目前建立的蒙古文书目数据库，制作的蒙古文文献数字化产品还都只是单机版,建设的蒙古学特色数据库,开通的蒙古学信息网也还都是中文信息,只有蒙古文期刊网是草原民族文字文献网络检索的初步尝试。因此,开展草原民族文字文献的网络资源建设,是提升草原民族文字文献网络信息检索服务的先决条件。

意识决定人的行为,只有真正树立"读者第一,服务至上"的思想,恪守职业道德,才能认真对待工作和读者,尊重读者的阅读行为,为读者提供优质高效的服务。要积极开发草原民族文献信息资源,加工信息产品,通过文献深加工将有助于提高草原图书馆深层次服务的能力。

草原地区由于受到社会、经济等条件的制约,其文献没有得到充分地开发利用,草原图书馆的服务也没有普遍达到网络化、数字化。因此,草原地区更需要利用数字图书馆的发展机遇,以促使草原地区图书馆的服务迈上一个新台阶。数字图书馆新技术的广泛应用还可能使草原地区数字图书馆为产业界带来巨大的商机,从而造就一个新市场。因此,数字图书馆不仅是21世纪草原图书馆的发展方向,也是草原整个信息产业的主要发展方向之一。它将极大地带动草原地区的经济发展,并对提高草原图书馆的服务水平有着重要的作用。

创新服务方式,首先应针对本地区所承担的西部开发建设项目的具体情况,开展有目的、有计划的服务;其次,在文献信息服务中应突出草原民族特色与地方特色,应充分利用草原的资源优势,建立特色馆藏,搞好特色服务。要切实根据本地区所拥有的各种资源优势,建立草原独具特色的地方文献、历史文献和草原民族语言文献等一系列特色馆藏资源,为草原地区自然资源的分布特点、市场价值、市场需求、开发技术、市场动态等相关问题开展深入研究提供条件。

草原图书馆读者的多民族性和文献的多语种特点,决定了其专业队伍的多民族性。要有一批掌握一种以上草原民族语言文字,能够从事某一草原民族文字文献的开发与利用的草原民族专业人才,使之真正能为各民族读者提供深层次、多元化的服务。这是保持和发展草原图书馆民族特色的关键所在。同时，随着图书馆自动化程度的提升，服务内容的深化，草原图书馆员还要学习很多知识，除了传统专业技能外，网络知识、检索技能、服务手段（如馆际互借、网络传输、发送电子邮件、远程登录、解答咨询等）都要熟练掌握。只有这样，才能满足读者需求，向读者提供高质量的服务。

以计算机网络为核心的现代技术的发展，为建立草原地区协作网络，实现资源共享提供了快速、便捷的技术手段。由于中国草原地区经济发展相对落后，对文化事业投入较少，仅以单个图书馆财力、人力难以满足不同群体对图书馆的多层次需求，因此，必须走网络协作之路，根据各自馆藏和服务特色，相互协调，减少重复建设，充分发挥草原地区文献资源优势。草原地区只有实现文献资源共享才能产生增值效应，也才能适应当今社会日益增长的信息需求。